民法典
研究丛书

民法总则通义
（修订本）

郭明瑞 著

商务印书馆
创于1897　The Commercial Press

图书在版编目(CIP)数据

民法总则通义 / 郭明瑞著 . —修订本 . — 北京：商务印书馆，2022
（民法典研究丛书）
ISBN 978-7-100-19146-3

Ⅰ.①民… Ⅱ.①郭… Ⅲ.①民法—总则—基本知识—中国 Ⅳ.① D923.1

中国版本图书馆 CIP 数据核字（2020）第 184651 号

权利保留，侵权必究。

民法典研究丛书

民法总则通义
（修订本）

郭明瑞 著

商 务 印 书 馆 出 版
（北京王府井大街36号 邮政编码100710）
商 务 印 书 馆 发 行
北 京 冠 中 印 刷 厂 印 刷
ISBN 978-7-100-19146-3

2022年10月第1版　　开本 880×1230　1/32
2022年10月北京第1次印刷　印张 12⅞ 插页 2
定价：68.00元

郭明瑞，1947年9月出生于山东招远的一个小乡村。1966年值高中毕业之际，"文革"爆发，高考中止，于1967年回村务农。1969年3月至1975年4月在部队服役。退伍后在农村中学任民办老师。1977年恢复高考后考入北京大学法律系学习，于1982年1月毕业后留校任教。1985年8月为支援烟台大学建设和解决两地分居，调入烟台大学。1982年获法学学士学位（北京大学），1995年获法学博士学位（中国人民大学）。1985年晋升讲师，1988年晋升副教授，1992年晋升教授。曾任烟台大学校长。2011年9月至2017年9月被山东大学特聘为人文社科一级教授。长期致力于民商法研究，现为中国民法学研究会学术委员会副主任，中国人民大学、山东大学博士生导师、山东大学荣聘教授。

内容概要

《民法总则通义》(修订本)包括绪论和本论。绪论阐述了民法的含义、民法在法律体系中的地位,以及民法总则与民法典的关系;本论则以《民法典》总则编的立法体例为线索,按照总则编的章节,根据民法的理论体系、制度原理和作者研习民法的心得体会,对总则编的条文从法解释学的角度予以逐条阐明。全书语言简明通俗,既有理论深度,又有实务解读;既可引导社会一般大众阅读理解《民法典》总则编,又能满足法律人精要学习民法总论的需要。

修订本说明

自《中华人民共和国民法典》（以下简称《民法典》）颁布，《中华人民共和国民法总则》（以下简称《民法总则》）经修订正式作为《民法典》的总则编。于《民法典》施行之日起，《民法总则》失效。为学习新法的需要，作者以《民法典》为立法依据，对《民法总则通义》进行修正，并将书名更名为《民法总则通义》（修订本）。

郭明瑞
2020 年 7 月于烟台

序　言

依法治国，建设社会主义法治国家，是中共中央确定的基本治国方略。依法治国，当然要有法可依，这就要求首先通过立法程序将执政党和人民的意志转变为国家法律。众所周知，法治的重点一是要限制公权力，二是要保障私权利。而民法是权利保障法，与每个人生死存亡、与每个组织存续与消灭，都息息相关，民法对私权利的确认和保护也就从负面对公权力予以限制。因此，民法在一国的法律体系中处于基本法的重要地位。编纂民法典，建立完善的民事法律制度，是建设社会主义法治国家的基本保障，也是健全与社会主义市场经济相适应的社会主义法律体系，以适应社会主义发展的迫切需求。

中华人民共和国成立后，我国自1954年底起曾先后四次启动民法典编纂工作，但由于各种原因均没能完成。然而民事立法的步伐从未停止，特别是自实行改革开放政策以来，我国从高度集中的计划经济转向有计划的商品经济，再到实行社会主义市场经济，为适应体制改革和社会发展的需要，相继制定了一系列单行民商事法律，形成了以《民法通则》为中枢，以《婚姻法》《继承法》《合同法》《物权法》《侵权责任法》等为基本组成部分，以《公司法》《票据法》《保险法》《海商法》《破产法》《专利法》

《商标法》《著作权法》等为特别法的民商事法律体系。这些法律的制定和实施适应了当时的社会需要，建立起与社会主义市场经济基本相适应的民商事法律制度，为保护民事主体的权益发挥了重要作用，也为法律的进一步完善打下了基础、积累了经验。同时，也不可否认，由于民事立法的"零售"方式，使各部法律之间存在一定的冲突和矛盾，有的内容也已经不能完全适应新的时代要求。

21世纪是一个全新时代，知识经济、信息经济、互联网、大数据、全球化……，新生事物层出不穷，新问题不断涌现。这一方面为人和社会的发展创造了新机会和条件，另一方面也为权利保护、人和社会的发展带来新的挑战。在新形势下，为坚持和发展中国特色社会主义，为实现国家治理体系和治理能力的现代化，中共十八届四中全会决定启动编纂民法典工作。编纂民法典具有重大而深远的意义。李建国副委员长在向第十二届全国人民代表大会第五次会议作民法总则草案的报告中提到，编纂民法典工作遵循四个原则：一是坚持正确政治方向；二是坚持人民主体地位；三是坚持社会主义核心价值观；四是坚持立法的引领和推动作用。编纂民法典的第一步就是制定民法总则。2017年3月15日第十二全国人民代表大会第五次会议高票通过的《中华人民共和国民法总则》体现了编纂民法典的立法理念和指导思想。民法总则既继受了我国现有法律（包括最高人民法院的司法解释）特别是民法通则中实践证明正确可行的规范，又修正了不适应现实情况的内容，对社会生活中迫切需要规范的事项作了创设性规定。

民法总则的创新是多方面的，主要体现在以下几点：

其一，将弘扬社会主义价值观作为立法宗旨之一，突出了民法在精神文明建设和社会主义价值观培育养成中的功能。

其二，确立绿色原则为基本原则。民法总则不仅将民法通则中确立的基本原则确认下来，而且还规定"民事主体从事民事活动，应当有利于节约资源、保护生态环境"。

其三，明确规定习惯为民法的法源，处理民事纠纷，"法律没有规定的，可以适用习惯"。

其四，强化了对胎儿利益的保护，规定"涉及遗产继承、接受赠与等胎儿利益保护的，胎儿视为具有民事权利能力。但是胎儿娩出时为死体的，其民事权利能力自始不存在"。

其五，规定了遗嘱监护、协议监护、指定监护、意定监护、临时监护等，确立了以家庭监护为基础，社会监护为补充、国家监护为保障的监护体系。强调监护人履行监护职责，对未成年人，应当"尊重被监护人的真实意愿"，而对成年人，"应当最大程度地尊重被监护人的真实意愿"，"对被监护人有能力处理的事务，监护人不得干涉。"

其六，将法人区分为营利法人、非营利法人和特别法人，且各以单节予以规定，特别是独创了特别法人制度。

其七，规定了非法人组织是既不同于自然人也不同于法人的第三类民事主体，顺应了民事主体从单一主体到多元主体的发展。

其八，重视对人的自由和尊严的保护，规定"自然人的人身自由、人格尊严受法律保护"。

其九，规定了个人信息受法律保护。

其十，规定了对数据、网络虚拟财产的保护。

其十一，注重民事权利的发展和开放性，除第五章规定的权益外，规定"民事主体享有法律规定的其他民事权利和利益"。

其十二，规定了民事权利的自由行使、正当行使和禁止权利滥用的权利行使规则。

其十三，不将合法性作为民事法律行为的条件，规定民事法律行为是与事实行为相对应的法律事实，既包括有效的，也包括无效的。

其十四，规定了决议行为的效力规则，以适应规范团体行为的需要。

其十五，增加了意思表示规则，以专节规定意思表示，建立起意思表示与民事法律行为的双层规则体系。

其十六，确立了可撤销民事法律行为的合理的撤销规则。

其十七，在代理的分类上，将指定代理归入法定代理。在委托代理中规定了职务代理。

其十八，规定了代理权的法定限制和表见代理。

其十九，规定民事责任制度，确立了"权利—义务—责任"的规则体系，规定了民事责任竞合规则和民事责任与其他法律责任并存时的民事责任优先规则。

其二十，明确规定了"因自愿实施紧急救助行为造成受助人损害的，救助人不承担民事责任"。规定因保护他人民事权益使自己受到损害的，"没有侵权人、侵权人逃逸或者无力承担民事责任，受害人请求补偿的，受益人应当给予适当补偿。"鼓励见义勇为和自愿救助行为，以发扬社会的正能量。

其二十一，规定了侵害英雄烈士等的人格利益的民事责任承担。这实际上是对死者人格利益的保护作了规定。

其二十二，将一般诉讼时效期间由 2 年改为 3 年。

其二十三，规范了诉讼时效期间的起算时间。不仅规定了诉讼时效期间自权利人知道或者应当知道权利受到损害以及义务人之日起计算，并且还对分期履行债务的诉讼时效期间、无民事行为能力人或者限制民事行为能力人对其法定代理人的请求权的诉讼时效期间、未成年人遭受性侵害的损害赔偿请求权的诉讼时效期间，规定了特别起算时间。

其二十四，完善了诉讼时效的中止制度，规定自中止时效的原因消除之日起满 6 个月，诉讼时效期间届满。

其二十五，明确了不适用诉讼时效的情形，规定请求停止侵害、排除妨碍、消除危险、返还不动产和登记的动产、支付扶养费（包括赡养费、抚养费）的请求权以及依法不适用诉讼时效的其他请求权不适用诉讼时效的规定。

其二十六，扩张了除斥期间的含义，规定了撤销权、解除权等权利的存续期间的适用规则。

民法总则是民法典的开篇之作，随着其他民法典组成部分的修订，一部体现中国特色的社会主义民法典将于 21 世纪的 20 年代问世。民法总则在民法典中起统领作用，"既构建了我国民事法律制度的基本框架，也为各分编的规定提供依据。"因此，学习好、贯彻好民法总则有着重要意义。为此，笔者根据自己的学习体会，从法解释学的角度撰写了这本《民法总则通义》，以与各位读者共享民法总则的学习成果，也为宣传学习、贯彻执行民法总则尽绵薄之力。

当然，书中的错误或不妥之处在所难免，也恳请各位不吝指教。

郭明瑞

2017 年 8 月 7 日

于山东烟台

目 录

绪论 ………………………………………………………………… 1
　一、民法的概念 ………………………………………………… 1
　二、民法在法律体系中的地位 ………………………………… 2
　三、民法的法典化与民法总则 ………………………………… 4

本　论

《民法典》第一编　总则

第一章　基本规定 ………………………………………………… 9
　一、民法的立法宗旨和依据 …………………………………… 9
　　（一）保护民事主体的合法权益 …………………………… 9
　　（二）调整民事关系，维护社会和经济秩序 ……………… 10
　　（三）适应中国特色社会主义发展要求 …………………… 11
　　（四）弘扬社会主义核心价值观 …………………………… 12
　二、民法的调整对象 …………………………………………… 13
　　（一）平等主体之间的人身关系 …………………………… 13
　　（二）平等主体之间的财产关系 …………………………… 14
　三、民法的基本原则 …………………………………………… 15
　　（一）民法基本原则的含义与功能 ………………………… 15

（二）私权神圣原则 …………………………………………… 19
　　（三）平等原则 ………………………………………………… 20
　　（四）自愿原则 ………………………………………………… 21
　　（五）公平原则 ………………………………………………… 23
　　（六）诚信原则 ………………………………………………… 25
　　（七）合法和公序良俗原则 …………………………………… 26
　　（八）绿色原则 ………………………………………………… 28
四、民法的法源 …………………………………………………… 29
　　（一）法律 ……………………………………………………… 30
　　（二）习惯 ……………………………………………………… 33
五、民法的适用规则 ……………………………………………… 34
　　（一）特别法优于一般法 ……………………………………… 35
　　（二）强行法优于任意法 ……………………………………… 36
　　（三）例外规定排除一般规定 ………………………………… 37
　　（四）具体规定优先于一般规定 ……………………………… 37
六、民法的效力 …………………………………………………… 38
　　（一）民法的空间效力 ………………………………………… 38
　　（二）民法的时间效力 ………………………………………… 39

第二章　自然人 ………………………………………………… 41

第一节　民事权利能力和民事行为能力 ……………………… 41
一、自然人的民事权利能力 ……………………………………… 41
　　（一）自然人民事权利能力的含义 …………………………… 41
　　（二）自然人民事权利能力开始与终止 ……………………… 42
　　（三）自然人民事权利能力的特点 …………………………… 43
　　（四）自然人生死时间的证明 ………………………………… 44
　　（五）自然人出生前即胎儿利益的保护 ……………………… 44
　　（六）自然人死亡后的利益保护 ……………………………… 46

  二、自然人的民事行为能力 …………………………………… 48
   （一）自然人民事行为能力的含义 …………………………… 48
   （二）自然人民事行为能力与意思能力 ……………………… 49
   （三）自然人的成年年龄 ……………………………………… 49
   （四）完全民事行为能力人 …………………………………… 50
   （五）限制民事行为能力人 …………………………………… 51
   （六）无民事行为能力人 ……………………………………… 52
   （七）无完全民事行为能力人的法定代理人 ………………… 54
   （八）成年人民事行为能力状况的认定 ……………………… 54
  三、自然人的住所 ………………………………………………… 56
 第二节　监护 ……………………………………………………… 58
  一、监护的意义和确立根据 ……………………………………… 58
   （一）监护的意义 ……………………………………………… 58
   （二）监护的确立根据 ………………………………………… 59
  二、监护人的范围 ………………………………………………… 59
   （一）未成年人的监护人范围 ………………………………… 59
   （二）无完全民事行为能力的成年人的监护人范围 ………… 60
  三、监护人的确定 ………………………………………………… 61
   （一）遗嘱监护 ………………………………………………… 61
   （二）协议监护 ………………………………………………… 62
   （三）指定监护 ………………………………………………… 63
   （四）国家和社会监护 ………………………………………… 64
   （五）意定监护 ………………………………………………… 65
  四、监护人的监护职责和履行原则 ……………………………… 66
   （一）监护人的监护职责 ……………………………………… 66
   （二）监护职责的履行原则 …………………………………… 67
  五、监护的撤换 …………………………………………………… 68
  六、撤销监护人资格对原监护人的效力 ………………………… 70

（一）原监护人对被监护人的扶养义务不解除 …………………… 70
　　（二）监护人资格的恢复 ………………………………………… 71
　七、监护的终止 ……………………………………………………… 72

第三节　宣告失踪和宣告死亡 …………………………………………… 74
　一、宣告失踪 ………………………………………………………… 74
　　（一）宣告失踪的含义 …………………………………………… 74
　　（二）宣告失踪的条件 …………………………………………… 74
　　（三）宣告失踪期间的起算 ……………………………………… 75
　　（四）失踪人的财产代管人的确定 ……………………………… 76
　　（五）失踪人的财产代管人的职责 ……………………………… 76
　　（六）失踪人财产代管人的变更 ………………………………… 77
　　（七）失踪宣告的撤销 …………………………………………… 78
　二、宣告死亡 ………………………………………………………… 79
　　（一）宣告死亡的含义 …………………………………………… 79
　　（二）宣告死亡的条件 …………………………………………… 79
　　（三）利害关系人的申请顺序 …………………………………… 80
　　（四）被宣告死亡人的死亡日期 ………………………………… 81
　　（五）被宣告死亡人在被宣告死亡期间实施民事法律行为的效力 ………… 82
　　（六）死亡宣告的撤销 …………………………………………… 82

第四节　个体工商户和农村承包经营户 ………………………………… 86
　一、个体工商户的概念和特征 ……………………………………… 86
　二、农村承包经营户的概念和特征 ………………………………… 87
　三、个体工商户、农村承包经营户的债务承担 …………………… 88

第三章　法人 …………………………………………………………… 89

第一节　一般规定 ………………………………………………………… 89
　一、法人的概念 ……………………………………………………… 89

二、法人的成立条件 ··· 90
三、法人的民事权利能力和民事行为能力 ·················· 91
 （一）法人的民事权利能力 ································· 91
 （二）法人的民事行为能力 ································· 93
四、法人民事责任的独立性 ···································· 93
五、法人的法定代表人 ·· 95
六、法定代表人职务侵权的民事责任 ························ 96
七、法人的住所 ··· 97
八、法人的登记 ··· 97
 （一）登记事项的变更 ······································· 97
 （二）登记的效力 ·· 98
 （三）登记机关的公示义务 ································· 98
九、法人的合并、分立 ·· 99
十、法人的终止 ··· 99
 （一）法人因解散而终止 ···································· 100
 （二）法人因被宣告破产而终止 ·························· 103
 （三）法人因法律规定的其他原因而终止 ·············· 104
十一、法人的分支机构 ·· 104
十二、设立中的法人 ··· 105

第二节 营利法人 ··· 107
 一、营利法人的概念及类别 ··································· 107
 二、营利法人的登记 ·· 108
  （一）登记为营利法人成立的必经程序 ················ 108
  （二）登记为取得法人营业执照的条件 ················ 108
 三、营利法人的章程 ·· 109
 四、营利法人的治理结构 ······································ 110
  （一）营利法人的权力机构 ································ 110
  （二）营利法人的执行机构 ································ 111

（三）营利法人的监督机构 ………………………………………… 113

　　五、出资人权利滥用的禁止 …………………………………………… 114

　　六、营利法人的关联交易的规制 ……………………………………… 118

　　七、营利法人决议的效力 ……………………………………………… 119

　　八、营利法人的义务 …………………………………………………… 120

　第三节　非营利法人 ……………………………………………………… 123

　　一、非营利法人的概念和类别 ………………………………………… 123

　　二、事业单位法人 ……………………………………………………… 124

　　　（一）事业单位法人资格的取得 …………………………………… 124

　　　（二）事业单位法人的治理结构 …………………………………… 125

　　三、社会团体法人 ……………………………………………………… 126

　　　（一）社会团体法人资格的取得 …………………………………… 126

　　　（二）社会团体法人的法人章程和治理结构 ……………………… 127

　　四、捐助法人 …………………………………………………………… 129

　　　（一）捐助法人的概念和类别 ……………………………………… 129

　　　（二）捐助法人的法人章程和治理结构 …………………………… 132

　　　（三）捐助法人的捐助人权利 ……………………………………… 133

　　五、非营利法人终止时的财产处置 …………………………………… 135

　第四节　特别法人 ………………………………………………………… 136

　　一、特别法人的概念和种类 …………………………………………… 136

　　二、机关法人 …………………………………………………………… 136

　　　（一）机关法人法人资格的取得和民事能力 ……………………… 136

　　　（二）机关法人终止的后果 ………………………………………… 137

　　三、农村集体经济组织法人 …………………………………………… 138

　　四、城镇农村的合作经济组织法人 …………………………………… 140

　　五、基层群众性自治组织法人 ………………………………………… 141

第四章　非法人组织 ………………………………………………………… 144

一、非法人组织的概念和类别 ································· 144
    （一）非法人组织的特征 ································· 144
    （二）非法人组织的种类 ································· 146
  二、非法人组织的成立 ······································· 152
  三、非法人组织的民事能力 ··································· 153
    （一）非法人组织的民事权利能力 ························· 153
    （二）非法人组织的民事行为能力 ························· 154
    （三）非法人组织的民事责任能力 ························· 155
  四、非法人组织的解散 ······································· 156
    （一）非法人组织解散的事由 ····························· 156
    （二）非法人组织解散的程序 ····························· 157
  五、法人有关规定的参照适用 ································· 158

第五章 民事权利 ··· 159

  一、民事权利的概念和分类 ··································· 159
    （一）民事权利的含义与本质 ····························· 159
    （二）民事权利学理上的分类 ····························· 162
  二、人身权 ··· 168
    （一）自然人的一般人格权益 ····························· 168
    （二）自然人的具体人格权 ······························· 169
    （三）法人、非法人组织的人身权 ························· 173
    （四）自然人的个人信息利益 ····························· 174
    （五）自然人基于婚姻、家庭关系享有的人身权 ············· 176
  三、财产权 ··· 177
    （一）财产权利的保护原则 ······························· 177
    （二）物权 ··· 178
    （三）债权 ··· 188
    （四）知识产权 ··· 191

（五）继承权 ··· 194
　　（六）股权和其他投资性权利 ·· 196
　　（七）数据、网络虚拟财产权益 ··· 197
四、民事权益种类的发展 ·· 199
五、弱势群体的民事权利的特别保护 ··· 199
六、民事权利的取得 ·· 200
七、民事权利的行使 ·· 203
　　（一）民事权利行使的含义和方式 ······································· 203
　　（二）民事权利自由行使原则 ··· 204
　　（三）民事权利行使应履行相关义务的原则 ··························· 205
　　（四）禁止民事权利滥用原则 ··· 206

第六章　民事法律行为 ··· 209

第一节　一般规定 ·· 209

一、民事法律行为的概念和特征 ··· 209
二、民事法律行为的分类 ·· 212
　　（一）单方民事法律行为、双方民事法律行为、
　　　　　多方民事法律行为和决议行为 ···································· 212
　　（二）要式民事法律行为和不要式民事法律行为 ···················· 215
　　（三）财产民事法律行为和身份民事法律行为 ······················· 216
　　（四）双务民事法律行为和单务民事法律行为 ······················· 218
　　（五）有偿民事法律行为和无偿民事法律行为 ······················· 218
　　（六）诺成民事法律行为和实践性民事法律行为 ···················· 219
　　（七）要因民事法律行为和不要因民事法律行为 ···················· 220
　　（八）主民事法律行为和从民事法律行为 ····························· 221
　　（九）独立民事法律行为和辅助民事法律行为 ······················· 221
　　（十）生前民事法律行为和死后民事法律行为 ······················· 222
三、民事法律行为成立的效力 ·· 223

第二节 意思表示 225
一、意思表示的含义和要素 225
二、意思表示的生效时间 226
（一）有相对人的意思表示的生效时间 226
（二）无相对人的意思表示的生效时间 228
（三）以公告方式作出的意思表示的生效时间 228
三、意思表示的作出方式 230
四、意思表示的撤回 231
五、意思表示的解释 232

第三节 民事法律行为的效力 235
一、民事法律行为效力的含义 235
二、民事法律行为的有效条件 236
三、无效民事法律行为 241
（一）无效民事法律行为的含义 241
（二）无效民事法律行为的种类 241
四、可撤销的民事法律行为 246
（一）可撤销的民事法律行为的含义 246
（二）可撤销民事法律行为的种类 247
（三）撤销权的享有、行使和消灭 250
五、非有效的民事法律行为的法律后果 252
（一）民事法律行为无效为自始无效 252
（二）民事法律行为部分无效的，其他部分可有效 253
（三）返还财产、折价补偿和赔偿损失 253

第四节 民事法律行为的附条件和附期限 255
一、附条件民事法律行为 255
（一）附条件民事法律行为的含义 255
（二）附条件民事法律行为的效力状态 256

（三）附条件民事法律行为的条件 ·················· 257
　　　（四）妨碍条件成否不当行为的禁止 ················ 266
　二、附期限的民事法律行为 ·························· 268
　　　（一）附期限民事法律行为的含义 ·················· 269
　　　（二）附期限的民事法律行为的效力状态 ············ 270
　　　（三）附期限民事法律行为所附的期限 ·············· 270

第七章　代理 ·· 275

第一节　一般规定 ·· 275

　一、代理的适用范围 ································ 275
　二、代理的含义 ···································· 277
　三、代理的类型 ···································· 280
　　　（一）委托代理 ································ 281
　　　（二）法定代理 ································ 281
　四、代理人不履行职责的民事责任 ···················· 282

第二节　委托代理 ·· 284

　一、委托代理的授权书 ······························ 284
　二、共同代理 ······································ 285
　三、代理违法事项的民事责任 ························ 287
　四、代理权行使的法定限制 ·························· 288
　五、再代理 ·· 290
　六、职务代理 ······································ 292
　七、无权代理 ······································ 294
　　　（一）无权代理的含义 ·························· 294
　　　（二）无权代理的法律后果 ······················ 295
　八、表见代理 ······································ 297

第三节　代理终止 ·· 300

一、代理终止的含义 300
二、委托代理终止的原因 300
三、委托代理被代理人死亡的代理行为效力 302
四、法定代理终止的原因 303

第八章 民事责任 304

一、民事责任的含义和承担依据 304
二、民事责任的分类 307
 （一）按份责任与连带责任、补充责任 307
 （二）债务不履行的民事责任和侵权的民事责任 310
 （三）履行责任、返还责任和赔偿责任 312
 （四）单方责任与双方责任 312
 （五）财产责任与非财产责任 313
 （六）过错责任与无过错责任 313
三、民事责任的承担方式 315
四、不承担民事责任的事由 319
 （一）不可抗力 320
 （二）正当防卫 321
 （三）紧急避险 322
 （四）见义勇为行为 324
 （五）紧急救助行为 325
 （六）自助行为 326
五、侵害英烈人格利益的民事责任 327
六、违约责任与侵权责任的竞合 327
七、民事责任与其他法律责任的竞合 328

第九章 诉讼时效 330

一、时效的概念和立法例 330

二、诉讼时效的概念和期间 331
三、诉讼时效期间的起算 332
 （一）诉讼时效期间起算的一般规定 332
 （二）诉讼时效期间起算的特别规定 334
四、诉讼时效期间届满的法律后果 335
五、法院主动适用诉讼时效规定的禁止 339
六、诉讼时效的中止 341
七、诉讼时效的中断 343
八、诉讼时效的适用范围 346
九、诉讼时效的性质 348
十、诉讼时效在仲裁中的适用 349
十一、除斥期间 350

第十章 期间计算 353

一、期间的含义与分类 353
二、期间的计算单位 354
三、期间的起算 355
四、期间的最后日的确定 355
五、期间届满的时点 356
六、期间的其他计算方法 357

附录 中华人民共和国民法典（节选） 358

绪 论

一、民法的概念

何为民法？法律并无定义。学者中也有各种不同的说法。按照我国法律的规定，民法是调整平等主体之间的人身关系与财产关系的法律规范的总和。

"民法"一词是外来语，就其使用的含义而言，有形式民法与实质民法、一般民法与特别民法、广义民法与狭义民法之分。形式民法是指以民法命名的法律，这种意义的民法是指冠以民法名称的法律，如《中华人民共和国民法典》；而实质民法是以法律规范的性质来定义民法的，即不论该法律规范在何种名称的法律中，只要性质上属于规范民事事项的法律规范，就属于民法的范畴。通常所称的民法，一般是指以形式民法为主要内容的实质民法。一般民法与特别民法是从法律所规范的社会关系的特性上，也就是法律的适用范围上而言的，一般民法是指规范一般民事关系的民法，特别民法是指规范特别民事关系即规范特定方面、特定领域的民事事项的民法。如《中华人民共和国民法典》（以下简称《民法典》）为一般民法，《中华人民共和国公司法》（以下简称《公司法》）等即为特别民法。广义民法与狭义民法是依法律分类的不同标准来划定民法范围的，广义的民法是指全部私法，而狭义的民法则仅为私法的一部分。通常认为，商法以外的私法为狭义民法。

二、民法在法律体系中的地位

法律是社会生活调整器。不同的社会关系由不同的法律调整，也就形成不同的法律部门。如某地一位人大代表开车撞人致人死亡，这一事故会引发三种关系，一是该人的人大代表资格的罢免，如其有驾照还有其驾照的吊销；二是对该人刑事责任的追究；三是该人对受害人一方的赔偿。这三种关系性质不同，由不同的法律调整。调整社会生活的法律，从大的方面说，可分为公法与私法。

关于公法与私法的划分，这是自罗马法上就有的。查士丁尼在《法学总论》中指出，"法律学习分为两个部分，即公法与私法。公法涉及罗马帝国的政体，私法则涉及个人利益。"[①] 公法与私法有着不同的效力，在《学说汇纂》中指出，"公法的规范不得由当事人之间的协议而变更"，而私法是任意的，"对当事人来说，协议就是法律。"[②] 近现代大陆法系国家无不认可公法与私法的区分，但对其划分标准观点不一，主要有利益说、主体说与性质说。利益说认为，公法以保护公益为目的，为保护公益的法；私法以保护私益为目的，为保护私益的法。主体说认为，调整国家与其他社会公共团体间的关系，以及国家及其他社会公共团体与私人间关系的法律为公法；调整私人之间或私团体之间关系的

---

① 〔罗马〕查士丁尼：《法学总论》，张企泰译，商务印书馆1989年版，第5—6页。
② 周枏：《罗马法原论》（上），商务印书馆2004年版，第92页。

法律为私法。性质说，有的主张调整非平等关系即权力服从关系的法律为公法，调整平等关系即权利义务关系的法律为私法，此称为权力关系说；有的主张规范国家统治权发动关系的为公法，规范非统治权发动关系的为私法，此说称为统治关系说；有的主张，调整基于国民一分子资格的国民生活关系的法律为公法，而调整基于社会生活一分子立场的社会生活关系的法为私法。

上述各说，均有道理，也并无实质性区别。在法治国家，基于法律所调整的社会关系，无非可以分为两大类：一类是平等主体之间的权利义务关系即所谓的市民社会或公民社会关系；一类是不具有平等地位的法律关系即所谓的政治国家社会关系。如上例中提到的三种关系中，无论是人大代表资格的罢免或驾驶执照的吊销，还是刑事责任的追究，都是国家机关与个人之间的关系，并不是一种平等关系，调整这些关系的法律即为公法；而造成事故发生的赔偿关系则是个人之间的关系，直接关系的是个体利益，调整该部分关系的法律即为私法。

"民法"一词源自于罗马市民法，因此从词源上说民法为市民法或市民社会的法。所谓市民，也就是指具有独立人格的独立之人；所谓市民社会，实质上也就是具有独立人格的人们所结成的各种社会关系的总和。在市民社会中，人与人之间是独立的，没有相互隶属的人格关系。罗马法上的市民法最初指的是适用于罗马公民的法律，而当时也只有罗马公民才有独立的法律人格。近代社会的市民社会，是从人与人之间的身份关系发展为契约关系而形成的，在市民社会，市民有着独立的地位，相互间的交往是以个人名义或者个体名义自愿进行的，市民社会的关系也就是私人间或者说社会个体成员间的关系。民法也就是调整市民社会关系的法律即私法。因此,民法关系也就是私法关系,民事权利也就称为私权利。在这一意义上所说的民法,当然是指实质民法。

区分公法与私法无论在司法实务中还是立法上都是有重要意义的。从立法层面说,对私法关系的调整方法应为平等性和任意性:私法调整社会关系须赋予主体以平等的地位,对主体的权利予以平等的保护等;私法规范具有任意性的特点,强调意思自治,可由当事人自行设定权利义务。而法律对于公法关系的调整方法应为强行性。从司法层面上说,对公法关系的救济适用行政诉讼程序或刑事诉讼程序,当事人对其权利义务是不能自行处分的;而对于私法关系的救济适用民事诉讼程序,当事人可以自行处分自己的权利。

当然,在现代社会也出现"私法公法化"与"公法私法化"现象。例如民法中也有一些强行性规范,在行政管理中也可以协议的方式确定双方的关系,但公法与私法关系的性质并未改变。在私法中制定一些公法性的规范,其目的不是否定私法的精神,而是为了真正实现民法的精神。

三、民法的法典化与民法总则

如前所述,形式民法是指以民法命名的法律,亦即民法典。因此,形式民法是民法法典化的产物。民法的法典化是近代民法的事情,也是大陆法系的传统。英美法以判例为主要法律渊源,虽也有制定法,但无大陆法系的民法典。

大陆法系的民法典有法国法系与德国法系两种立法体例,二者虽都是从罗马私法发展而来,但结构形式不同。

法国法系采《法学阶梯》的模式,由人、物、诉讼三部分组成。法国民法典将诉讼的内容剔除,除前言分为三编:第一编为人,包括有关人格和身份(婚姻家庭关系)的规范;第二编为财产及对于所有权的各种限制,包括所有权和其他各种物权;第三编为取得财产的各种方式。该法典具有开放性的特点,但形式逻辑化程度有限。

德国法系采《学说汇纂》的模式即潘德克吞式。德国民法典分为五编,即总则、债权、物权、亲属和继承。这种体例形式逻辑化程度高,逻辑严密,结构严谨,每一制度从一般到特殊,从抽象到具体。潘德克吞式编制体例在于采用所谓"提取公因式"的方法,从各种法律关系中抽象出共同规则,集中规定在个别的规定之前,称为总则。[①]

我国民法典的编纂始于1911年《大清民律草案》。该法采用潘德克吞式编制体例,分总则、债权、物权、亲属、继承五编;南京国民政府民法沿用了这一体例。

中华人民共和国成立后,我国曾四次编纂民法典。改革开放后进行了民事立法,形成以民法通则为统领,民事单行法为主干的民法规范体系。为适应社会经济生活的需要,为建成与社会主义市场经济和法治国家相适应的完善的法律体系,党的十八届四中全会提出编纂民法典。编纂民法典工作分两步进行:第一步为制定民法总则;第二步为编纂民法典的各分编。

《中华人民共和国民法总则》(以下简称《民法总则》)于

---

① 梁慧星:《民法总论》(第四版),法律出版社2011年版,第14页。

2017年3月15日经第十二届全国人民代表大会第五次会议通过。《民法总则》是民法典的开篇之作,在民法典中起统领作用。李建国副委员长指出,在《民法总则》起草过程中,遵循了编纂民法典的指导思想和基本原则,并注意把握以下几点:一是既坚持问题导向,着力解决社会生活中纷繁复杂的问题,又尊重立法规律,讲法理、讲体系;二是既尊重民事立法的历史延续性,又适应当前经济社会发展的客观要求;三是既传承我国优秀的法律文化传统,又借鉴外国立法的有益经验。① 这也就形成我国《民法总则》的特色。

  自民法总则颁布后,立法机关开始编纂民法典。2020年5月28日第十三届全国人民代表大会第三次会议通过《中华人民共和国民法典》,《民法总则》经修正后为《中华人民共和国民法典》的第一编,自2021年1月1日起《中华人民共和国民法典》施行,《民法总则》同时废止。

---

① 参见李建国:《关于〈中华人民共和国民法总则(草案)〉的说明》,见《中华人民共和国民法总则(含草案说明)》,中国法制出版社2017年版,第51—52页。

本 论

《民法典》第一编 总则

第一章 基本规定

一、民法的立法宗旨和依据

第一条 为了保护民事主体的合法权益，调整民事关系，维护社会和经济秩序，适应中国特色社会主义发展要求，弘扬社会主义核心价值观，根据宪法，制定本法。

本条规定了民法的立法宗旨和立法依据。

立法宗旨亦即立法目的，一部法律的立法宗旨决定于该法的性质，决定着该法的社会功能。民法的立法目的主要有以下四项：

（一）保护民事主体的合法权益

民法为权利法，以确认和保护民事主体的合法权益为己任。民事权益是平等的民事主体享有的不可或缺的权利和合法利益。也正是在这一意义上说，民法是以权利为本位的。当然，"权利本位"是近代民法就确立的，在现代民法上又提出"社会本位"，但必须看到，社会本位并不是对权利本位的否定，而是权利本位的发展，而是为了真正实现权利本位。如果看不到权利本位的价值，不是在权利本位的基础上贯彻社会本位，就会使民法变异。民法在保护民事主体的权益方面具有其他法不可替代的作用。民法的各项制度、各项民事权利无论是人身权还是财产权都是以人为本的。有人说，无人格即无财产；也有人说，无财产即无人格。其实，这两种说法都对。如果一个人并无独立的人格，当然也就谈不上会有财产；而如果一个人无任何财产，也就谈不上会有独立的人格。民法之所以保护人的财产权利还是为了人的独立、自由和人格完善。有财产有恒心，有人格才会有财产。由于民法保护的财产权和人格权也是人权的基本内容，因此，民法也是人权的保障法。民法本来就是建立在主体独立的基础上的，本来就是以平等、自由、私有为其哲学和经济基础的。民法的各项制度的设计、构建，都是以保护人的基本权利为己任的，要"坚持人民主体地位"。[①]

（二）调整民事关系，维护社会和经济秩序

民事关系亦即私法关系，是发生在平等主体之间的社会关系。民法保护民事主体的合法权益正是通过调整民事关系实现的。民法规定民事主体的行为准则，规定主体之间实体上的权利义务。因此，民法规范具有引领和指导人们行为的功能；同时民法规范也是裁判规范，在发生民事纠纷时，法院依民法的规定来确定当事人间的权利、义务和责任。通过民法规范的引领和民事纠纷的裁判，民事主体之间确立起正常的和谐的市民关系，从而使社会和经济秩序得以维护。

[①] 李建国：《关于〈中华人民共和国民法总则（草案）〉的说明》，见《中华人民共和国民法总则（含草案说明）》，中国法制出版社2017年版，第48页。

（三）适应中国特色社会主义发展要求

民法为市场经济关系的基本法。市场经济关系也就是发达的商品经济关系。市民社会是随商品经济的产生与发展而产生与形成的。民法当然也就是随商品经济关系的产生、发展而产生与发展的。商品经济关系离不开人和商品，离不开人与人之间的交易。市场经济需要三个基本条件：一是主体的平等，只有主体平等，双方才能平等自愿地进行交易谈判；二是主体对用于交易的客体有自主的支配权，这样主体才能自主进行交易；三是须有交易规则。正如人们所言，交易也就是一种游戏，没有游戏规则不能进行游戏，没有交易规则也就无法进行正常的交易。只有具备以上这三个条件，才能通过市场交易使社会资源达到优化组合。可见，只有在以上三个条件下，才能实行和发展市场经济。因此，实行和发展市场经济从法律上必须确认三项制度：一是主体制度，二是财产权（客体）制度，三是债或合同制度（交易规则）。尽管由于市场是一只无形的手，为市场得以有序的正常发展，还需要其他制度，如消费者权益保护法、产品质量法、劳动法、反垄断法、反不正当竞争法等。但决定和维系市场经济发展的基本法律制度还是主体、客体与交易规则，而这些制度正是民法的基本内容。因此，我们说，民法是市场经济的基本法。没有商品经济不会有民法，没有民法也就不会有法治条件下的市场经济。中国特色社会主义的发展包括政治、经济、社会、文化等各方面的发展，而经济的发展是基础。制定民法典正是为了健全社会主义市场经济法治，以适应中国特色社会主义发展的要求。

（四）弘扬社会主义核心价值观

民法为文明的产物，只是在人类从野蛮时代进入文明时代才有了民法规范。不同时期的民法总是与同时代的文明要求相一致的，并倡导时代文明。文明可以包括物质文明、精神文明和制度文明，无论在哪一方面的文明建设上，民法都有重要的作用。从法律与道德的关系上看，社会道德规范是民法的社会基础，同时民法又是维护社会道德的手段。在现代社会，民法制度同样倡导和促进文明。可以说，没有商品交易的文明，没有诚信的支撑，也就没有民法；同时民法又是从法律的高度促进社会文明发展。如，债是以法律关系维系的信用关系、扶养义务就是以法律形式来维护家庭伦理。我国民法是具有中国特色的社会主义民法，在社会主义文明建设中具有不可替代的作用。社会主义核心价值观包括富强、民主、文明、和谐、自由、平等、公正、法治、爱国、敬业、诚信、友善。民法的各项基本原则正是社会主义价值观的具体体现，民法的各项制度践行着社会主义核心价值观。在坚持中国特色社会主义市场经济的条件下，坚持民法精神，发扬民法文化，强化私法观念，促进社会文明的发展，也就大力弘扬了社会主义核心价值观。

《中华人民共和国宪法》（以下简称《宪法》）序言中指出，宪法"是国家的根本法，具有最高的法律效力。全国各族人民、一切国家机关和武装力量、各政党和各社会团体、各企业事业组织，都必须以宪法为根本的活动准则，并且负有维护宪法尊严、保证宪法实施的职责。"由此看来，宪法是具于高于包括私法在内的所有法律的法律效力的，是制定所有法律的依据。因此，民法也是根据宪法制定的。但根据宪法制定民法，只是强调民法不能违背宪法的原则、精神或者实质，而并非指民法规范只能抄袭宪法条文或者说不能与宪法中的有关条文不同。因为民法毕竟属于私法，其与公法、宪法有着不同的特点。

二、民法的调整对象

第二条　民法调整平等主体的自然人、法人和非法人组织之间的人身关系和财产关系。

本条规定了民法的调整对象。

民法的调整对象即民法的调整范围，决定了民法的基本内容，也是划分民法与其他法律适用范围的标准。民法的调整对象为平等主体之间的人身关系与财产关系两部分，民法的内容也就包括人身关系法与财产关系法两大部分。

（一）平等主体之间的人身关系

人身关系是人们在社会生活中形成的具有人身属性，与主体人身不可分离的，以特定精神利益为内容的社会关系。人身关系是大量存在的，但并非都为民法所调整。例如，选民资格涉及的就是人身关系，却不属于民法的调整对象。民法调整的人身关系，指的是人作为民事主体的自身存在与发展而产生的社会关系[①]。这种人身关系与其他人身关系相比较，其根本特点在于当事人的地位是平等的。民法调整的人身关系包括人格关系与身份关系，经调整也就成为人格权关系与身份权关系。人

---

① 孙宪忠主编：《民法总论》（第二版），社会科学文献出版社2010年版，第14页。

格是社会成员之成为民事主体必须具备的条件，人格权也就是民事主体维持自身的存在、自身的人格尊严须享有的权利，如身体权、生命权、健康权、名誉权、肖像权等。身份是民事主体在特定关系中所处的不可让与的一种地位和资格。当然，人们在社会生活中总是以一定身份出现的。如债权人、债务人、所有权人等也可以说是一种"身份"。但这些在财产关系中体现的身份是可以让与的，例如，债权人可以将其债权让与他人，而自己不再为债权人。这种财产关系中的身份并非是特定的不可转让的地位。只有在特定关系中不可转让的地位才为这里所说的身份。民事主体基于特定身份而享有的权利，即为身份权，如监护权、亲权、配偶权等。这部分内容主要构成亲属法或者婚姻家庭法的内容。如甲男与乙女同居，但未办理结婚手续，二人生育一子丙。他们之间的财产关系、人身关系如何处理？甲、乙与丙相互之间有何种权利义务？这就涉及身份权，属于亲属法的内容。

（二）平等主体之间的财产关系

财产关系是人们在社会生活中形成的具有经济内容的社会关系。财产关系也是多种多样的，也并不全是民法的调整对象。例如，税收关系、国有资产的管理关系，也可以说是财产关系，但不属于民法的调整对象。民法所调整的财产关系只是平等主体之间的，市民社会中存在的财产关系，并且一般是可由当事人以自己的意志决定的。民法所调整的财产关系涉及的是财产的归属和利用关系，以及财产的流转关系。前者为静态的财产关系，后者为动态的财产关系。与此相应的，民法上也就有物权、知识产权和债权，以及继承权等。例如，甲有一所房屋，其未在该房居住。甲死亡后，甲之子丙发现乙在该房中居住，且将房间污损。丙询问乙，得知是甲将房屋出租给乙。现丙要求乙搬出。当事人之间因此所发生的关系就是民法上的财产关系。

需要说明，民法所调整的这两类社会关系是有密切联系的。这决定了人身权与财产权有密切联系。例如，继承权虽为财产权，但其以身份权为前提；著作权既包括身份权内容又包括财产权内容。特别是在现代经济条件下，人格权益可以商业化利用，使一些传统的人格权具有了财产权的价值属性。

三、民法的基本原则

（一）民法基本原则的含义与功能

所谓原则，在各种场合，有不同的理解，通常是指观察问题、处理问题的准绳。从这一意义上说，民法基本原则是民事立法、民事司法，以及民事活动的基本准则。它既是民事立法的指导方针，也是制定民法、解释和适用民法的指导思想和基本准则。作为民法的基本原则，具有以下特点：一是内容的根本性，反映着民事关系的根本特点；二是效力的贯彻始终性，贯穿于民法的各项制度中而不是仅在某一制度中体现；三是形式的非规范性和不确定性，规定基本原则的条款属于一般性条款；四是功能的强行性与强制补充性。[①] 民法的基本原则也是民法

---

① 参见马俊驹、余延满：《民法原论》（第四版），法律出版社2011年版，第32—33页。

区别于其他部门法的重要依据。从法律规范性质的划分上说，只有符合民法基本原则的法律规范才属于民法规范，否则就不属于民法规范。

作为民法的基本原则可以是在民法制度中体现而从学理上归纳出来的，此称为学理民法基本原则，也可以是在民法中以法条规定下来的，此称为法定民法基本原则。但二者都是民法理念的结晶，所不同的是法定民法基本原则有直接的法律效力，而学理民法基本原则不具有直接的法律效力。①

民法经历了一个从简单商品生产者社会到发达的商品生产者社会的发展过程，不同历史阶段、不同国家的民法既有相同之处，又有不同之处。因为民法不论在何种时期、何国家，所调整的社会关系都是平等主体之间的关系，都为私法。同时，不同历史时期的民事关系的范围不会是完全相同的，而是在不断发展的，不同的国家的民事关系也会呈现出不同的特点。因此，民法的基本原则既有同一性，又有差异性，也是在不断发展的。在罗马法上就有平等的观念，契约自由的观念。以法国民法典为代表的近代民法承受了平等、自由等理念，以平等为基础，确立了私法自治、私有财产神圣和过失责任原则。这三项原则被称为近代民法的三大基石。西方现代民法可说始于德国民法典。20世纪以来，西方民法的发展呈现出新的发展趋势，如从以权利为本位转向以社会为本位，从私法自治转向对私权予以一定限制，从过错责任发展到采用无过错责任，确立了社会公共福利、禁止权利滥用和诚实信用等原则。有的将民法这种基本原则变化的趋势

---

① 参见魏振瀛主编：《民法》（第六版），北京大学出版社、高等教育出版社2016年版，第20页。

归结为：抽象的身份平等的具体化；所有权的社会化；契约的规范化；归责原则二元化。

我国《民法总则》中规定了基本原则，因此，民法的基本原则贯穿于民法的各项制度中，既是民法的基本精神和指导思想，又是具有法律效力的，无论是立法、解释法律，还是适用法律都不能违反基本原则。从司法上说，基本原则还可以补充法律漏洞。民法基本原则的效力和功能体现在以下三个方面：

1. 它是民事立法须遵行的准则，有指导立法的功能。民法的基本原则既然是民事立法的指导方针，是国家民事政策的反映，民事立法就须遵循。立法所制定的民法规范，不能违反民法的基本原则。如果制定的民事基本法违反民法基本原则，则该法不能谓"良法"，次级的立法者制定的民事规范若违反民法基本原则，该法律规范应为无效。从另一方面说，不符合民法基本原则的法律规范也不能为民法规范。

2. 它是民事主体进行民事活动须遵行的准则，对主体的行为有评价和引导功能。民事主体的民事活动应符合基本原则，违反基本原则的行为不仅会受到法律的反对评价，不受法律的保护，甚至还会承担相应的民事责任。

3. 它是司法机关适用法律应遵行的准则，具有法律解释的准据功能和法律漏洞的补充功能。任何人包括法院在适用法律上都会发生解释问题，法院的解释为有权解释。法院的有权解释也应以基本原则为基准，不符合基本原则的解释应为无效的，不正确的；另一方面在法律出现漏洞时，法院可依据基本原则裁判。①

---

① 关于基本原则的效力上主要有以下两个争议问题。一是法院可否直接引用基本原则裁判？二是法院在何种情况下才可直接适用基本原则裁判？

第一个问题的案例为首起不正当竞争纠纷案。该案的案情如下：原告山东省莒县酒厂于1987年1月，注册了圆圈形喜凰牌商标，用于本厂生产的白酒。此酒的瓶贴装潢上，除印有圆圈形的注册商标外，还印有"喜凰酒"这一特定名称。被告山东文登酿酒厂生产的白酒，注册商标为圆圈形天福山牌。被告拿着带有原告商标标识"喜凰"酒的瓶贴装潢到一印刷厂，让该厂将喜凰牌注册商标更换为天福山牌注册商标，除喜凰酒中的"凰"字更换为"风"字外，其余仿照印制。被告将印制好的天福山牌喜风酒贴装潢用于本厂生产的白酒。临沂地区中级法院审理认为，被告的行为属于《商标法》第38条第（3）项所指的侵害注册商标专用权的行为，依《民法通则》第118条的规定，原告要求停止侵害、赔偿损失，是正当的，应予支持；根据被告的侵权行为，依照《商标法实施细则》第40条规定，应处以罚款。一审判决后，被告不服，上诉到省高院。二审法院经审理认为，原审判决把上诉人仿照制作、使用与被上诉人相近似的瓶贴装潢的行为认定为侵害商标专用权，是适用法律不当。但是"上诉人的行为不仅违反了《民法通则》第4条规定的公民、法人在民事活动中，应当遵循诚实、信用的原则，而且违反了第5条的规定，侵害了被上诉人合法的民事权益，依照《民法通则》第7条规定，上诉人的这种行为，还损害了社会公共利益，扰乱了社会经济秩序，是不正当的竞争行为，必须予以制止。被上诉人由此遭受的经济损失必须由上诉人赔偿。"该案经二审终审。对于二审判决，有两种不同意见：一种意见认为，法院不能直接引用民法基本原则作为判决的法律依据，在上述案件中，二审法院未明确把该不正当竞争行为认定为侵权行为，也没有准确地引用《民法通则》关于侵权民事责任的法律，而是直接根据《民法通则》的基本原则规定下判，有失允当。另一种意见认为，《民法通则》的基本原则是具有普遍约束力的法律规定。民法的基本原则是人民法院在没有具体法律规定时，据以判决民事案件的法律依据。在上述案件中文登酿酒厂的不正当竞争行为显然违反了《民法通则》第4条、第5条、第7条规定的基本原则，人民法院依据上述法条予以制裁，适用法律正确，判决并无不当。

第二个问题的案例为中国公序良俗第一案。该案的案情如下：四川省某市居民黄某，与其妻蒋某于1963年结婚，无婚生子女，有较长期间分居的经历。1990年因居住的房屋拆迁，夫妻共同得到一处拆迁房。1996年，黄某与张某相识并在外租房同居，生有一子。2001年初，黄因肝癌晚期住院治疗，4月18日立下书面遗嘱：死后将其所得的住房补贴金、抚恤金及与蒋共同拥有的住房价值的一半共6万余元的财物全部赠送给张某。公证处对黄的遗嘱进行了公证。两天后，黄去世。张某要求获得遗嘱指定的财产被蒋拒绝后，向法院提起诉讼。此案经四次审理，被炒作称为"二奶状告大奶案"。最后法院以违反公序良俗为由，否定了黄某遗嘱的效力，将全部遗产判归蒋某。对于该案的终审判决也有不同的意见。一种意见认为，本案以违反公序良俗为由否定遗嘱的效力，完全正确。另一种意见认为，关于遗嘱的有效无效，法律有具体规定，法院应依具体规定判定遗嘱的效力，而不应依基本原则确定遗嘱的效力。还有一种意见认为，本案中黄某与张某非婚同居有违公序良俗，但其基于张某在其生前特别是长期患病期间对其照顾而立遗嘱将其个人财产赠与，该遗嘱并不违反公序良俗原则。

（二）私权神圣原则

第三条 民事主体的人身权利、财产权利及其他合法权益受法律保护，任何组织或者个人不得侵犯。

本条规定了私权神圣原则。

所谓私权神圣原则，是指民事主体享有的私法权益受法律的至上保护，任何人不得侵犯。私权神圣的原则是由民法的功能和立法基础决定的。

近代民法是建立在个人主义与私有财产的基础上的，保护私有财产是其主要功能，因此，自法国民法典始，传统民法就确立了私有财产权不可侵犯的神圣原则。从德国民法始，虽私人财产权的绝对化有所缓和，但私有财产权神圣原则并未改变。当然，在现代社会，人身权的价值和地位日益增强，保护人身权成为人权保障的重要方面。我国民法不仅调整平等主体之间的财产关系，也调整平等主体之间的人身关系；不仅赋予并保护民事主体的财产权益，而且也赋予并保护民事主体的人身权益。私权神圣原则也是由坚持人民主体地位所决定的。人民是国家的主人，保证民事主体享有应享有的人身权益和财产权益，保护民事主体的民事权益不受侵犯，是保障人民政治权利的行使，实现广大人民"当家作主"根本利益的必然要求。

私权神圣原则体现法治的价值观。实现法治，就是要依法治国。依法治国的重点，一是要规范公权力；一是要保障私权利。私权神圣原则的含义主要是两方面的：其一，无论是民事主体的人身权利，还是民事主体的财产权利，也无论是民事主体享有的合法利益，都受法律的保护，任何组织或者个人不得侵犯；其二，民事主体受法律保护的权益受到侵犯的,法律予以救济。侵犯民事主体合法权益的人,应依法承担相应的民事责任。

(三)平等原则

第四条　民事主体在民事活动中的法律地位一律平等。

本条规定了民法的平等原则。

平等原则是由民法所调整的社会关系的性质决定的,是民法的重要原则。同时我国民法的平等原则也是由社会主义的经济制度和政治制度以及核心价值观决定的。

平等原则主要包括以下内容:(1)当事人的民事法律地位平等。这一方面是指自然人的民事权利能力一律平等;另一方面是指不论当事人在社会生活中是否有上下级的领导和被领导的关系,只要是作为民事主体进行民事活动,法律地位就一律平等,在具体民事法律关系中当事人各自独立、互不隶属。当然,这里的平等仅是指民事活动中的资格平等、机会平等,而不是指进行民事活动的结果平等或实质平等。(2)适用法律的平等。当事人不论是自然人还是法人、非法人组织甚至国家,都平等地依法享有民事权利和负担民事义务。在民事活动中,任何民事主体不享有法律外的特权。(3)权利义务的确定上平等。当事人平等地协商确立相互间的权利义务关系,不得以命令的方式确立或变更或消灭相互间的权利义务关系。(4)法律保护的平等。当事人的权利平等地受法律保护,不因其他方面的身份不同或经济社会地位的不同而不同。(5)当事人的民事责任平等。民事责任的范围以恢复受侵害的权利为目的,以等价赔偿为原则,相互间不存在制裁关系。

平等原则体现民法的基本精神,民法上的平等是形式上的平等而不是实质上的平等。例如,在交易中当事人约定或者一方承诺"买一送一"、"假一赔十",只要当事人的意思是真实的,尽管实际结果对双方可能会并不对等,但这种承诺并不违反平等原则。

(四)自愿原则

第五条　民事主体从事民事活动,应当遵循自愿原则,按照自己的意思设立、变更、终止民事法律关系。

本条规定了自愿原则。

自愿原则,是指当事人依据自己的利益需要充分表达自己的意愿,以确立、变更、终止民事法律关系,实质上就是私法自治原则,又称为意思自治原则。私法自治是民法的基本精神,意思自治是民法的主要特点。自愿原则体现自由价值观,自愿、自由是与平等联系在一起的。自由以平等为前提,自愿又是平等的核心,因为只有坚持自愿原则,才能贯彻平等原则。

自愿原则的主要含义包括两方面:

其一,当事人自主自由地决定民事事项。无论是在人身关系中还是在财产关系中,均由当事人自由地表达自己的意愿,以设立、变更或终止民事权利义务,而不受其他任何人的强迫。当事人可以自主决定:是否参与某种关系,是否实施某一行为,与何人发生法律关系,双方的权利义务如何分配等事项。当事人不仅可以自愿设立实体上的权利义务,而且还可以依法自主处分自己的权利,自主选择处理纠纷的程序和基准法。对于当事人自愿设立的权利义务,自愿决定的事项,只要不违反法律的效力性强行规定和公序良俗，就具有法律效力。并且，当事人的约定可以排除法律关于该事项的任意性规定的适用，这就是所谓"约定大于法定。"

其二，当事人仅对于表达自己真实意思的行为负责。非基于当事人真实意思的行为，对于当事人不发生效力，基于该行为发生的法律后果不仅不为法律所承认、不受法律保护，而且造成该后果的责任人会承担相应的责任。

自愿原则是规范主体行为的原则，以意志自由为前提。在当事人意志不自由的情形下当事人实施行为所发生的后果，当事人不负责任，因为行为人没有过错。这也就是过错责任原则。但在资源本位的条件下，在一些情形下，法律是从资源分配上确定当事人的责任，而不以当事人的主观过错为责任构成要件。这也就是无过错责任。例如，危险责任就是根据对于危险源的控制来分配责任的，谁最能控制危险源、最能防止损害的发生，谁就应对损害后果承担责任，而不是以其有无过错来确定责任。

自愿原则体现为所有权自由、合同自由、结社自由、遗嘱自由等，其核心是合同自由。合同自由又称为契约自由，其主要内容是当事人自主自由地决定合同事项。如当事人订不订合同，与何人订合同，如何确定合同的内容，选择何种合同形式等，一般仅由当事人的意思决定。

自愿原则是市场经济的基本规则，因为只有通过主体的自由交易，才能使资源达到最优化组合。没有主体的自主自由交易，也就没有市场经济。但是任何自由都不能是绝对的，绝对的个人自由会造成不自由。因此，法律必须对自由予以一定限制。促进自由与限制自由是法律对冲突的一种调节。限制自由是为了促进自由,而不是取消自由。因此,法律对自由的限制必须有充分的正当理由。例如,对格式合同条款的限制,是为保护弱者一方,防止限制和侵害弱者的自由。无充分的正当理由限制当事人的自由,是对当事人自由的侵犯,违反民法的基本原则。

(五)公平原则

第六条 民事主体从事民事活动,应当遵循公平原则,合理确定各方的权利和义务。

本条规定了公平原则。

公平原则体现公正价值观,要求民事主体以社会正义、公平的观念指导自己的行为,要求以社会公平正义的观念来均衡当事人的利益,以社会公平正义的观念来处理当事人之间的纠纷。

公平是以一定社会的共同的价值观为基础的,因而在不同的社会有不同的标准。在现代市场经济条件下,公平涉及效率与公正的关系,公平原则是为实现社会公正,纠正经济信息不平衡而造成的不公正现象而确立的。

公平一方面要求民事主体发展机会的平等和自由竞争,另一方面要求民事主体之间的竞争是有效率的,它偏重于社会正义,而不是个体正义。作为一种价值观念,公平也是一种道德原则,是人们对其行为进行价值判断的道德标准,但作为法律原则,它有着不同于道德原则的效力。在民法上,公平原则主要体现在如下方面:(1)当事人参与民事法律关系的机会平等、正当竞争。这是公平的重要保证和基本含义。因此,在民事活动中进行不正当竞争是违法的,以不正当手段取得的利益是不受保护的。(2)在当事人的关系上,利益应当均衡。利益均衡,在法律上表现为权利的互惠性,合理分配当事人的权利义务。例如,在合同内容即权利义务的设立上要兼顾双方的利益;在处理相邻关系上要公平合理,一方权利的扩张和另一方权利的限制须在合理必要的限度内,并且一方因其权利扩张或限制他人权利而给他方造成损失的,应给予适当补偿;在遗产分配时对被继承人尽扶养义务较多的继承人可以多分遗产,继承人以外的对被继承人扶养较多的人有权请求分给适当的遗产。(3)在责任承担上要合理。例如,在过错责任中双方对损害的发生都有过错的,应依双方的过错程度分担责任;在无过错责任中,不论行为人有无过错,都应承担责任,但行为人有免责或者减轻责任事由的,则可不承担责任或者减轻责任。又如《民法典》第1186条规定,"受害人和行为人对损害的发生都没有过错的,依照法律的规定由双方分担损失。"该条所规定的所谓公平责任的确定即是公平原则的体现。第183条规定,因保护他人民事权益使自己受到损害的,由侵权人承担民事责任,受益人可以给予适当补偿。没有侵权人、侵权人逃逸或者无力承担民事责任,受害人请求补偿的,受益人应当给予适当补偿。受益人之所以负担适当补偿义务,也是公平原则的要求。

　　公平原则与自愿原则的关系是相互补充的。自由不能违反社会正义与公平,同时,公平既有社会客观标准,又是当事人的一种主观价值标准,并首先以当事人的主观判断为标准。当事人进行的民事活动是否公平,首先决定于当事人的判断。如果某行为完全是基于当事人的真实意愿自愿实施的,当事人自认为是公平的,即使在外观上看"不公平",也不能认定该行为是不公平的。公平原则虽赋予法官一定的自由裁量权,但法官在行使自由裁量权时不能以公平原则来对抗或否定自愿原则。例如,诸如保险合同等射幸合同，有的人会仅缴万元保险费而得到百万赔偿，而有的人可能缴了百万保险费，却未曾得到过任何赔偿。因为保险合同是自愿订立的，这种行为是合法的，不能认为缴了保费未得到赔偿或者缴小额保费却得到大额赔偿，是违反公平原则的。

（六）诚信原则

第七条　民事主体从事民事活动，应当遵循诚信原则，秉持诚实，恪守承诺。

本条规定了诚信原则。

诚信即诚实信用的简称，诚信原则又称为诚实信用原则。诚信原则是诚信核心价值观的体现。与公平原则一样，诚信原本也为一项道德规则。古人说：言必信，行必果。这是对诚信这一道德规则的要求。作为法律原则，诚信表现为法律上的善意，而违反诚信原则就表现为恶意、故意。例如，当事人在订立买卖合同后，因价格上涨出卖人不依合同约定交货或者因价格下降买受人不依合同约定付款；再如，买受人因出卖人逾一日之未按时交付货物就拒不受领，而一日的迟延对买受人利益并无影响。这都是有违诚信原则的。

诚信原则的含义和适用范围极广，主要表现在以下方面：第一，民事主体在民事活动中要诚实，不弄虚作假，不欺骗他人；第二，民事主体行使权利时应以诚实的态度，顾及他人的正当利益和要求，善意为之，不以损害他人或社会公共利益的方式获得自己的私利；第三，民事主体在履行义务上，要履行诺言，严格依约定的或法定的要求履行；第四，民事主体在订立的合同中约定不明确，或者订约后客观情况发生重大变化时，应依诚信的要求确定当事人之间的权利义务和责任。例如，如果合同条款有两种以上解释的，依诚信原则，应根据合同的性质、目的、用途等去认定较为合理的解释；如果订约后客观情况发生重大变化，致使订约的客观基础丧失，依原合同履行显失公平的，依诚信原则，应对合同内容予以变更。

诚信原则要求公正平衡双方的利益和社会利益，已被赋予民法实务一般方法论的价值。诚信原则既是民事主体进行民事活动的准则，又是法官享有自由裁量权的依据。因此，诚信原则有很强的效力，有的甚至称之为"帝王条款"。但诚实信用原则也只能是平等、自愿原则的一种补充，法官以诚实信用原则平衡当事人的利益时，也不得违反当事人的真实意志，只有在当事人约定不明确或者在订约后出现新情况，才可依该原则来解释当事人的意思，以诚实信用原则来衡量当事人是否为善意，而不得随意滥用。

（七）合法和公序良俗原则

第八条　民事主体从事民事活动，不得违反法律，不得违背公序良俗。

本条规定了合法和公序良俗原则。

合法和公序良俗原则体现法治价值观。在法治社会，依法办事为基本规则。民事主体从事民事活动也须依法，此为当然。依法从事民事活动，不仅要求不得违反法律的明文规定，而且要求不得违背公序良俗。公序是指社会公共利益、国家利益和社会经济秩序，良俗亦即善良风俗包括社会公德、商业道德和社会良好风尚。

公序良俗原则要求民事主体在民事活动中不得损害社会公共利益，不得违反优良的民风民俗。民事主体实施民事法律行为的目的和行为的内容，如违反社会公德和公共利益，即使法律对该行为未作明确的禁止性规定，也不能是有效的。关于违反公序良俗的标准，学者归纳出不同的类型。①

认定某一行为是否违反公序良俗，属于法院的职权。也就是说，不论当事人是否主张其实施的民事活动的行为的目的和内容违反公序良俗，法院均可主动认定该民事法律行为因违反公序良俗而无效。法院在具体案件中，判断的对象是什么？是当事人所实施的法律行为，还是已经实施的或者约定实施的法律行为？对此有不同的观点。德国的学说和判例一般认为，违反善良风俗的判断对象是当事人所从事的法律行为，而不是其要实施或者已经实施的法律行为。在判断当事人实施的某民事法律行为是否违反公序良俗上，判断的对象是法律行为的原因、内容还是当事人的动机？对此各国法上有不同的做法。依《法国民法典》第1133

---

① 如史尚宽认为，违反公序良俗行为包括：（1）有反于人伦者；（2）违反正义观念者；（3）剥夺个人的或极端限制个人自由者；（4）侥幸行为；（5）违反现代社会制度或妨害公共团体之政治作用等。参见史尚宽：《民法总论》，中国政法大学出版社2000年版，第336—339页；梁慧星认为，可能被判断为违反公序良俗行为包括以下10类：（1）危害国家公序的行为类型；（2）危害家庭关系的行为；（3）违反性道德行为；（4）射幸行为；（5）违反人权和人格尊重的行为；（6）限制经济自由的行为；（7）违反公共竞争行为；（8）违反消费者保护的行为；（9）违反劳动者保护的行为；（10）暴利行为。参见梁慧星：《市场经济与公序良俗原则》，载梁慧星主编《民商法论丛》第1卷，法律出版社1994年版，第57—58页。也有学者从实务出发对公序良俗的运用，归结出以下案例类型：（1）禁止祖父母、外祖父母等以外的其他近亲属探望孙子女、外孙子女的行为；（2）请托他人办事形成的协议或不当得利；（3）以人身为交易内容或附条件的民事协议；（4）违反性道德而为的赠与；（5）侵犯生命周期仪式的行为。参见李岩：《公序良俗原则的司法乱象与本质——兼论公序良俗原则适用的类型化》，载《法学》2015年第11期，第65—68页。

条规定，如果合同的原因违背公序良俗，则构成不法原因。在日本，学说上一般认为，违反公序良俗的具体判断对象是法律行为的内容。但当事人的动机通常也被纳入判断对象。我国学者也认为应将行为的动机纳入判断对象，但判断法律行为是否违反公序良俗时，不能仅以当事人的动机为准，而必须综合考虑法律行为的内容及目的、法律行为成立时的客观环境、当事人的主观动机等因素来确定。① 在判断民事法律行为是否违反公序良俗的基准时上，也有不同的观点。有的认为应以民事法律行为成立的时间为基准时，即只要民事法律行为成立时违反公序良俗，该民事法律行为就是无效的，即使其后公序良俗发生变化，该行为也不能因此而变为有效。有的认为，如果该民事法律行为已经履行，则应以行为的成立时间为判断的基准时，即行为成立时违反公序良俗的，则该行为无效；如果该民事法律行为尚未履行，则民事法律行为虽在成立时不违反公序良俗，但因成立后公序良俗发生变化，则当事人也可以违反公序良俗为由而主张该民事法律行为无效。②

（八）绿色原则

第九条 民事主体从事民事活动，应当有利于节约资源、保护生态环境。

本条规定了绿色原则。

绿色原则是和谐价值观的体现。现代社会的和谐，不仅要求

---

① 参见戴孟勇：《判断公序良俗的形式标准》，载《人民法院报》2006年8月15日第6版。

② 参见马俊驹、余延满：《民法原论》（第四版），法律出版社2011年版，第45—46页。

人与人之间要和谐。而且要求人与自然之间也要和谐。古人云：天人合一，道法自然。讲求人与自然的和谐是我国优良的文化传统。将绿色原则确认为民法的基本原则，也是对讲求和谐的文化传统的传承。

绿色原则的含义主要是两方面的。从正面说，贯彻绿色原则，要求民事主体在民事活动中应坚持绿色生产、绿色消费，坚持科学发展观，应珍惜资源，注重生态环境保护，不得竭泽而渔。从反面说，按照绿色原则，民事主体在从事民事活动中，盲目地坚持人定胜天，为追求发展速度而不惜浪费资源，破坏生态环境的，应承担相应的赔偿损失、修复生态环境等民事责任。

四、民法的法源

第十条　处理民事纠纷，应当依照法律；法律没有规定的，可以适用习惯，但是不得违背公序良俗。

本条规定了民法的法源。

民法的法源即民法的法律渊源，实质上是指民法即民事法律规范的存在或者表现形式。民事主体从事民事活动，应遵从法律的要求；法官审理民事案件，应依法裁判。那么，法官裁判民事案件，民事主体从事民事活动，可以适用的民事法律规范存在哪里呢？或者说到哪里去找到这些民事法律规范呢？这就是民法的法源所要解决的问题。所以，确定民法的渊源实质上是找到可以适用的民事法律规范。

在不同的国家，民法的法源有所不同。例如，在大陆法系国家，民法法源以制定法为主；而在判例法国家，民法的法源则以判例为主。我国民法的法源包括以下两部分。

（一）法律

这里所指法律应是指广义的法律，既包括狭义的法律，也包括其他权力机关制定的规范性文件。因此，法律应包括以下制定法：

1. 宪法。宪法是否为民法的法源，有不同的观点。这一争议在最高人民法院《关于以侵犯姓名权的手段侵犯宪法保护的公民受教育的基本权利是否应承担民事责任的批复》发布后尤为激烈。[①] 有的学者认为，宪法不为民法的渊源，法院不能直接依据宪法来裁判民事案件。因为，宪法为公法的基本法，而民法为私法，宪法不能直接创设私法上的权利义务。有的认为，宪法为根本大法，宪法中所确认的民主、法制和自由、人权等基本法律价值观念可以作为司法解释的依据。也有的认为，私人间对于宪法基本权利的侵害可通过公序良俗原则来使宪法发挥对第三人的效力。也有的认为，宪法中关于基本权利的规定，可以作为裁判的法律依据。例如关于一般人格权的保护（即人格尊严不受侵犯），可以直接适用于裁判民事案件，因此宪法也为民法的渊源。一般认为，在一般情形下，宪法不能作为民事案件裁判的法律

---

① 该批复（已废除）是对山东省高院的请示作出的。全文为"你院[1999]鲁民终字第258号关于《齐玉苓与陈晓琪、陈克政、山东省济宁市商业学校、山东省滕州市第八中学、山东省滕州市教育委员会姓名权纠纷一案的请示》收悉。经研究，我们认为，根据本案事实，陈晓琪等以侵犯姓名权的手段，侵犯了齐玉苓依据宪法所享有的受教育的基本权利，并造成了具体的损害后果，应承担相应的民事责任。"该批复涉及的问题很多，如被告侵犯的是原告的何种权利？法院可否直接适用宪法规范裁判案件。该批复实质是提出了法院可依据宪法规定裁判民事案件问题。对此有不同的看法。

依据。①

2. 民事法律。民事法律是全国人民代表大会及其常务委员会制定的有关民事领域的规范性文件。民事法律是依据宪法制定的，其效力仅次于宪法。民事法律包括民事基本法与民事特别法。根据《中华人民共和国立法法》（以下简称《立法法》）第7条规定，全国人民代表大会制定和修改基本法。因此，民事基本法是由全国人民代表大会制定的有关民事的法律。在民法典编纂后，民法典当然为民事基本法。在民法典编纂任务未完成的2020年前，《民法总则》、《民法通则》为民事基本法并无疑问，本应作为民法典分则编内容的以单行法形式颁布的法律，如《物权法》、《合同法》、《继承法》等也属于民事基本法。民事特别法是指对于特别领域、特别方面的民事关系特别予以规制的法律。民事特别法由全国人大常委会制定。传统商法的组成部分，如《公司法》、《票据法》、《海商法》、《破产法》等是主要的民事特别法。

3. 行政法规。行政法规是指国务院根据宪法和法律制定的规范性文件。行政法规只能是国务院制定或者以国务院的名义颁发的规范性文件。国务院各个部委制定发布的规范文件属于部门规章，而不属于行政法规。部门规章可作为民事裁判案件的参考，但不能作为裁判案件的法律依据。行政法规是民法的法源，但其不得与法律相抵触。与民事法律相抵触的行政法规是无

---

① 有的认为，我国宪法虽为公法的基本法，同时也是其他基本法立法的依据。宪法中关于公民基本权利义务的规定，有的权利就是属于民事权利，在这些权利未在民事法律法规中具体化的情形下，一些有关民事权利保护的规范，应当作为民法的法源。因此，也就可以成为法院裁判民事案件的法律依据。但也有的认为，宪法关于基本权利的规定，不能作为裁判民事案件的法律依据，而只能通过民法的概括性条款间接发生效力。

效的。

4. 有权解释机关做出的解释。《立法法》第 45 条规定，"法律解释权属于全国人民代表大会常务委员会。"因此，只有全国人大常委会有权解释法律。全国人大常委会对民事法律做出的解释，当然具有法律效力，属于民法的法源。

根据全国人大常委会《关于加强法律解释工作的决议》规定，最高人民法院有权就审判中的法律具体适用做出解释。最高人民法院既然有司法解释权，其所做出的司法解释也为有权解释。最高人民法院的有关民事方面的司法解释也为民法的法源。①

5. 地方性法规。根据《立法法》第 72 条规定，省、自治区、直辖市的人民代表大会及其常务委员会根据本行政区域的具体情况和实际需要，在不同宪法、法律、行政法规相抵触的前提下，可以制定地方性法规。设区的市的人民代表大会及其常务委员会根据本市的具体情况和实际需要，在不同宪法、法律、行政法

---

① 关于法院的判例可否为民法的法源，学者中有不同的观点。一些学者主张，判例也应为我国民法的渊源。特别是最高人民法院发布指导性案例后，在指导性案例中确立了具体的裁判规则，这些规则实际上是有拘束力的。因此，许多学者提出判例应成为渊源。从立法趋势看，两大法系有融合的趋势，判例法国家也有许多制定法；成文法国家也重视判例的作用。但判例作为法源，必须实行"遵循先例原则"。然而，在我国现在还不存在下级法院依据上级法院判决所确立的规则或同级法院以前判决所确立的规则来裁判案件的实例。由于我国现行实行二级终审制，最高人民法院直接审理的案件不多，各级法院在审理案件中遇有疑难问题，多是请示最高人民法院，由最高人民法院以批复、解答等形式解决。这些批复、解答等实际上具有了法官造法的功能。也就是说，现行制定法中所没有的具体规范由最高人民法院的司法解释的文件予以补充。最高人民法院在指导性案例中形成的规则，对各级法院有重要的参考意义，各级法院的裁判应参照指导性案例中确立的规则，并且指导性案例所确立的规则必须是法院对具体案件的审理中在判决理由中确立了现行法中所缺乏的具体规则。但是法院尚不能直接依据指导性案例予以裁判案件。

规和本省、自治区的地方性法规相抵触的前提下，可以对城乡建设与管理、环境保护、历史文化保护等方面的事项制定地方性法规。有权制定地方性法规的机关制定的地方性法规，凡涉及民事领域的，也可成为民法的法源。

（二）习惯

所谓习惯，是指在一定范围、一定地域的人们长期形成的行为规则。习惯也可作为民法的法源，但习惯的适用必须具备一定的条件：一是该事项是法律没有具体规定的事项，也就是说只有在没有法律可以适用的条件下，才可以适用习惯裁判民事案件；二是该事项确在该地域或该领域已经成为习惯，即已经为该地域或该领域的人们普遍遵行，习惯要具有确定性、公认性；三是不违背公序良俗。

习惯是否就是习惯法呢？对此有不同的看法。有的认为所谓习惯就是指习惯法，是经国家认可的习惯。实际上，习惯不同于习惯法。经国家认可已由法律确认的习惯即习惯法，属于法律规范。而这里所谓的习惯恰恰是法律未予以规定的事项。因为习惯有积极意义的习惯，也有消极意义的习惯；有好习惯，也有坏习惯。所以，尽管习惯具有补充法律的效力，但在能否适用上须进行价值判断。这一判断也就是以公序良俗对该习惯予以综合考量。《民法典》明确将习惯规定为民法的法源，也与我国的国情有关。我国一方面区域广泛、多民族，各地、各民族有不同的习惯；另一方面基层组织自治，有民约村规。民事纠纷的裁判结果符合习惯，也易于为民众接受，便于执行。①

需要说明的是，民法的各种不同的法源，其效力和位阶是不同的。首先应适用的是法律、法规，其次为司法解释，最后为习惯。

五、民法的适用规则

第十一条　其他法律对民事关系有特别规定的，依照其规定。

本条规定民法与其他法律在适用上的关系，实质规定了民法的适用应遵循特别法优于一般法的规则。

民法的适用，广义上包括民事主体按照民事法律规范的要求进行民事活动，以设立、变更、终止民事法律关系，以及协商解决纠纷；狭义上则是专指法院或仲裁机构应用民事法律规范裁判各类民事案件的活动。通常前者称为"法律遵守"，法律适用仅指其狭义。

---

① 案例：《"接脚夫"拒绝赡养案》。18年前刘老汉的二儿子意外去世，留下刚满周岁的儿子和妻子。刘老汉夫妇便帮儿媳找了丈夫，小邵作为接脚夫（即公婆为丧偶儿媳再招的夫）进了刘家。小邵进门后，双方立了一份《合约书》，其中约定，小邵落户刘家，并对家中老幼尽赡养、抚养义务。刘老汉把房子分了一半给小邵，后来村里发放土地补偿款，刘老汉又将其分为两份，每份6000元，分别给大儿子和小邵。刘老汉称：小邵进门后几乎未对他们尽赡养义务，无奈将小邵告上法庭，要求小邵支付赡养费和医疗费。小邵辩称：从法律上讲，他和刘老汉夫妇根本就形不成抚养关系；刘老汉一直不喜欢自己，也没有真正把他当儿子对待。刘老汉称："接脚夫"招进门就要赡养老人，农村的风俗都是这样。对于财产他与儿子一样分，赡养责任怎么就不能跟我儿子一样承担呢？法院一审认为，小邵和刘老汉夫妇已形成事实上的抚养关系，因此要求小邵每月支付刘老汉夫妇赡养费109元，至于医药费，因刘老汉证据不足，予以驳回。一审后刘老汉提出上诉，二审维持原判。该案一审法院认为：此案的焦点在于，"接脚夫"这一民风民俗能否成为判决的依据。实际上，"接脚夫"这一民风民俗，也成为当地的习惯，该习惯不违背公序良俗，以该习惯作为裁判的依据，可有良好的社会效果。载《人民法院报》2008年5月13日第7版。

民法的适用，是通过民法的执行活动，将民法规范运用到具体的民事案件中。在民事纠纷的解决中，不论是裁判者，还是当事人都应遵循法律适用的规则。这样才能使纠纷得到公正的处理。民法的法源解决的是"找法"，民法的适用解决的是可否将找到的法律规范适用于该案件中，从方法论上说，仍然是根据当事人的请求，确定找出可支持该当事人请求的民法规范。

民法的适用，在一般情况下，是一个逻辑三段论规则的运用过程，即用三段论进行推理：这一逻辑结构是：法律假设一案件事实（T）应赋予的法律效果为（P），待决案件事实为（S），其符合（T）的构成要件，法律适用的效果就是（S）发生 P 的效果。大前提是法律规范的法律假设与法律效果，这是一个完整的法条；小前提即是待决案件中支持请求的具体事实，结论就是发生或不发生该法律规范中规定的法律效果。但是，因为在法律适用中，一方面，并不是每一个法条全为完整的法律规范，有时多个法条才能构成一个完整的法律规范；另一方面，同一具体事实可能与两个以上的法律假设的事实相符，即小前提同时符合两个以上的大前提。因此，在法律适用上应采用以下具体规则，以避免法律规则的重合。

（一）特别法优于一般法

所谓特别法优于一般法规则，是指对同一事项，在不同的法律中都有规定的，就应依特别法优于一般法的原则，优先选择适用特别法的规定。依《立法法》第 92 条规定，同一机关制定的法律、行政法规、地方性法规、自治条例和单行条例、规章，特别规定与一般规定不一致的，适用特别规定。这是关于特别法优于一般法的规定。特别法与一般法也须是同一位阶的，是由同一机关制定的。不同位阶的法之间不存在特别法与一般法的区分。

适用特别法优于一般法规则，应注意：（1）这里所指的法律是狭义的法律，而不是广义上的法律；（2）在适用这一原则时，特别应注意特别法与一般法的划分。在划分标准上，有从规范的事项上说的，即规范一般事项的法律规范为一般法，规范特别事项的规范为特别法；有从法律效力上说的，即适用于全国的或者适用于一切民事主体的法律规范为一般法，适用于特别地域或者特殊民事主体的法律为特别法。《民法典》相对于其他民事法律为一般法，与民法典相对应的特别法则是指民商事特别法，如著作权法、专利法、商标法、公司法、证券法、票据法、保险法等。特别法并非是指单独制定的法律。作为民法典各分编内容的法律，如物权法、合同法、继承法都是民法典的组成部分。

（二）强行法优于任意法

强行法与任意法是从法律规范效力的强弱程度上对法律规范的一种区分。强行法即强制性法律规范，是人们必须遵守的，强行性规范规定的行为后果由法律明确规定，当事人不得排除其适用。任意性规范是指可由当事人选择适用的法律规范。民法规范以任意性规范为主，这也是由民法的平等、自由等基本原则决定的。但是，民法中也有强制性规范。因为一方面民事主体进行的民事活动有的并不仅仅涉及当事人之间的利益，还可能涉及社会和他人的利益；另一方面民事主体进行的民事活动会涉及社会公平正义等基本法律价值。所以，为保护社会公共利益和他人利益以及维护社会公平正义的法律基本价值理念，民事法律中有强制性规定。强制性规范是对意思自由的限制，因此，在法律规范的适用上，强行法优于任意法。例如，当事人之间订立合同，法律规定必须招标投标的，必须依招投标程序订立，否则，订立的合同会无效；再如，当事人订立的合同不得限制他人的人身自由和人格尊严，如果合同中订有限制他人人身自由或者人格尊严的条款，该条款是无效的。

（三）例外规定排除一般规定

例外规定属于例外规则，在法条中表现为"但书"。在同一事项既有一般规定，又有例外规定时，应先适用例外规定，亦即例外规则排除一般规定。例如，《民法典》第136条第1款规定，"民事法律行为自行为成立时生效，但是法律另有规定或者当事人另有约定的除外。"民事法律行为自成立时生效，这是一般规定；法律另有规定或者当事人另有约定的除外，即属于例外规定。再如《民法典》第180条第1款规定，"因不可抗力不能履行民事义务的，不承担民事责任。法律另有规定的，依照其规定。"因不可抗力不履行民事义务的，不承担民事责任，这就属于一般规定；法律另有规定的，依照其规定，就属于"但书"条款，为例外规则。对于某一民事关系，如果法律另有规定，应不适用一般规定，而适用另外的规定。需要注意的是，但书条款是由法律明确规定的，而不能由法官或当事人随意解释。

（四）具体规定优先于一般规定

法律的具体规定，是指对具体情形确立具体规则的规定，又称具体条款。法律的一般规定，是指对一般情形确立一般规则的规定，又称一般条款。因为民法作为制定法，是形式理性的结晶，它是根据"从具体抽象出一般"的逻辑关系制定出"一般规则"的。一般性规定属于原则性规定，又称为"弹性条款"。例如，民法关于诚信原则的规定，当然可以适用于各种民事活动。但是如果法律对某一具体事项有规定，就应适用该具体规定，而不能适用该一般规定。所以说，一般规定属于原则性条款，只有在法律没有具体规定即出现漏洞时才可以适用，而不能以一般规定否定具体规定的效力。

六、民法的效力

第十二条 中华人民共和国领域内的民事活动，适用中华人民共和国法律。法律另有规定的，依照其规定。

本条规定了民法的空间效力。

民法的效力，广义上包括民法的实然效力和民法的应然效力。民法的实然效力是指民法在社会生活中所发挥的作用。这是民法的功能和作用问题。狭义上的民法效力仅指民法的应然效力，即民法规范在具体案件裁判中所发挥的规范性效力。裁判案件，须以法律为依据。找法属于确定法源问题，而找到的民事法律规范可否有效地用于裁判该案件则涉及法律的效力问题。民法的效力，也有的称为民法的适用范围、民法支配范围，指民法在何空间范围、何时间对何人有效。前者为民法的空间效力，后者为民法的时间效力。

（一）民法的空间效力

凡在中华人民共和国领域内进行的民事活动，不论其主体为何人，除法律另有规定外，都适用我国民法。这是国家主权的绝对性和排他性所决定的。中华人民共和国的领域包括中华人民共和国的领土、领海、领空，以及依据国际法和国际惯例视为中华人民共和国的领域。法律另有规定的除外，主要有两种情形：一是依据法律规定，香港和澳门特别行政区以及台湾地区适用其法律；二是依据国际私法的规定，适用他国的法律。

（二）民法的时间效力

民法的时间效力涉及何时生效及何时失效。未生效或已失效的法律规范均不能作为法律依据。法律的生效和失效时间都是由立法机关规定的。法律的生效时间与法律的公布时间不同。法律的生效时间一般晚于公布的时间，这主要是为了给新法的实施预留一定的准备时间。例如，《民法典》于2020年5月28日公布，自2021年1月1日起施行。法律的生效时间是由法律直接规定的。如《民法典》第1260条就规定了《民法典》的施行即生效日期。在法律的时间效力上有以下两项重要原则：

一是法律不溯及既往，即法无溯及力。所谓法的溯及力，是指新的法律颁布后对该法律生效前发生的事项，同样适用。法无溯及力，则指新法对于其生效前发生的事项不适用。但法律不溯及既往，仅是司法原则，而不是立法原则。立法中可以根据需要，规定某些法律规范具有溯既力。《立法法》第93条规定，法律、行政法规、地方性法规、自治条例和单行条例、规章不溯及既往，但为了更好地保护公民、法人和其他组织的权利和利益而作的特别规定除外。

二是新法改废旧法。法律的失效即法律失去效力也就是法律规范的废除，有的是因完成历史使命而当然失效；有的是因法规规定的适用期间届满而失效；有的是在新法中明确规定旧法失效；有的则是因新法律的颁布而失效。这后者即为新法改废旧法。这是指对于同一事项，新法有规定的，即使未规定旧法的废止，旧法规范也失效。在《民法典》施行后，应适用《民法典》的规定，《婚姻法》《继承法》《民法通则》《收养法》《担保法》《合同法》《物权法》《侵权责任法》《民法总则》因法律明文规定废止，而不再适用。依《立法法》第92条规定，同一机关制定的法律、行政法规、地方性法规、自治条例和单行条例、规章，新的规定与旧的规定不一致的，适用新的规定。因此，在新法废旧法运用上，必须符合以下要求：（1）新旧法须为同一立法机关颁布的，同一位阶的法律；（2）须新旧法规定的为同一事项。若不为同一事项，如旧法中规定的事项，新法未作规定，则旧法规范仍然有效。

第二章 自然人

第一节 民事权利能力和民事行为能力

一、自然人的民事权利能力

第十三条 自然人从出生时起到死亡时止,具有民事权利能力,依法享有民事权利,承担民事义务。

本条规定了自然人的民事权利能力。

(一)自然人民事权利能力的含义

自然人是指自然出生之人,而非法律拟制之人。自然人的民事权利能力是其享有民事权利和负担民事义务的资格,是其成为民事主体的前提条件。也就是说,只有具有民事权利能力,才能依法享有民事权利,承担民事义务,方成为民事主体;不具有民事权利能力,不能享有民事权利和承担民事义务,则不为民事主体。自然人是否具有民事权利能力,仅是确定其是否具有主体资格,而不是决定其是否享有具体的权利。民事权利能力还包括民事义务能力。凡能依法享受民事权利的人,也就能够依法负担民事义务。因为民事权利能力决定着主体资格,决定着能否享受权利和承担义务，因此民事权利能力是不能抛弃的，也不能被随意剥夺。

民事权利能力是一种主体资格，只有具有民事权利能力，才为民法上的人，也才能成为主体，具有法律人格；不享有民事权利能力，也就不为民法上的人，也就不为主体，不具有法律人格。自然人均具有民事权利能力，是社会和法律的进步。在古代法上，有的自然人如奴隶是不具有民事权利能力的，他们不为民事主体，而为民事客体。如我国古代所言，"匹马束丝换五个奴隶"，就反映了这一现象。自近代民法开始，法律才确认凡自然人均具有民事权利能力，为民事主体。

（二）自然人民事权利能力开始与终止

自然人的民事权利能力始于出生、终于死亡。

1. 出生是自然人取得民事权利能力的法律事实。何为出生？有不同的观点。通说认为，出生包括"出"和"生"，出生是指活体全部与母体分离。所谓活体，是指具有生命体征。① 自出生时起，不论其后生存多长时间，该自然人就具有民事权利能力，为民事主体。

2. 死亡是自然人民事权利能力消灭的法律事实。自然人自死亡时不再具有民事权利能力，从而也就不为民事权利义务主体。何为死亡？也有不同的观点。通说认为，死亡是指生命特征的丧失，随着医学的发展，死亡的标准也在变化，例如现代医学就提出了脑死亡的概念。因此，自然人是否死亡，应以医学上认

---

① 参见：《自然人出生标准宜采用"生命特征说"——重庆一中院判决刘某等诉重庆市渝北区妇幼保健院医疗损害责任纠纷案》，载《人民法院报》2017年5月11日第6版。

定的死亡为准。死亡是与出生一样重要的法律事实。自死亡之时起，自然人民事权利能力即终止，其财产发生继承。因此，对于相互有利害关系的人同一事件中死亡时如何确定其各个人的死亡时间会有特别重要的意义。如甲与乙为父子关系，二人同时遇害。甲有父与妻。若甲先死，其遗产15万元，分别由其父、妻与子各继承5万元，其子乙继承的5万元又转由甲之妻继承；若乙先死亡，则甲的遗产由其父与妻各继承一半。依《民法典》第1121条的规定，相互有继承关系的几个人在同一事件中死亡，难以确定死亡时间的，推定没有其他继承人的人先死亡。都有继承人，辈分不同的，推定长辈先死亡；辈分相同的，推定同时死亡，相互不发生继承。

（三）自然人民事权利能力的特点

第十四条　自然人的民事权利能力一律平等。

该条规定了自然人民事权利能力的平等性特点。

自然人的民事权利能力的根本特点在于其平等性。这意味着，凡自然人民事权利能力都是一样的，只要是自然人，自出生时起至死亡时止，就具有相同的民事权利能力。被判处刑罚的人、超生的人、"出家人"、有生理残疾的人，虽然在享受权利或承担义务上会受客观条件的一定限制，但这不影响其民事权利能力的平等。民事权利能力平等也就是人格的平等，人格平等也就不存在身份上的差异。现代民法也出现从抽象人格向具体人格的转化：一方面人格被抽象化，不依性别、老幼等而不同；另一方面又强调具体人格，强调身份上的差异，如消费者、劳动者、妇女、儿童、老人、残疾人的特别保护，但这并不是否定自然人民事权利能力的平等。

（四）自然人生死时间的证明

第十五条 自然人的出生时间和死亡时间，以出生证明、死亡证明记载的时间为准；没有出生证明、死亡证明的，以户籍登记或者其他有效身份登记记载的时间为准。有其他证据足以推翻以上记载时间的，以该证据证明的时间为准。

本条规定了自然人出生和死亡时间的证明。

因为确定出生的时间和死亡的时间有重要法律意义，所以，法律对出生时间和死亡时间的证明作了明确规定。依该条规定，医院出具的出生证明、死亡证明的证据效力强于其他记载出生时间、死亡时间的证据。但无论是医院出具的证明还是户籍登记或者其他有效身份登记记载的出生时间、死亡时间的证明，仅是具有推定效力。如果这些证明记载的出生时间、死亡时间与出生、死亡的真实时间不一致，是可以推翻的，应以真实的出生时间、死亡时间为准，因为出生时间、死亡时间为客观事实，不能因证据证明而改变。

（五）自然人出生前即胎儿利益的保护

第十六条 涉及遗产继承、接受赠与等胎儿利益保护的，胎儿视为具有民事权利能力。但是，胎儿娩出时为死体的，其民事权利能力自始不存在。

本条规定了对胎儿利益的保护。

因为自然人的民事权利能力始于出生，胎儿未出生，也就不具有主体资格，因此，如何保护胎儿的利益，赋予胎儿何种民事地位，也就是法律需要特别予以解决的问题。

关于胎儿的地位，各国有不同立法例、不同的观点。大体可分为三种立法例、三种观点。一种观点主张，胎儿有民事权利能力。采这种观点的立法例承认胎儿具有民事权利能力；第二种观点认为，胎儿不具有民事权利能力，但为保护胎儿的利益，在涉及胎儿利益的某些事项上，视胎儿为已出生；第三种观点认为，胎儿不具有民事权利能力，也无须在某些事项上视胎儿为出生，仅就涉及胎儿利益个别事项规定对胎儿的利益予以保护即可。这三种观点中的第一种对胎儿利益的保护最全面，第三种对胎儿利益的保护力较弱。如果采第一种立法例，承认胎儿具有民事权利能力，胎儿即为民事主体，如此一来，法律上就不能承认堕胎，父母也没有决定不再继续生育的权利。这显然与计划生育的要求不符，也会妨害生育权的行使。所以，《民法总则》第16条实际采取第二种立法例，不承认胎儿的民事权利能力，但确认涉及胎儿利益保护的，胎儿视为具有民事权利能力，且以胎儿娩出时为死体的作为解除条件。这实际上认可在涉及胎儿利益上视胎儿为出生。涉及胎儿利益保护的事项主要有三：

1. 遗产继承。在遗产继承中视胎儿有继承遗产的权利能力，胎儿可依法继承被继承人的遗产。原《继承法》第28条就规定，遗产分割时，应当保留胎儿的继承份额。胎儿出生时是死体的，保留的份额按照法定继承办理。

2. 接受赠与。在受赠与时，视胎儿有接受赠与的权利能力，胎儿可作为受赠人接受赠与。这里的赠与包括遗赠。在接受赠与时，胎儿的法定代理人可代理胎儿接受赠与。

3. 侵权损害赔偿。在侵权责任领域，视胎儿有请求侵权损害赔偿的权利能力。受害人死亡后出生的受害人子女（在其父死亡时为胎儿）有权请求侵权人赔偿，其与死者生前扶养的人有同等的地位。胎儿于母体中受到伤害以至影响出生后的健康的，有权以受害人的身份请求加害人赔偿。但是因胎儿母亲受伤害致流产的，受害人应以自己的健康权受侵害请求赔偿，而不能作为代理人请求对侵害胎儿的生命权的赔偿。

需要注意，本条规定的仅是对胎儿利益的保护，而不包括对胚胎等的保护。胎儿与胚胎不同，胚胎仅是有生命力的"物"，无论何情形下都还不能视为有民事权利能力。本条中的胎儿也应仅限于死者生前已受孕的，而不应包括在死者死亡后以死者的精子受孕的胎儿。由于现代生育技术的发达，特别是人工受孕技术的运用，对于亲子关系如何确定，也带来一系列问题。例如，妇女甲利用其夫乙生前留下的冷冻精子受孕产下一子女丙，丙与乙间是否有亲子关系？丙可否继承乙的遗产？对此有不同看法。依《民法典》第 16 条规定，丙无权继承乙的遗产。因为在乙死亡时即继承开始时，丙并没有成为胎儿存在，自不存在视为有民事权利能力问题。

（六）自然人死亡后的利益保护

自然人死亡后，也就不再为民事权利主体，而其生前享有的财产权利可依继承移转给他人承受。其人格权益应如何处理，是否仍受法律保护呢？对此有不同的看法。一种观点认为，死亡的自然人仍享有民事权利能力。这种观点认为，一个人虽于出生后死亡前具有民事权利能力，但该民事权利能力并非自出生才享有于死亡时就终止的，在出生前和死亡后民事权利能力都存在，因此胎儿与死者都有民事权利能力，死者既然具有民事权利能力，也就可享有权利，其权利当然受保护。另一种观点认为，死者虽不享有民事权利能力，但其生前享有的权利仍继续存在和受保护，这是权利保护的延伸。第三种观点认为，死者既然已不具有民事权利能力，也就不能为权利主体，因此，也就不存在对死者权利的保护。但法律基于社会利益的需要，可对死者生前享有的利益继续保护，但这不是保护死者个体利益的需要，而是保护社会利益的需要。上述各种观点都有一定道理。

从实务上看，自然人死亡后，法律对于死者生前享有的利益仍会予以一定的保护。例如，自然人在知识产权中的精神利益是永久存在的，著作权中的财产权自死者死亡后50年仍受法律保护。侵害死者名誉的，会构成侵权行为。但是，法律对某些利益的保护，不是对死者权利的保护，而是维护社会秩序和社会利益的需要。《民法典》并未如同对胎儿利益保护那样规定在某些事项视死者有民事权利能力。实务中应当将侵害死者名誉、肖像等的行为与侵害死者名誉权、肖像权等权利区别开来。侵害死者的名誉等并不就是说侵害死者的名誉权等。如果认定侵害死者的名誉为侵害死者名誉权，那么应由何人来行使权利呢？有的认为，应由死者的近亲属行使权利的保护。死者近亲属何以行使权利保护死者的名誉权，其利益又何在呢？这是难以说明的。实际上，侵害死者的名誉往往也就侵害了其近亲属的名誉权，从而近亲属以其权利受到侵害而请求法律保护，近亲属并非是请求保护死者的名誉权。如果侵害死者的名誉等，未给其近亲属的名誉造成损害，法院也不会支持近亲属的诉讼请求。侵害死者的名誉、肖像等，尽管未给死者近亲属的名誉造成损害，但如有违社会公德的要求，造成对客观事实的歪曲，损害了社会公共利益，此时社会公众应有权提起公益诉讼，请求侵害人承担侵权责任。《民法典》第185条规定："侵害英雄烈士等的姓名、肖像、名誉、荣誉，损害社会公共利益的，应当承担民事责任。"侵害人之所以应承担民事责任，就是因为其行为损害了社会公共利益。在这些场合，权利的主体都不是死者，而是死者的近亲属或者社会公众。

二、自然人的民事行为能力

（一）自然人民事行为能力的含义

自然人的民事行为能力广义上是指自然人的行为能发生法律上效果的能力，包括民事责任能力；狭义上民事行为能力又称民事法律行为能力，是指自然人实施民事法律行为以变动民事权利义务的能力或资格。《民法总则》规定的民事行为能力为狭义的即民事法律行为能力。

自然人的民事行为能力也是法律赋予的一种资格，既不能放弃，也不能转让。但民事行为能力不同于民事权利能力。民事权利能力是享受民事权利和负担民事义务的资格，任何人都因出生而取得。凡具有民事权利能力者，可基于法律的直接规定而享有权利和负担义务。但自然人需通过自己实施民事法律行为以取得民事权利或负担民事义务的，其须具有民事行为能力。具有民事权利能力者，可享有民事权利和民事义务；而具有民事行为能力者，才可通过自己的行为取得权利和负担义务。有民事行为能力者，必有民事权利能力；但有民事权利能力者，未必有民事行为能力。可以说，自然人的民事权利能力是自然人为民事主体的必要条件；而自然人的民事行为能力是自然人作为民事主体的充分条件。

（二）自然人民事行为能力与意思能力

法律上的行为，是指人有意识的身体的动、静，人的无意识的动作不属于法律上所称的行为。因此，自然人的民事行为能力与自然人的意识能力相关。人的意识能力也就是认识能力、识别能力，又称意思能力，是一个人识别自己的行为后果的能力。例如，一个人是否明白将财产给予他人的后果？是否清楚与他人进行交换的后果？这就属于意识能力问题。一个人只有具有一定的意识能力，才会有相应的行为能力。所以说，意识能力是行为能力的要素，是行为能力的前提。但意思能力与行为能力是不同的，二者的区别主要在于：（1）一个人有无意识能力为人的精神状态，而一个人有无行为能力，则为法律上的状态；（2）实施行为的人有无意思能力为事实问题，而有无行为能力则为法律问题；（3）无意思能力者无行为能力，但无行为能力者并非必无意思能力。

（三）自然人的成年年龄

第十七条 十八周岁以上的自然人为成年人。不满十八周岁的自然人为未成年人。

本条规定了自然人成年的年龄。

意思能力是确定行为能力的基础或标准。人的认识能力与人的智力相关。而人的智力通常只有在成年时才为发育成熟。因此，何时成年也就决定着何时智力发育成熟。关于自然人成年的年龄，各国规定不一。依我国法规定，18周岁为是否成年的年龄界限。18周岁以上的人为成年人，不满18周岁的人为未成年人。成年人与未成年人的意识能力不同，不同年龄段的未成年人的意识能力也是不同的。因此，根据自然人意识能力的一般标准，自然人的民事行为能力分为不同的情况。

（四）完全民事行为能力人

第十八条 成年人为完全民事行为能力人，可以独立实施民事法律行为。

十六周岁以上的未成年人，以自己的劳动收入为主要生活来源的，视为完全民事行为能力人。

本条规定了完全民事行为能力的自然人。

完全民事行为能力人是指可以独立实施各种民事法律行为的人。自然人成年，在正常情况下智力发育成熟，有足够的认识能力。因此，成年人具有完全民事行为能力，是完全民事行为能力人，可以独立实施民事法律行为。

未成年人因未成年，不是完全民事行为能力人。然而，一个人的智力发育成熟并不是一夜之间完成的，有的未成年人实际上智力发育成熟，已经具有相当于成年人的意识能力，且也有独立实施法律行为的必要。因此，各国的法律对于未成年人是否有完全民事行为能力，设有特别规定。例如，有的国家和地区的法律规定，已结婚的未成年人视为完全民事行为能力人；独立营业的未成年人也具有完全民事行为能力。依我国法规定，16周岁以上的未成年人，以自己的劳动收入为主要生活来源的，视为完全民事行为能力人。这里的"视为"是一种法律上的推定，不得以相反的事实推翻。例如，一个16周岁以上的未成年人以自己的劳动收入为主要生活来源，即使其后有事实证明其不再以自己的劳动收入为主要生活来源，也不能认定该人不再是完全民事行为能力人。但如果有证据充分证明该未成年人未曾以自己的劳动收入为主要生活来源，则可以推翻视其为完全民事行为能力人的推定。至于是否以自己的劳动收入为主要生活来源，则属于事实判断问题。司法实务中认为，"能够以自己的劳动取得收入，并能维持当地群众一般生活水平的"，可以认定为以自己的劳动收入为主要生活来源。

（五）限制民事行为能力人

限制民事行为能力人。又称不完全民事行为能力人，是可以独立实施某些民事法律行为但不具有可独立实施各种民事法律行为能力的人。限制民事行为能力人包括达一定年龄的未成年人和不能完全辨认自己行为的未成年人。

1. 限制民事行为能力的未成年人

第十九条　八周岁以上的未成年人为限制民事行为能力人，实施民事法律行为由其法定代理人代理或者经其法定代理人同意、追认；但是，可以独立实施纯获利益的民事法律行为或者与其年龄、智力相适应的民事法律行为。

本条规定了8周岁以上的未成年人为限制民事行为能力人。

8周岁以上的未成年人对自己的行为已经有相当的认识能力，但并非对全部行为都能有相应的意识能力。因此，8周岁以上的未成年人只可独立实施纯获利益的或者与其智力、年龄相适应的民事法律行为，其他民事法律行为由其法定代理人代理。

2. 不能完全辨认自己行为的成年人

第二十二条 不能完全辨认自己行为的成年人为限制民事行为能力人，实施民事法律行为由其法定代理人代理或者经其法定代理人同意、追认；但是，可以独立实施纯获利益的民事法律行为或者与其智力、精神健康状况相适应的民事法律行为。

本条规定了不能完全辨认自己行为的成年人是限制民事行为能力人。

一个人成年本应为完全民事行为能力人，但是有的成年人由于智力发育不成熟或者精神健康方面的原因并不能完全辨认自己行为，因此这类成年人也属于限制民事行为能力人，只可以独立实施纯获利益的或者与其智力、精神健康状况相适应的民事法律行为。

判断限制民事行为能力人所独立实施的民事法律行为是否与其年龄、智力或者精神健康状况相适应，应进行个案分析，一般应从行为与本人生活的关联程度、行为的标的额，以及行为人对该行为后果的认识来认定。限制民事行为能力人不能独立实施的民事法律行为，由其法定代理人代理或者经其法定代理人同意、追认，限制民事行为能力人独立实施的不能有效。

（六）无民事行为能力人

无民事行为能力人，是完全不具有以自己的行为进行民事活动取得权利和义务的资格的人。无民事行为能力的自然人包括两部分：

1. 不满8周岁的未成年人

第二十条 不满八周岁的未成年人为无民事行为能力人，由其法定代理人代理实施民事法律行为。

本条规定了不满8周岁的未成年人为无民事行为能力人。

无民事行为能力人是完全不能独立实施民事法律行为的人，因此，在确定无完全民事行为能力的未成年人年龄界限上既应考虑未成年人的智力发育情况，也要考虑未成年人日常生活的需要。《民法通则》中规定不满10周岁的未成年人为无民事行为能力人，显然不妥。《民法总则》（草案）中曾规定不满6周岁的未成年人为无民事行为能力人，但《民法总则》及《民法典》规定不满8周岁的未成年人为无民事行为能力人。然而，《民法典》也未规定无民事行为能力人可以实施与其智力相适应的或者纯接受利益的行为，因此，无民事行为能力人是不能实施任何民事法律行为的。这未必合适。例如，一个7周岁的未成年人独自乘坐公交车上学或者到书店购买儿童书，因其不满8周岁是无效的，这与现实生活显然不符。

2. 完全不能辨认自己行为的成年人

第二十一条 不能辨认自己行为的成年人为无民事行为能力人，由其法定代理人代理实施民事法律行为。

八周岁以上的未成年人不能辨认自己行为的，适用前款规定。

本条规定了不能辨认自己行为的人为无民事行为能力人。

成年人为完全民事行为能力人，8周岁以上的未成年人为限制民事行为能力人，这都是以其具有相应的意思能力而言的。若其不具有意思能力，即不能辨认自己的行为，也就不具有相应的民事行为能力，而为无民事行为能力人。8周岁以上的人，若为无民事行为能力人，则不能独立实施民事法律行为，由其法定代理人代理实施民事法律行为。无民事行为能力人从法律上说也是无意思能力人，但一个人事实上有无意思能力则属于自然事实。

（七）无完全民事行为能力人的法定代理人

第二十三条　无民事行为能力人、限制民事行为能力人的监护人是其法定代理人。

本条规定了无完全民事行为能力人的法定代理人。

无民事行为能力人、限制民事行为能力人，或不能独立实施民事法律行为，或不能完全独立实施民事法律行为，其须借法定代理人的行为实现其民事行为能力。无民事行为能力人、限制民事行为能力人的法定代理人是法律规定的，不能任意设定。依法律规定，无民事行为能力人、限制民事行为能力人的监护人为其法定代理人。

（八）成年人民事行为能力状况的认定

第二十四条　不能辨认或者不能完全辨认自己行为的成年人，其利害关系人或者有关组织，可以向人民法院申请认定该成年人为无民事行为能力人或者限制民事行为能力人。

被人民法院认定为无民事行为能力人或者限制民事行为能力人的，经本人、利害关系人或者有关组织申请，人民法院可以根据其智力、精神健康恢复的状况，认定该成年人恢复为限制民事行为能力人或者完全民事行为能力人。

本条规定的有关组织包括：居民委员会、村民委员会、学校、医疗机构、妇女联合会、残疾人联合会、依法设立的老年人组织、民政部门等。

本条规定了成年人民事行为能力状况的认定。

民事行为能力认定，是指经利害关系人的申请由人民法院依法认定不能辨认或者不能完全辨认自己行为的成年人为无民事行为能力人或限制民事行为能力人的制度。

如前所述，自然人的民事行为能力状况主要是依年龄划分的。一个成年人也就为完全民事行为能力人，但成年人之为完全民事行为能力人，也是以成年人具有完全意识能力，完全能够辨认自己行为为条件的。如果一个成年人因精神健康等方面的原因不具有正常成年人的智力和相应的意思能力，不能完全辨认自己的行为，也就不属于完全民事行为能力人，而应为限制民事行为能力人或无民事行为能力人。但某成年人是否为限制民事行为能力人或无民事行为能力人不能由该人决定，也不能由他人随意决定，而须经人民法院依法定程序作出认定。

对成年人的民事行为能力状况的认定，须具备以下条件：（1）须经利害关系人或者有关组织申请；（2）被申请人须为不能辨认或者不能完全辨认自己行为的成年人；（3）须由人民法院经法定程序认定。法院受理申请后，应对被申请人的精神健康状况及认知能力经特别程序作出认定：被申请人没有判断能力和自我保护能力，不能辨认自己行为的，应认定为无民事行为能力人；被申请人只是对较复杂的事物或较重大的行为缺乏判断能力和自我保护能力，并不能预见其后果的，属于不能完全辨认自己行为，应认定为限制民事行为能力人。

成年人一经法院认定为无民事行为能力人或者限制民事行为能力人，自判决生效起，该成年人即为无民事行为能力人或者限制民事行为能力人。被认定为无民事行为能力人或者限制民事行为能力人的成年人，其智力、精神健康状况是有可能恢复的。因此，于判决后，经本人、利害关系人或者有关组织申请，人民法院可以根据其智力、精神健康恢复的状况，认定该成年人恢复为限制民事行为能力人或者完全民事行为能力人。于此情况下，人民法院须撤销原判决，作出新判决。

有权向人民法院申请成年人民事行为能力状况认定或撤销认定的有关组织，包括居民委员会、村民委员会、学校、医疗机构、妇女联合会、残疾人联合会、依法设立的老年人组织、民政部门等。这些组织或是了解该成年人的智力、精神健康状况，或者对该成年人负有法定的保护职责。

三、自然人的住所

第二十五条 自然人以户籍登记或者其他有效身份登记记载的居所为住所；经常居所与住所不一致的，经常居所视为住所。

本条规定了自然人的住所。

自然人的住所，是自然人生活和进行民事活动的中心场所。自然人作为民事主体参与民事法律关系，享受民事权利和负担民事义务，实施民事法律行为，总是在一定的地点发生的。为明确自然人进行民事法律活动的中心或主要地点，法律规定自然人应有住所。

住所不同于居所。居所是自然人居住的场所，尽管每个自然人都应有居所，且可以有多处居所，但居所并非就为住所，住所只能有一处。各国法上确定住所依据的标准不完全相同，大体可分为两种立法例：一是以当事人意思为标准，由当事人自行决定其住所；二是以法律规定为标准，由法律直接规定住所。我国法采后一种立法例。自然人的住所以户籍登记或者其他有效身份登记记载的居所为住所。所谓其他有效身份登记的记载主要是指身份证的记载。身份证是证明自然人身份的有效法律文件，身份证登记记载的住址也就是其住所所在。经常居所与住所不一致的，经常居所视为住所。自然人的经常居所应为该自然人连续居住1年以上的居所。

住所的法律意义又称法律效力、法律价值，主要体现在以下方面：(1)确定民事主体的状态，如确定某人是否失踪，以其离开住所无消息的时间为准；(2)确定民事法律关系的发生、变更、终止和履行。如继承开始地点一般为被继承人的最后住所，给付货币的债务履行地应为接受给付一方的住所地；(3)确定有关民事事项的管辖。如近亲属以外的人担任监护人须经被监护人住所地的居民委员会、村民委员会或者民政部门同意。(4)确定涉外民事关系法律适用的准据法。

第二节 监护

一、监护的意义和确立根据

（一）监护的意义

监护是为保护无民事行为能力人和限制民事行为能力人而设置的制度。因为无民事行为能力人和限制民事行为能力人不具有或不完全具有实施民事法律行为的能力，对自己也缺乏完全的保护能力，其实施不法行为还会损害他人的利益。因此，为保护无民事行为能力人和限制民事行为能力人，维护无民事行为能力人和限制民事行为能力人的合法权益以及社会的正常秩序，法律构建监护制度，为不具有完全民事行为能力的人设立监护人。监护的意义也是两方面的：一是保护无完全民事行为能力人的利益；二是维护社会秩序。

监护的特点有三：（1）被监护人须为无民事行为能力人或者限制民事行为能力人；（2）监护人须为完全民事行为能力人，并具有管理被监护人的事务和保护被监护人的能力；（3）监护人与被监护人之间的关系是法定的，监护人履行监护职责不是为了自己的利益，而是为被监护人的利益。

(二) 监护的确立根据

第二十六条　父母对未成年子女负有抚养、教育和保护的义务。

成年子女对父母负有赡养、扶助和保护的义务。

本条规定了父母子女间的权利义务关系，也是规定了监护的确立根据。

各国关于监护的立法例不同，主要有两种立法例：一是规定监护是为监督和保护未成年人和不具有完全民事行为能力的成年人的合法权益而设置的制度；二是规定监护是对于不能得到亲权保护的未成年人和不具有完全民事行为能力的成年人，设定专人以管理和保护其人身和财产的制度。这两种立法例的不同就在于是否区分监护与亲权。

我国法在对未成年人的监护上一直未区分亲权和监护。父母对未成年子女有抚养、教育和保护的义务，这是亲权的内容，也是监护人的职责。基于父母对未成年子女负有的义务，父母理所当然地为未成年子女的监护人。

成年子女对父母负有赡养、扶助和保护的义务，因此，成年子女在父母需要监护时应为监护人的首选。

父母子女间的法定权利义务关系，决定了对监护制度应采以家庭为基础，以社会为补充和以国家为保障的确立根据。

二、监护人的范围

(一) 未成年人的监护人范围

第二十七条　父母是未成年子女的监护人。

未成年人的父母已经死亡或者没有监护能力的，由下列有监护能力的人按顺序担任监护人：

（一）祖父母、外祖父母；

（二）兄、姐；

（三）其他愿意担任监护人的个人或者组织，但是须经未成年人住所地的居民委员会、村民委员会或者民政部门同意。

本条规定了未成年人的监护人范围。

未成年人的父母是当然的监护人。只要未成年人的父母有监护能力，父母就是未成年人的监护人。只有在未成年人的父母全部死亡或者都没有监护能力或者一方死亡另一方没有监护能力时，才可由祖父母、外祖父母、兄、姐担任监护人。未成年人的祖父母、外祖父母、兄、姐担任监护人也是其法定义务。除上列亲属外，其他个人或者组织也可担任监护人，但还须具备两个条件：一是其愿意担任监护人，因为担任监护人并非其法定义务，只能以其自愿为前提；二是须经未成年人住所地的居民委员会、村民委员会或者民政部门同意，以防止他人借此侵害被监护人的利益。

（二）无完全民事行为能力的成年人的监护人范围

第二十八条　无民事行为能力或者限制民事行为能力的成年人，由下列有监护能力的人按顺序担任监护人：

（一）配偶；

（二）父母、子女；

（三）其他近亲属；

（四）其他愿意担任监护人的个人或者组织，但是须经被监护人住所地的居民委员会、村民委员会或者民政部门同意。

本条规定了成年人的监护人范围。

无民事行为能力或者限制民事行为能力的成年人的监护人为配偶、父母、子女及其他近亲属和近亲属以外的人。近亲属担任无民事行为能力人或者限制民事行为能力人的监护人是其法定义务，无须经他人同意。但其他个人或者组织担任监护人的，也须自愿担任且经被监护人住所地的基层组织或者民政部门同意。

三、监护人的确定

监护人的确定有以下五种方式。

（一）遗嘱监护

第二十九条　被监护人的父母担任监护人的，可以通过遗嘱指定监护人。

本条规定了遗嘱监护。

遗嘱监护，是指由被继承人在遗嘱中指定的监护人担任被监护人的监护人。遗嘱监护通常是指未成年人的父母在遗嘱中为未成年人指定监护人。本条中规定的被监护人的父母是否包括被监护人为成年人的被监护人的父母？从字面意义上看，这里仅规定为"被监护人的父母"，而未限定为未成年人的父母。但是从本条的本意看，这里的被监护人应仅限于未成年人，而不包括无民事行为能力或限制民事行为能力的成年人。因为依《民法典》的规定，父母是未成年子女的监护人，但父母不一定是无完全民事行为能力的成年子女的监护人；未成年子女的父母只要存在和有监护能力，其监护人的地位就具有不可替代性，因此，也只有未成年子女的父母才可以通过遗嘱指定监护人。

被监护人的父母都通过遗嘱指定监护人的，如何确定监护人呢？对此有不同的观点。有的主张，被监护人的父母共同通过遗嘱指定监护人或者各自通过遗嘱指定的监护人为同一人的，该指定有效；否则，该指定无效。这种观点虽有一定道理，但不符合本义。本条中规定"被监护人的父母"可以通过遗嘱指定监护人，并非要求父母共同指定，而是规定"担任监护人的"可以指定。未成年父母若各自立有遗嘱且其指定的监护人不同的，当然应以最后死亡者的遗嘱指定为准，因为未成年人的父母一方死亡的，只有生存的一方，才为未成年子女的监护人。

（二）协议监护

第三十条 依法具有监护资格的人之间可以协议确定监护人。协议确定监护人应当尊重被监护人的真实意愿。

本条规定了协议监护。

所谓协议监护，是指具有监护人资格的人通过协议确定监护人，亦即以确定的监护人为被监护人的监护人。

《民法典》第27条第2款、第28条规定了可以担任监护人的顺序。但这种顺序并不具有排他性，有前一顺序可担任监护人的人存在的，也可由后顺序的人担任监护人。法律规定的具有监护资格的人，在可否担任监护人上有平等的权利，因此，他们可以协议确定其中一人或者数人担任监护人。但是，具有监护资格的人之间协议确定监护人时，应尊重被监护人的真实意愿。因为由何人担任监护人直接与被监护人的利益相关。协议确定监护人时，被监护人有一定认知能力的，应征得其同意；未征求被监护人意见的协议所确定的监护，无效。

（三）指定监护

第三十一条 对监护人的确定有争议的，由被监护人住所地的居民委员会、村民委员会或者民政部门指定监护人，有关当事人对指定不服的，可以向人民法院申请指定监护人；有关当事人也可以直接向人民法院申请指定监护人。

居民委员会、村民委员会、民政部门或者人民法院应当尊重被监护人的真实意愿，按照最有利于被监护人的原则在依法具有监护资格的人中指定监护人。

依照本条第一款规定指定监护人前，被监护人的人身权利、财产权利以及其他合法权益处于无人保护状态的，由被监护人住所地的居民委员会、村民委员会、法律规定的有关组织或者民政部门担任临时监护人。

监护人被指定后，不得擅自变更；擅自变更的，不免除被指定的监护人的责任。

本条规定了指定监护。

指定监护是指由有关单位指定的人担任监护人。

依法具有监护资格的人之间协议确定监护人的，当然以协议确定的人担任监护人。如果他们之间不能确定监护人，即对担任监护人发生争议时，应由被监护人的住所地的居民委员会、村民委员会或者民政部门指定。当事人对指定不服的，可以申请由人民法院指定；当事人也可不经居民委员会、村民委员会或民政部门的指定,直接申请由人民法院指定监护人。指定是在对监护人确定有争议时确定监护人的必经程序。

有关指定单位在指定监护人时,应当根据被监护人的真实意愿,按照最有利于被监护人的原则,从依法具有监护资格的人中择优指定。

在指定监护人未确定前,为了避免被监护人的合法权益因处于无人保护状态而受侵害,由被监护人的住所地的居民委员会、村民委员会、法律规定的有关组织或者民政部门担任临时监护人。在监护人被指定后,临时监护人的职责终止。

指定监护人的决定一经生效,被指定的人即为监护人,任何人不得擅自变更;未经法定程序依法变更的,被指定的监护人仍然应承担监护人的责任。

(四)国家和社会监护

第三十二条 没有依法具有监护资格的人的,监护人由民政部门担任,也可以由具备履行监护职责条件的被监护人住所地的居民委员会、村民委员会担任。

本条规定了国家和社会监护。

国家监护是由国家有关机构担任监护人;社会监护是由社会组织担任监护人。

《民法典》第 27、28 条规定的可以担任监护人的人以家庭成员、近亲属为主,无论是协议监护还是指定监护都是从依法具有监护资格的人中确定监护人。但有的被监护人,可能没有依法可以担任其监护人的近亲属,也无其他愿意担任监护人的个人或者组织。于此情形下,由民政部门担任监护人;被监护人住所地的居民委员会、村民委员会具备履行监护职责条件的，也可以担任监护人。民政部门属于国家机构，居民委员会、村民委员会属于社会基层组织。由此可以说，我国建立了以家庭监护为基础，社会监护为补充，国家监护为保障的监护体系。

（五）意定监护

第三十三条　具有完全民事行为能力的成年人，可以与其近亲属、其他愿意担任监护人的个人或者组织事先协商，以书面形式确定自己的监护人，在自己丧失或者部分丧失民事行为能力时，由该监护人履行监护职责。

本条规定了意定监护。

意定监护是指根据被监护人的意思所确定的监护，监护人是由被监护人事先指定的。因意定监护的监护人是由被监护人通过与他人订立协议指定的，而只有具有完全民事行为能力的人才可订立协议。因此，意定监护实质上是由具有完全民事行为能力人事先对其后丧失民事行为能力时的监护的安排。

意定监护协议也就是监护合同。订立意定监护合同的当事人，一方为其后可能丧失或者部分丧失民事行为能力而成为被监护人的人，另一方为愿意担任监护人的个人或者组织。监护合同为要式合同，采书面形式。监护合同为附停止条件的合同，自一方丧失或者部分丧失民事行为能力之时起，监护合同发生效力，合同中确定的监护人即成为另一方的监护人，始履行监护职责。

意定监护制度主要是为保护老年人利益而构建的。老年人因高龄等原因会发生认识能力的不足，丧失或部分丧失民事行为能力。而老年人在其具有完全民事行为能力之时，应最清楚何人能够维护其合法权益,何人能在其认知能力出现缺陷时给予其最大的帮助。因此,法律确认具有完全民事行为能力的成年人,可以与其最信任的个人或者组织事先订立监护合同,以确定在其事后丧失或者部分丧失民事行为能力时的监护人。这既可以最大限度地有利于维护老年人的合法权益,又可以免去在老年人丧失或者部分丧失民事行为能力时因监护人的确定而发生争议。

四、监护人的监护职责和履行原则

(一)监护人的监护职责

第三十四条 监护人的职责是代理被监护人实施民事法律行为,保护被监护人的人身权利、财产权利以及其他合法权益等。

监护人依法履行监护职责产生的权利,受法律保护。

监护人不履行监护职责或者侵害被监护人合法权益的,应当承担法律责任。

因发生突发事件等紧急情况,监护人暂时无法履行监护职责,被监护人的生活处于无人照料状态的,被监护人住所地的居民委员会、村民委员会或者民政部门应当为被监护人安排必要的临时生活照料措施。

本条规定了监护人的监护职责。

监护人的监护职责,也就是监护的内容。监护人的监护职责主要有三项:(1)代理被监护人实施民事法律行为。监护人是被监护人的法定代理人,凡被监护人不能独立实施的民事法律行为,由监护人代理实施或者经监护人同意。(2)保护被监护人的人身权利。监护人是被监护人的法定保护人,应当保护被监护人的人身安全，防止被监护人的人身遭受自然的或者人为的不法侵害。监护人应当照顾好被监护人的生活，不得虐待或遗弃被监护人。未成年人的监护人还应当采取措施，保障被监护人能够正常地健康成长。(3)保护被监护人的财产权利以及其他合法权益。监护人是被监护人的财产管理人，应管理好被监护人的财产，以免被监护人的财产受损害。监护人还应约束被监护人的行为，以免被监护人侵害他人的合法权益。在被监护人的权益遭受他人侵害时，监护人应作为法定代理人请求侵害人承担相应的民事责任。

监护人的职责既是权利也是义务。监护人依法履行监护职责产生的权利，受法律保护。监护人不履行监护职责，为违反其法定义务，应当承担法律责任。

因紧急情况使监护人无法履行监护职责的，不属于监护人不履行监护职责。于此情况下，被监护人住所地的居委会、村委会或者民政部门应为被监护人安排必要的临时生活照料措施。

（二）监护职责的履行原则

第三十五条 监护人应当按照最有利于被监护人的原则履行监护职责。监护人除为维护被监护人利益外，不得处分被监护人的财产。

未成年人的监护人履行监护职责，在作出与被监护人利益有关的决定时，应当根据被监护人的年龄和智力状况，尊重被监护人的真实意愿。

成年人的监护人履行监护职责，应当最大程度地尊重被监护人的真实意愿，保障并协助被监护人实施与其智力、精神健康状况相适应的民事法律行为。对被监护人有能力独立处理的事务，监护人不得干涉。

　　本条规定了监护职责的履行原则。

　　监护人履行监护职责为其权利，但监护权的行使并非是为了监护人的利益，而是为了被监护人的利益。因此，履行监护职责也是监护人的义务。监护人履行监护职责应当遵循以下原则：

　　一是最有利于被监护人的原则。因为监护人是为了被监护人利益履行监护职责的，因此，监护人应按照最有利于被监护人的原则履行监护职责，除为维护被监护人利益外，不得处分被监护人的财产。监护人不能为履行自己的抚养或扶养义务而变卖被监护人的财产。

　　二是尊重被监护人的真实意愿的原则。因未成年人也有一定的认知能力，未成年人的监护人履行监护职责时，凡是作出与被监护人利益有关的决定，都应当根据被监护人的年龄和智力状况，征求其意见并尊重被监护人的真实意愿。被监护人是成年人的，因为其丧失或者部分丧失民事行为能力的原因不同，相当多的人是有相当的认知能力的。《联合国人权公约》中特别强调保障身心障碍者平等地参与社会生活，尊重他们的自我决定权。因此，为了保障因身心障碍而民事行为能力人受限制的成年人的人权，避免对他们的歧视，成年人的监护人履行监护职责应最大程度地尊重被监护人的真实意愿，充分尊重他们的自我决定权。凡被监护人有能力独立处理的事务，监护人均不得干涉。

五、监护的撤换

第三十六条　监护人有下列情形之一的，人民法院根据有关个人或者组织的申请，撤销其监护人资格，安排必要的临时监护措施,并按照最有利于被监护人的原则依法指定监护人:(一)实施严重损害被监护人身心健康行为;(二)怠于履行监护职责,或者无法履行监护职责且拒绝将监护职责部分或者全部委托给他人,导致被监护人处于危困状态;(三)实施严重侵害被监护人合法权益的其他行为。

本条规定的有关个人、组织包括:其他依法具有监护资格的人、居民委员会、村民委员会、学校、医疗机构、妇女联合会、残疾人联合会、未成年人保护组织、依法设立的老年人组织、民政部门等。

前款规定的个人和民政部门以外的组织未及时向人民法院申请撤销被监护人资格的,民政部门应当向人民法院申请。

本条规定了监护的撤换。

监护的撤换,是指人民法院经法定程序撤销监护人的监护人资格,另行指定监护人。

撤销监护人的监护人资格,应具备以下三个条件:

其一,监护人的行为严重损害被监护人的利益。监护人有下列情形之一的,为严重损害被监护人利益,可撤销其监护人的资格:(1)实施严重损害被监护人身心健康行为。例如,虐待、遗弃被监护人。对被监护人实施性侵害行为。(2)怠于履行监护职责,或者无法履行监护职责并且拒绝将监护职责部分或者全部委托给他人,导致被监护人处于危困状态。怠于履行监护职责,是指监护人有能力有条件履行监护职责而不履行。监护人也可能无法履行监护职责,如未成年人的父母外出打工,与该未成年人不在一起生活,于此情形下,监护人应将监护职责部分或者全部委托给他人,若其拒绝委托给他人,也属于不履行监护职责。不论因何原因导致监护人处于危困状态的,都可撤销监护人的资格。(3)实施严重侵害被监护人合法权益的其他行为。例如,非为被监护人的利益,处分被监护人的财产。

其二,经有关个人或者组织的申请。撤销监护人资格须经申请,而不能由法院依职权主动为之。有权申请撤销监护人的监护资格的个人和组织包括:其他依法具有监护资格的人,居民委员会、村民委员会、学校、医疗机构、妇女联合会、残疾人联合会、未成年人保护组织、依法设立的老年人组织、民政部门等。有权申请的个人和民政部门以外的组织未及时申请撤销监护人资格的,民政部门应当提出申请。

其三,由人民法院做出撤换的裁决。撤销监护人资格是法院的职权。只有人民法院才有权撤销监护人的资格,但法院不能主动行使该职权。法院受理有关个人或者组织关于撤销监护人资格的申请后,根据情况做出撤销被申请人的监护人资格的裁决,安排必要的临时监护措施,并按照最有利于被监护人的原则依法指定监护人。人民法院撤销监护人资格的裁决生效后,法院指定的监护人为被监护人的监护人。

六、撤销监护人资格对原监护人的效力

(一)原监护人对被监护人的扶养义务不解除

第三十七条 依法负担被监护人抚养费、赡养费、扶养费的父母、子女、配偶等,被人民法院撤销监护人资格后,应当继续履行负担的义务。

本条规定了原监护人对被监护人的扶养义务不因监护人资

格的撤销而解除。

监护人资格被撤销后,其与被监护人之间的监护关系终止。但原监护人为父母、子女、配偶等对被监护人负担抚养费、赡养费、扶养费的义务不能解除。因为该项义务是基于原监护人与被监护人之间的亲属关系而负担的法定义务,而非基于监护关系发生的。撤销其监护人资格不能影响作为亲属而生的其该项法定义务的履行。

(二)监护人资格的恢复

第三十八条 被监护人的父母或者子女被人民法院撤销监护人资格后,除对被监护人实施故意犯罪的外,确有悔改表现的,经其申请,人民法院可以在尊重被监护人真实意愿的前提下,视情况恢复其监护人资格,人民法院指定的监护人与被监护人的关系同时终止。

本条规定了监护人资格的恢复。

监护人资格的丧失有终极性丧失与非终极性丧失之分。监护人资格终极性丧失,是指丧失监护人资格的人不能再担任该被监护人的监护人。监护人资格非终极性丧失,是指丧失监护资格的人还可再恢复其监护人的资格。

被撤销监护人资格的监护人资格恢复须具备以下条件:(1)被撤销监护资格的人是被监护人的父母或者子女。因为父母或者子女与被监护人有最密切的亲属关系,其担任监护人一般较其他人更为有利;(2)被撤销监护人资格的原因并非是对被监护人实施故意犯罪。因对被监护人实施故意犯罪而被撤销监护人资格的,不能再恢复监护人资格;(3)被撤销监护资格的监护人确有悔改表现，并向人民法院提出恢复监护人资格的申请；(4)被监护人能够表达意愿的，同意恢复其父母或者子女的监护人资格。(5)由人民法院做出恢复的裁决。人民法院根据当事人的申请后认为恢复申请人被撤销的监护人资格有利于被监护人的，做出恢复被申请人监护人资格的裁决，人民法院指定的监护人与被监护人的关系同时终止。

七、监护的终止

第三十九条 有下列情形之的，监护关系终止：(一)被监护人取得或者恢复完全民事行为能力；(二)监护人丧失监护能力；(三)被监护人或者监护人死亡；(四)人民法院认定监护关系终止的其他情形。

监护关系终止后，被监护人仍然需要监护的，应当依法另行确定监护人。

本条规定了监护的终止。

监护的终止，是指特定监护人与被监护人之间的监护关系消灭。监护关系因特定原因发生，也因特定原因终止。监护终止的原因有以下情形：

1. 被监护人取得或者恢复完全民事行为能力。监护之所以发生的根本原因，是因为被监护人没有取得或者丧失部分或全部民事行为能力，被监护人一旦取得或者恢复完全民事行为能力而成为完全民事行为能力人，因监护的原因消灭，监护关系当然终止。

2. 监护人丧失监护能力。监护人须具有监护能力为监护关系成立的条件，监护人丧失监护能力，也就不具备担任监护人的资格，监护关系也就终止。

3. 被监护人或者监护人死亡。被监护人死亡，因无监护的必要而监护终止；监护人死亡，因无监护人而致监护终止。

4. 人民法院认定监护关系终止的其他情形。例如，人民法院撤销监护人资格的，监护关系终止；人民法院恢复被撤销监护资格人的监护资格的，指定的监护人与被监护人间的监护关系终止。

监护关系除因被监护人取得或者恢复完全民事行为能力或者被监护人死亡终止外，监护关系终止后，被监护人仍然需要监护的，应依法另行确定监护人。另行确定监护人，也就会发生新的监护关系。

第三节　宣告失踪和宣告死亡

一、宣告失踪

(一) 宣告失踪的含义

宣告失踪，是指经利害关系人的申请，由法院对下落不明满一定期间的自然人宣告为失踪人的制度。在立法例上，有的仅规定宣告死亡制度，而未规定宣告失踪制度，如德国法规定对失踪人可依公示催告程序宣告死亡。有的仅规定宣告失踪制度，而未规定宣告死亡制度，如法国、瑞士等规定了宣告失踪制度。我国《民法典》既规定了宣告失踪也规定了宣告死亡。宣告失踪与宣告死亡制度的目的并不完全相同。宣告失踪制度尽管也有保护利害关系人的合法权益的目的，但主要目的是为了保护失踪人的合法权益。

(二) 宣告失踪的条件

第四十条　自然人下落不明满二年的，利害关系人可以向人民法院申请宣告该自然人为失踪人。

本条规定了宣告失踪的条件。

宣告失踪须具备以下条件：

1. 经利害关系人申请。可申请宣告自然人失踪的利害关系人包括被申请人的近亲属和与被申请人有民事财产权利义务关系的人。因为自然人被宣告失踪仅发生民事法律后果，而不发生其他法律后果，被申请人是否被宣告失踪，对于非被申请人的近亲属和与被申请人没有民事权利义务关系的人没有利害关系，因此，他们也就不具备申请人资格。

2. 被申请人下落不明满一定期间。所谓下落不明，是指离开住所无任何消息。如确知某自然人离开住所地在另外某地，仅仅是与其联系不上，则不能视该自然人为下落不明。自然人下落不明满2年的，利害关系人才可以向法院提出宣告该自然人失踪的申请。下落不明不满2年的，利害关系人不得提出申请。

3. 由人民法院经特别程序宣告。宣告自然人失踪为法院的职权，其他任何机关不得宣告自然人失踪。依《民事诉讼法》规定，人民法院受理利害关系人宣告被申请人失踪的申请后，先发出寻找失踪人的公告，公告期间为3个月。公告期间届满仍无消息的，法院即做出宣告被申请人为失踪人的判决。

（三）宣告失踪期间的起算

第四十一条 自然人下落不明的时间从其失去音讯之日起计算。战争期间下落不明的，下落不明的时间自战争结束之日或者有关机关确定的下落不明之日起计算。

本条规定了宣告失踪期间的起算。

自然人下落不明有两种情形：一是一般情况下的下落不明；二是战争期间的下落不明。一般情况下的下落不明的时间从其失去音讯之日起计算。战争期间下落不明的，自战争结束之日起计算，但有关机关确定该自然人下落不明的，自有关机关确定的下落不明之日起计算。

（四）失踪人的财产代管人的确定

第四十二条 失踪人的财产由其配偶、成年子女、父母或者其他愿意担任财产代管人的人代管。

代管有争议，没有前款规定的人，或者前款规定的人无代管能力的，由人民法院指定的人代管。

本条规定了失踪人的财产代管人的确定。

为失踪人设立财产代管人，是宣告自然人为失踪人的直接法律后果。

失踪人的财产首先应由有资格担任财产代管人的人协商确定的财产代管人代管，有资格担任代管人者包括失踪人的配偶、父母、成年子女以及其他愿意担任代管人的人。不能由有资格担任失踪人财产代管人的协议确定代管人的，由人民法院指定的人为失踪人的财产代管人。人民法院指定代管人时应以有利于失踪人财产管理为原则。

（五）失踪人的财产代管人的职责

第四十三条 财产代管人应当妥善管理失踪人的财产，维护其财产权益。

失踪人所欠税款、债务和应付的其他费用，由财产代管人从失踪人的财产中支付。

财产代管人因故意或者重大过失造成失踪人财产损失的，应当承担赔偿责任。

本条规定了失踪人财产代管人的职责。

财产代管人的职责就是为失踪人管理其财产。因此，代管人首先应妥善管理失踪人的财产，维护失踪人的财产权益；其次，代管人从失踪人的财产中支付失踪人所欠税款、债务和其他应付的费用。何为妥善管理？通常认为，对财产代管人妥善管理的要求，就是要求代管人如同管理自己的财产一样管理失踪人的财产。财产代管人在管理失踪人的财产、维护失踪人财产权益上，没有尽到如同管理自己财产、维护自己财产权益一样的注意的，就为有重大过失。由此给失踪人财产造成损失的，即应承担赔偿责任。例如，对于失踪人应收的债权，代管人应代失踪人及时收取，因其未尽应尽的注意义务而致使该债权不能收取的，代管人应负赔偿责任。代管人因故意或者重大过失造成失踪人财产损失的，应承担责任。失踪人的财产损失非因代管人的故意或者重大过失造成的，代管人不承担赔偿责任。

（六）失踪人财产代管人的变更

第四十四条 财产代管人不履行代管职责、侵害失踪人财产权益或者丧失代管能力的，失踪人的利害关系人可以向人民法院申请变更财产代管人。

财产代管人有正当理由的，可以向人民法院申请变更财产代管人。

人民法院变更财产代管人的，变更后的财产代管人有权要求原财产代管人及时移交有关财产并报告财产代管情况。

本条规定了失踪人财产代管人的变更。

失踪人财产代管人的变更，即由新的代管人代替原来的代管人。财产代管人的变更，不得由当事人自行决定，而须经申请，由人民法院做出变更的决定。变更财产代管人的申请，有两种情形：（1）利害关系人申请变更。利害关系人可以申请变更财产代管人的理由有二：一是财产代管人不尽或未尽到代管职责，侵害失踪人的财产权益；二是代管人丧失代管能力，不能履行代管职责。（2）财产代管人申请变更。代管人自己有正当理由的，也可申请变更。这里的正当理由应是指财产代管人因客观的原因不能或者难以履行代管职责。

人民法院受理变更财产代管人的申请后，依法定程序做出变更的决定。变更后的财产代管人有权要求原财产代管人及时移交有关财产并报告财产代管情况。原财产代管人能履行而不履行财产移交和财产代管情况报告的，应承担相应的民事责任。

（七）失踪宣告的撤销

第四十五条　失踪人重新出现，经本人或者利害关系人申请，人民法院应当撤销失踪宣告。

失踪人重新出现，有权要求财产代管人及时移交有关财产并报告财产代管情况。

本条规定了失踪宣告的撤销。

失踪宣告的撤销，是指人民法院经本人或者利害关系人申请，撤销已作出的宣告自然人为失踪人的判决。

因为宣告失踪是推定失踪，被宣告失踪的人未必失踪。因此，失踪人重新出现，经本人或者利害关系人申请应当撤销失踪宣告。

失踪人重新出现，失踪的推定当然也就被推翻。因此，只要失踪人重新出现，不论是否经法院撤销失踪宣告，代管人即应当应失踪人的要求，停止代管行为，并向其移交财产和报告管理情形。对于代管人在代管期间从代管财产中支出的费用，只要代管人主观上没有恶意，财产所有人不能要求代管人偿还。

二、宣告死亡

（一）宣告死亡的含义

宣告死亡是指经利害关系人申请，由人民法院宣告下落不明人死亡的制度。宣告死亡制度的目的在于结束因自然人失踪而使其参与的法律关系处于长期不稳定、不确定的状态，以维护社会经济秩序和利害关系人的利益。宣告死亡与宣告失踪是两项有不同目的制度。

（二）宣告死亡的条件

第四十六条 自然人有下列情形之一的，利害关系人可以向人民法院申请宣告该自然人死亡：（一）下落不明满四年；（二）因意外事故，下落不明满二年。

因意外事故下落不明，经有关机关证明该自然人不可能生存的，申请宣告死亡不受二年时间的限制。

本条规定了宣告死亡的条件。

宣告死亡须具备以下三个条件：

1. 经利害关系人申请

宣告自然人死亡，以有利害关系人申请为前提条件。没有利害关系人的申请，任何机关包括法院也不得依职权主动宣告某自然人死亡。利害关系人是指被申请人配偶、父母、子女、兄弟姐妹、祖父母、外祖父母、孙子女、外孙子女等近亲属，以及其他与被申请人有民事权利义务关系的人。

2. 被申请人下落不明满一定期间

只有被申请人下落不明满一定期间才可宣告其死亡。被申请人下落不明的期间分两种情形：(1)一般情况下下落不明满4年，因意外事故下落不明满2年；(2)因意外事故下落不明，经有关机关证明该自然人不可能生存的，不满2年也可申请宣告该自然人死亡。

3. 由人民法院宣告

宣告自然人死亡，是人民法院的职权，其他任何机关都不具有宣告自然人死亡的职权。人民法院受理宣告被申请人死亡的申请后，先发出公告。公告期间为1年，因意外事故下落不明，经有关机关证明不可能生存的，公告期间为3个月。公告期间届满，人民法院即可根据事实情况作出宣告被申请人死亡的判决。

（三）利害关系人的申请顺序

第四十七条 对同一自然人，有的利害关系人申请宣告死亡，有的利害关系人申请宣告失踪，符合本法规定的宣告死亡条件的，人民法院应当宣告死亡。

本条规定了利害关系人在申请宣告死亡事项上有平等地位。

关于利害关系人在申请被申请人宣告死亡上是否有顺序限制，在两种不同的观点。有顺序说主张，利害关系人提出申请是有顺序的；无顺序说认为，利害关系人提出申请是没有顺序的。实务上法院曾采取顺序说，前一顺序申请人申请宣告失踪而不同意宣告死亡的，不能宣告死亡而只能宣告失踪；同一顺序申请人有的申请宣告死亡，有的不同意宣告死亡的，则应当宣告死亡。①《民法典》采取无顺序说的观点。利害关系人在申请被申请人宣告死亡上具有同等的地位，并无先后顺序之分，也没有享有优先申请权的人。申请宣告死亡也不以利害关系人的共同申请为条件。是否宣告某自然人死亡决定于是否符合法律规定的宣告死亡的条件，而不决定于利害关系人都同意申请宣告死亡。因此，即使利害关系人在申请宣告死亡上意见不同，有的同意宣告失踪，有的同意宣告死亡，只要符合宣告死亡的条件，法院就应当宣告死亡。

（四）被宣告死亡人的死亡日期

第四十八条 被宣告死亡的人，人民法院宣告死亡的判决作出之日视为其死亡的日期；因意外事件下落不明宣告死亡的，意外事件发生之日视为其死亡的日期。

本条规定了被宣告死亡人的死亡时间。

自然人被宣告死亡并非其真正死亡，只是视为该自然人死亡。"视为"是一种法律上的推定，因此，除有相反的事实证明以外，被宣告死亡人的死亡时间以法院宣告死亡的判决作出之日为准；因意外事件下落不明宣告死亡的，则以意外事件发生之日为准。

---

① 最高人民法院关于贯彻执行《中华人民共和国民法通则》若干问题的意见（试行）第25条规定，申请宣告死亡的利害关系人的顺序是：（一）配偶；（二）父母、子女；（三）兄弟姐妹、祖父母、外祖父母、孙子女、外孙子女；（四）其他有民事权利义务关系的人。申请撤销死亡宣告不受上述顺序限制。

（五）被宣告死亡人在被宣告死亡期间实施民事法律行为的效力

第四十九条 自然人被宣告死亡但是并未死亡的，不影响该自然人在被宣告死亡期间实施的民事法律行为的效力。

本条规定了被宣告死亡人在被宣告死亡期间实施的民事法律行为的效力。

通说认为，宣告死亡发生与自然死亡相同的法律后果。被宣告死亡人所参与的人身关系、财产关系全部终止，财产关系会发生继承。但宣告死亡与自然死亡的后果有所不同。宣告死亡的日期与自然死亡的日期未必一致，宣告死亡的日期可能会早于自然死亡的日期，也就是说，被宣告死亡的自然人在宣告死亡之日可能并未死亡。该自然人虽被宣告死亡但并未死亡，客观上仍为民事主体，这是不可否认的事实。被宣告死亡的人在被宣告死亡期间所实施的民事法律行为的效力与其是否受死亡宣告无关。如果其是具有完全民事行为能力人，在被宣告死亡期间实施的民事法律行为就有效。

（六）死亡宣告的撤销

1. 死亡宣告撤销的条件

第五十条 被宣告死亡的人重新出现，经本人或者利害关系人申请，人民法院应当撤销死亡宣告。

本条规定了死亡宣告撤销的条件。

宣告死亡因为是推定死亡，有相反的事实是可以推翻的。因此，一旦被宣告死亡的人出现，经本人或者利害关系人申请，法院就应撤销死亡宣告。

2. 死亡宣告被撤销对婚姻关系的影响

第五十一条 被宣告死亡的人的婚姻关系,自死亡宣告之日起消除。死亡宣告被撤销的,婚姻关系自撤销死亡宣告之日起自行恢复。但是,其配偶再婚或者向婚姻登记机关书面声明不愿意恢复的除外。

本条规定了死亡宣告和撤销死亡宣告对婚姻关系的影响。

被宣告死亡的人的婚姻关系因宣告死亡而自行消除,死亡宣告被撤销的,婚姻关系也自行恢复。但是,因被宣告死亡后婚姻关系已消除,其配偶完全有再婚的可能和决定是否再婚的自由。因此,若其配偶在其被宣告死亡期间再婚,无论死亡宣告被撤销时,其配偶是否为单身,两方之间都不能自行恢复婚姻关系;其配偶虽未再婚但向登记机关声明不愿意恢复婚姻关系的,也不能自行恢复婚姻关系。自然人在被宣告死亡期间,其配偶再婚过的,撤销死亡宣告后双方要恢复婚姻关系的,应办理婚姻登记手续;死亡宣告撤销后,其配偶未向婚姻登记机关声明不愿意恢复婚姻关系的,应办理离婚手续。

一个人被宣告死亡,其实际并没有死亡,若其在宣告死亡期间又与他人结婚的是否构成重婚?其是否有扶养义务?对此应决定于在被宣告死亡上被宣告死亡人是否有恶意。如果一个人恶意地制造假象,致使被宣告死亡,其在被宣告死亡期间与他人结婚的,应构成重婚;其以此逃避履行扶养义务的,构成扶养义务的违反,应承担相应的民事责任。

3. 死亡宣告被撤销对亲子关系的影响

第五十二条 被宣告死亡的人在被宣告死亡期间,其子女被他人依法收养的，在死亡宣告被撤销后，不得以未经本人同意为由主张收养行为无效。

本条规定了撤销死亡宣告对亲子关系的影响。

被宣告死亡的人自被宣告死亡之时起，其与未成年子女间的亲子关系消灭，在死亡宣告被撤销后，其与子女间的亲子关系恢复；其子女在其被宣告死亡期间被收养的，收养关系在死亡宣告撤销后仍然有效，双方间不能自动恢复亲子关系。

4. 死亡宣告被撤销对财产关系的影响

第五十三条 被撤销死亡宣告的人有权请求依照本法第六编取得其财产的民事主体返还财产；无法返还的，应当给予适当补偿。利害关系人隐瞒真实情况，致使他人被宣告死亡而取得其财产的，除应当返还财产外，还应当对由此造成的损失承担赔偿责任。

本条规定了死亡宣告被撤销后对财产关系的影响。

自然人被宣告死亡的，在财产关系上发生与自然死亡相同的后果，其财产依照继承法处理。在死亡宣告被撤销后，被撤销死亡宣告的人有权要求依照继承法取得其财产的民事主体返还财产，因为其并未死亡仍可为财产关系的主体。依照继承法取得其财产的人，应当返还。但是如果该财产已被处分，无法返还的，依继承法取得财产的人也不负其他责任，因为其取得财产是有法律根据的，不构成不当得利或侵权。但是，因为撤销死亡宣告的人若得不到返还财产，其生活就会陷入困境，因此，无法返还财产的财产取得人应给予要求返还的人以适当补偿。补偿何为适当？应考虑两个方面：一是取得财产的人的生活状况；二是撤销死亡宣告的人的生活需要。但是利害关系人隐瞒真实情况致使他人被宣告死亡的,因其在取得被宣告死亡人的财产上有恶意,实际上是以宣告他人死亡为谋取他人财产的手段,其行为构成对被宣告死亡人财产的侵害。因此,被宣告死亡的人在死亡宣告被撤销后有权要求侵害人赔偿因其被宣告死亡而造成的财产损害。

第四节　个体工商户和农村承包经营户

一、个体工商户的概念和特征

第五十四条　自然人从事工商业经营，经依法登记，为个体工商户。个体工商户可以起字号。

本条规定了个体工商户。

个体工商户是自然人从事工商业经营活动的一种个体经济形态。个体工商户有以下特征：

其一，个体工商户以从事工商业经营活动为目的。成立个体工商户是为了从事工商业经营活动，从事其他经营活动的，不能成为个体工商户。

其二，个体经营户经依法登记成立。个体工商户须经办理工商登记，领取营业执照，方能成立。未经工商登记的，不能取得个体工商户的经营资格。

其三，个体工商户是以户的名义从事经营活动的。个体工商户可以是自然人个人经营的，也可以是家庭经营的。但无论是一个人经营，还是几个人经营，个体工商户是以"户"的名义从事经营活动的。这里的"户"并非户籍登记上的户，而是工商登记上的户。个体工商户可以起字号，并对其字号享有名称权。实际上，个体工商户已经不是以自然人的名义从事民事活动，而是作为非法人组织而存在于民事领域。

二、农村承包经营户的概念和特征

第五十五条 农村集体经济组织的成员,依法取得农村土地承包经营权,从事家庭承包经营的,为农村承包经营户。

本条规定了农村承包经营户。

农村承包经营户,是指取得农村土地承包经营权从事家庭承包经营的农村集体经济组织的成员。农村承包经营户有以下特征:

其一,农村承包经营户是农村集体经济组织的一个经营层次。农村承包经营户是农村改革的产物。在人民公社解体后,农村集体经济组织实行土地承包经营,从而产生了农村承包经营户。

其二,农村承包经营户以依法取得的农村土地承包经营权为存在的财产基础。没有依法取得土地承包经营权的,没有从事农业生产经营的物质基础,也就不会成为农村承包经营户。

其三,农村承包经营户以从事农业生产经营活动为营业。农村承包经营户应从事农业生产经营活动,若不从事农业生产经营活动,而仅是为满足自给自足的需要生产农产品的,不为农村承包经营户。

其四,农村承包经营户是以户的名义从事生产经营的农村集体经济组织的成员。农村承包经营户可以是一个人,也可以是一个家庭,但其是以户为单位从事生产经营活动的。这里的户,是依法取得农村土地承包经营权的户。因此,农村承包经营户不同于自然人个体,实际上在民事活动中是作为非法人组织存在的。农村承包经营户因是农村集体经济组织的成员,因此不仅可利用取得的土地承包经营权从事生产经营活动，也有权合理地利用其他的集体资源。

三、个体工商户、农村承包经营户的债务承担

第五十六条 个体工商户的债务，个人经营的，以个人财产承担；家庭经营的，以家庭财产承担；无法区分的，以家庭财产承担。

农村承包经营户的债务，以从事农村土地承包经营的农户财产承担；事实上由农户部分成员经营的，以该部分成员的财产承担。

本条规定了个体户和农村承包经营户的债务承担。

个体工商户和农村承包经营户的债务是以从事经营活动的人的财产承担责任的。

就个体工商户来说，若登记的工商户的户主是个人经营的，以户主的个人财产承担债务；如果实际上是以家庭财产经营的，则以家庭财产承担。是否是以家庭财产经营的，应从投资的来源和收益的动向看：以家庭财产投资的，收益主要用于家庭成员共同享用的，当然为以家庭财产经营，以家庭财产承担个体工商户的债务。如果无法区分个体工商户的投资是否为家庭财产，无法区分个体工商户的收益是否用于家庭成员享用，就推定为家庭经营，以家庭财产承担个体工商户的债务。

就农村承包经营户来说，因其债务是在从事土地承包经营中产生的，该债务也就应以从事农村土地承包经营的农户财产承担；如果农户中有的成员并不从事土地承包经营，其自然也不能对由此产生的债务承担清偿责任，那就由从事农村土地承包经营的成员的财产清偿农村承包经营户的债务。

第三章 法人

第一节 一般规定

一、法人的概念

第五十七条 法人是具有民事权利能力和民事行为能力,依法独立享有民事权利和承担民事义务的组织。

本条规定了法人的定义。

民事主体包括自然人、法人以及非法人组织。法人是具有民事权利能力和民事行为能力,依法独立享有民事权利和承担民事义务的组织。法人既不同于自然人也不同于非法人组织,以其本质特性区别于自然人及非法人组织。

法人与自然人相比,二者的本质区别在于:法人是一种社会组织。尽管对于法人的实质理论上有过不同的学说,如法人拟制说、法人否认说、法人实在说,这些学说也都有一定的合理性,是特定时代的产物,但法人实在说可以说现已成为通说。法人作为社会组织,具有团体性。法人作为组织既有人的集合,也有财产的集合,但不论是人的集合还是财产的集合,均不是一种联合或组合,而是形成一个团体,这一团体独立于个人。随着社会的发展，一个人也可以成立一个组织，构成一个不同于个人、不以个人名义进行活动的团体。例如，一人公司、个体工商户。

但社会组织并非都为法人，依我国法的规定，有团体性的社会组织还有非法人组织。法人与非法人组织的区别在于法人具有独立的人格，而非法人组织仅具有相对独立的人格性。因此，独立的人格性也就是法人的根本特征。法人依法独立享有民事权利和承担民事义务，这是法人区别于不能独立承担民事责任的非法人组织的根本特性。

二、法人的成立条件

第五十八条　法人应当依法成立。

法人应当有自己的名称、组织机构、住所、财产或者经费。法人成立的具体条件和程序，依照法律、行政法规的规定。

设立法人，法律、行政法规规定须经有关机关批准的，依照其规定。

本条规定了法人的成立条件。

法人的成立是指法人主体资格的取得。法人的成立首先应依法成立。所谓依法成立，是指依照法律规定的条件和程序成立。这里的法律包括行政法规。因此，依法成立，是指法人成立的具体条件和程序，依照法律、行政法规的规定。

法人应有自己的名称、组织机构、住所、财产或者经费。法人的名称是其区别和独立于他法人的标志，法人的组织机构、住所是法人具有独立人格的组织保障，法人的财产或者经费是法人独立性的物质基础和基本条件。法人的财产或者经费包括设立人的出资是完全独立的，完全由法人自主支配，它与设立人、股东的财产、国库财产完全分开。即使是社团法人，出资人在出资后也只是享有出资人的权益，而不是也不能对出资为法人的财产行使所有人的权利。名称、组织机构、住所、财产或者经费，是任何法人都必须具有的条件。

法人的成立须经设立与法人资格取得两阶段。法人的设立是指作为法人的社会组织的建立。不同的法人有不同的设立规定，主要有：（1）特许主义，即其设立须经国家的特别许可。如银行的设立；（2）行政许可主义，即其设立须经行政机关许可，如高等学校等公益法人、社会团体法人；（3）强制主义，指对法人的设立采强制政策，必须设立，如工会即必须设立；（4）准则主义，即由法律规定设立条件，只要符合条件不必经行政许可即可设立。法人的设立，依据法律、行政法规须经有关机关批准的，依照其规定，经批准后方可设立。除法律有特别规定外，法人的设立采准则主义。

法人设立后，依法需要办理法人登记的，经办理法人登记，领取法人执照后，法人方为成立。

三、法人的民事权利能力和民事行为能力

第五十九条 法人的民事权利能力和民事行为能力，从法人成立时产生，到法人终止时消灭。

本条规定了法人的民事权利能力和民事行为能力。

（一）法人的民事权利能力

法人的民事权利能力是法人能够以自己的名义享受民事权

利和负担民事义务的资格。与自然人的民事权利能力相比，法人的民事权利能力有以下特点：(1) 法人的民事权利能力始于法人成立，终于法人消灭；(2) 法人的民事权利能力受自然属性限制，法人不能享有自然人基于自然属性享有的权利；同样，某些法人专属的权利，自然人也不能享有；(3) 法人的民事权利能力受目的范围的限制。对于法人的民事权利能力和民事行为能力，通说认为要受法人目的范围的限制。但对于法人活动受目的范围限制的效力，有不同的观点。一种观点为权利能力限制说。该说认为法人的民事权利能力受法人目的范围的限制；第二种观点为行为能力限制说，该说认为法人的权利能力仅受法人的性质、法律、法规的限制，法人的目的范围属于对法人行为能力的限制；第三种观点为代表权限制说，该说认为法人的目的不过是划定法人机关对外代表权的范围，不是对法人权利能力或行为能力的限制；第四种观点为内部责任说，该说认为法人的目的不过是决定法人机关在法人内部的责任。对此，首先应明确何为法人的目的范围。对此有两种理解。一种是将法人的目的范围理解为企业法人的经营范围。若将法人的目的范围理解为企业法人的经营范围，如果采取权利能力限制说，法人超出经营范围即法人代表的越权行为即全属无效，这显然不利于保护交易的安全；而采取内部责任说，法人的越权行为即属全部有效，这显然对法人不利。比较而言，采取行为能力限制说和代表权限制说，超出经营范围的行为仍可有效，而依行为能力限制说，法人的权力机关变更而扩大经营范围则可有效。另一种理解是将法人的目的范围归入设立目的，是指由法人性质决定的法人目的。就此意义而言，法人的民事权利能力应受法人的目的限制。法人的经营范围不等于法人的目的范围。如机关法人的设立目的与企业法人的设立目的是完全不同的,其民事权利能力受其设立目的的限制。

(二)法人的民事行为能力

对于法人的民事行为能力,依对法人本质的认识不同而不同。采法人拟制说,不承认法人有民事行为能力,该说认为法人的行为由法人机关实施的,属于代理,法人机关相当于法定代理人;而采法人实在说,则承认法人也有自己的意思能力,法人具有民事行为能力。

法人民事行为能力的特点在于:(1)与民事权利能力同时产生、同时终止;(2)民事行为能力的范围具有专门性。法人的民事行为能力受法人的业务范围或经营范围的限制。营利法人、非营利法人和特别法人这三类法人的民事行为能力并不完全相同。例如,非营利法人不具有实施以营利为目的民事法律行为的能力;(3)法人的民事行为能力是由法人机关来实现的。法人都是有完全民事行为能力的,不存在受年龄、智力的限制问题,但法人并非是有生命的有机体,因此法人的意思能力只能是通过一定的形式由自然人的意思来形成和表现出来的。法人的民事行为能力是由法人机关来实现的,也可以说最终是由自然人来实现的。

四、法人民事责任的独立性

第六十条 法人以其全部财产独立承担民事责任。

本条规定了法人民事责任的独立性。

法人民事责任的独立性，即指法人以自己的名义、自己的财产，独立为自己的债务承担责任。对法人的债务不能由他人承担财产责任，法人也不为他人债务承担财产责任。法人与设立人、股东的责任既无连带性，也无补充性。法人民事责任的独立是法人具有独立人格的根本特征。

法人独立承担民事责任表明法人具有民事责任能力。法人的民事责任能力与法人的意思能力相一致。法人的意思能力不同于自然人个人的意思能力，是法人通过一定的组织程序、一定的机构形成的。因此，只要属于法人的行为，法人就具有承担该行为后果的责任能力。

法人具有民事责任能力，应为法人自己的行为承担民事责任。在法人承担民事责任上，应注意以下四点：(1)法人是以自己的全部财产为自己的全部债务承担责任的。从这一意义上说，法人承担的也是无限责任，因为法人的全部财产都为责任财产。但有时常说，法人的责任为有限责任。这种说法不太准确。所谓有限责任，是从股东的角度上说的，即股东仅以其出资为限对法人的债务承担责任，而法人以其全部财产承担责任。(2)法人的责任是与法人的独立财产相联系的。法人仅以其自己的独立的财产承担责任，因此，如其财产不足以承担责任的，他人也不为其负责。于此情况下，只能发生法人的破产。法人的独立财产是以承担责任时的实有财产为准，而不是以注册财产为准。因为法人在经营过程中其财产必然处于变动之中。(3)法人的责任是对法人行为的责任。法人仅对自己的行为承担责任，对于非属于法人的个人行为，法人不承担责任。(4)法人独立责任是以法人的独立人格为前提的。法人的独立责任是法人人格独立的表现，也只有在法人有独立人格时,法人才有独立的责任。如果法人的独立人格受到影响,其责任的独立性也要受影响。法人责任的独立性是以财产的独立性为条件,也是以法人组织机构的独立和法人的独立意思为基础的,如果法人的意思不独立、不自由,则难以适用独立责任的规定。

五、法人的法定代表人

第六十一条 依照法律规定或者法人章程的规定,代表法人从事民事活动的负责人,为法人的法定代表人。

法定代表人以法人名义从事的民事活动,其法律后果由法人承受。

法人章程或者法人权力机构对法定代表人代表权的限制,不得对抗善意相对人。

本条规定了法人的法定代表人。

法人的法定代表人是对内管理法人事务、对外代表法人从事民事活动的法人必备机构。法定代表人可以是法律直接规定的,也可以是由法人章程规定的。法定代表人为自然人,但法定代表人不能自称为"法人"。

法人的法定代表人是实现其民事行为能力的机关。法人的法定代表人与法人之间的关系不是代理关系,而是代表关系。法定代表人以法人名义从事的民事活动,就是法人的活动,其后果当然由法人承受。但因为法定代表人也是一个自然人,因此,其只有以法人法定代表人的身份以法人名义从事的民事活动,才为法人的活动;若其不是以法人法定代表人身份非以法人名义而以自然人的其他身份从事民事活动的，该民事活动的后果不由法人承受，而由其自己个人承受。

法人的章程或者法人的权力机构可以对法定代表人的代表权予以限制，这是法人内部治理问题。但是，这种限制不得对抗善意第三人。也就是说，法定代表人以法人名义与第三人实施的超越其权限的行为，只要第三人为善意的，该行为后果对法人仍有效。这是维护交易安全和保护善意相对人利益的需要。

六、法定代表人职务侵权的民事责任

第六十二条 法定代表人因执行职务造成他人损害的，由法人承担民事责任。

法人承担民事责任后，依照法律或者法人章程的规定，可以向有过错的法定代表人追偿。

本条规定了法定代表人职务侵权的民事责任。

法人的法定代表人执行职务的行为也就是法人的行为，法人具有民事责任能力也就具有为不法行为承担责任的能力。法定代表人执行职务行为侵权的，也就是法人的侵权，法人也就应承担民事责任。

因为法定代表人在执行职务中也负有依法行使职权的责任，负有避免侵害他人合法权益的注意义务，因此，法定代表人执行职务侵害他人权益，如果有过错，法人承担民事责任后，可以依照法律或者法人章程的规定向其追偿。

七、法人的住所

第六十三条 法人以其主要办事机构所在地为住所。依法需要办理法人登记的,应当将主要办事机构所在地登记为住所。

本条规定了法人的住所。

法人的住所,是法人参与的民事法律关系的中心发生地,是法人所在地。有住所,是法人成立的条件。法人的住所不同于法人的场所,法人的场所是其活动的地点。而法人的住所是法人享有民事权利和负担民事义务的地点。法人以其主要办事机构所在地为住所。住所是法人登记的必要事项。因此,凡依法需办理法人登记的,应将主要办事机构所在地登记为法人的住所。

八、法人的登记

(一)登记事项的变更

第六十四条 法人存续期间登记事项发生变化的,应当依法向登记机关申请变更登记。

本条规定了登记事项的变更。

法人登记,是指依法将与法人主体资格相关的事项记载于登记机构的登记簿上。依法需办理法人登记的法人,办理法人登记是其取得法人资格的必要条件和程序。在法人成立后至终止时的存续期间内,法人的业务活动范围、活动宗旨、住所、法定代表人等法人登记必要的登记事项会发生的变化。法人在相关事项变更后,应当依法向登记机构申请变更登记。

（二）登记的效力

第六十五条　法人的实际情况与登记的事项不一致的，不得对抗善意第三人。

本条规定了登记的公示公信效力。

法人登记具有公示效力，法人的相关事项是通过登记告知于世，以使他人知道的。法人登记具有公信效力，即登记公示的情况推定为真实情况，因相信登记的法人情况与法人实施交易的第三人，受法律保护。因此，法人的实际情况与登记事项不一致的，不能对抗善意第三人。例如，法人的法定代表人由甲变更为乙，但法人登记中的法定代表人仍为甲，丙不知也不应知该法人法定代表人已经变更，而相信法人登记中记载的甲为法定代表人，丙与甲以该法人名义实施民事法律行为的，该法人应承受甲以其名义实施的民事法律行为的后果。

（三）登记机关的公示义务

第六十六条：登记机关应当依法及时公示法人登记的有关信息。

本条规定了登记机关公示法人登记信息的义务。

因为需登记的法人的相关信息是通过登记公示的，法人登记具有公示、公信效力。为使社会公众了解登记的法人的情况，登记机关应当及时公示法人登记的有关信息。所谓及时，是指在法人成立、变更、终止时及时公示法人设立、变更、终止的相关信息。

九、法人的合并、分立

第六十七条 法人合并的,其权利和义务由合并后的法人享有和承担。

法人分立的,其权利义务由分立后的法人享有连带债权,承担连带债务,但是债权人和债务人另有约定的除外。

本条规定了法人合并、分立后的权利义务承受。

法人的合并、分立是法人存续期间组织体的变更。

法人的合并是指两个以上的法人合为一个新法人,分为创设合并与吸收合并。创设合并是指两个以上的法人并为一个新法人,原各法人资格消灭;吸收合并,是指一个法人吸收其他法人,其法人资格保留,被吸收的法人的资格消灭。法人合并后,原各法人的权利义务都由合并后的法人承受。

法人的分立,是指由一个法人分为两个以上的法人,分为派生分立与新设分立。派生分立是指原法人资格不消灭,只是从其分出新的法人;新设分立是指由一个法人分出两个以上的新法人,原法人资格消灭。法人分立时,必对其财产进行分割,并与债权人、债务人就其债权、债务的享有和承担做出安排。债权人和债务人就法人分立后的债权、债务承受有约定的,应依其约定;没有约定的,分立后的法人享有连带债权,承担连带债务。

十、法人的终止

第六十八条 有下列原因之一并依法完成清算、注销登记的,法人终止:(一)法人解散;(二)法人被宣告破产;(三)法律规定的其他原因。

法人终止，法律、行政法规规定须经有关机关批准的，依照其规定。

本条规定了法人的终止。

法人终止又称法人消灭，是指法人民事权利能力和民事行为能力的终止，其民事主体资格不再存在。在发生法定的原因并依法完成清算，注销登记后，法人才终止。依照法人终止的原因，法人的终止有以下三种情形：

（一）法人因解散而终止

1. 法人解散的事由

第六十九条　有下列情形之一的，法人解散：（一）法人章程规定的存续期间届满或者法人章程规定的其他解散事由出现；（二）法人的权力机构决议解散；（三）因法人合并或者分立需要解散；（四）法人依法被吊销营业执照、登记证书，被责令关闭或者被撤销；（五）法律规定的其他情形。

本条规定了法人解散的事由。

法人解散也就是法人组织体解体，这是法人终止的主要原因。法人的解散必有一定的事由或者原因。依其发生事由，法人解散可分为自愿解散和强制解散。法人因章程规定的存续期间届满或者章程规定的其他解散事由出现、因权力机构决议、因合并或者分立这三种情形解散的，属于自愿解散。法人因依法被吊销营业执照、登记证书，被责令关闭或者被撤销以及法律规定的其他情形解散的，属于强制解散。法律规定的其他情形，是指前四种情形以外的情形。例如，依《公司法》第183条规定，公司经营管理发生严重困难,继续存续会使股东利益受到重大损失,通过其他途径不能解决的,持有公司全部股东表决权10%以上的股东可以请求人民法院解散公司。人民法院根据股东的请求依据《公司法》第183条规定裁决公司予以解散,该公司即解散。

2. 法人解散的清算义务人

第七十条 法人解散的,除合并或者分立的情形外,清算义务人应当及时组织清算组进行清算。

法人的董事、理事等执行机构或者决策机构的成员为清算义务人。法律、行政法规另有规定的,依照其规定。

清算义务人未及时履行清算义务,造成损害的,应当承担民事责任;主管机关或者利害关系人可以申请人民法院指定有关人员组成清算组进行清算。

本条规定了法人解散时的清算义务人。

法人解散的直接后果是由清算义务人组织清算组进行清算。除法律、行政法规另有规定外,法人的董事、理事等执行或者决策机构的成员为清算义务人。清算义务人组织清算组进行清算是其法定义务。清算义务人不及时履行组织清算的义务,造成损害的,应当承担民事责任;主管机关或者利害关系人可以申请人民法院指定有关人员组成清算组进行清算。

3. 清算组的职责

第七十一条 法人的清算程序和清算组职权,依照有关法律的规定;没有规定的,参照适用公司法律的有关规定。

本条规定了清算组的职责。

清算组是负责对法人清算的组织,又称清算人,清算组职责就是了结法人终止前已着手而未完成的事务。清算组应负责清理法人的财产，编制资产负债表，清理债权债务，包括清缴所欠税款。清算组以其名义参与有关法人事务纠纷的诉讼。清算人应依法认真履行其职责。《关于适用〈中华人民共和国公司法〉若干问题的规定》（二）第 23 条规定：清算组成员从事清算事务时，违反法律、行政法规或者公司章程给公司或者债权人造成损失的，公司或者债权人主张其承担赔偿责任的，人民法院应依法予以支持。

4. 清算中法人的地位、清算后财产的处置，以及法人终止的时间

第七十二条　清算期间法人存续，但是不得从事与清算无关的活动。法人清算后的剩余财产，根据法人章程的规定或者法人权力机构的决议处理。法律另有规定的，依照其规定。

清算结束并完成法人注销登记时，法人终止；依法不需要办理法人登记的，清算结束时，法人终止。

本条规定了清算期间法人的地位、清算后法人财产的处置以及法人终止的时间。

法人在清算期间的主体性质如何？理论上有不同的学说，主要有清算法人说、同一人格说、拟制存续说和同一人格兼拟制说。民法典采取同一人格说。依此说，在清算期间法人的主体资格仍然存在，清算中的法人与清算前的法人有同一的主体资格，只是其可从事的活动受到一定的限制，即不得从事与清算无关的活动。

清算组在清算结束后，应向有关机关或者人员报告清算情况，并移交财产。法人清算后的剩余财产，除法律另有规定外，根据法人章程的规定或者法人权力机构的决议处理。

对于需要办理法人登记的法人，法人终止应办理注销登记并

公告；清算人应当负责在清算结束后申请办理注销登记，法人资格自办理注销登记之日起消灭；清算结束但未完成法人注销登记的，法人未终止。依法不需办理法人登记的，清算结束时，法人终止。

法人未经清算不能终止。依《公司法》第20条规定：公司解散应当依法清算完毕后，申请办理注销登记。公司未经清算即办理注销登记，导致公司无法进行清算，债权人主张有限责任公司股东、股份有限公司的董事和控股股东，以及公司的实际控制人对公司承担清偿责任的，人民法院应依法予以支持。公司未经依法清算即办理注销登记，股东或者第三人在公司登记机关办理注销登记时承诺对公司债务承担责任，债权人主张其对公司债务承担相应民事责任的，人民法院应依法予以支持。[1]

（二）法人因被宣告破产而终止

第七十三条　法人被宣告破产的，依法进行破产清算并完成法人注销登记时，法人终止。

本条规定了法人因被宣告破产而终止的程序。

法人在具备破产条件时，依法被宣告破产的，即进入破产程序。法入进入破产程序后根据情况会进入破产和解、破产重整或者破产清算。破产和解、破产重整的，法人不会终止。只有进入

---

[1] 最高人民法院审理的《广西北生集团有限责任公司与北海市威豪房地产开发公司广西壮族自治区畜产进出口北海公司土地使用权转让合同纠纷案》，判决中指出：法人被吊销营业执照后没有进行清算，也没有办理注销登记的，不属于法人终止，依法仍享有民事诉讼的权利能力和行为能力。此类法人与他人产生合同纠纷的，应当以自己的名义参加民事诉讼。其开办单位不是合同当事人，不具备诉讼主体资格。见《最高人民法院公报》2006年第9期。

破产清算程序的法人，才发生终止。被宣告破产的法人在进行破产清算后完成法人注销登记时，法人资格消灭。

（三）法人因法律规定的其他原因而终止

除解散和被依法宣告破产外，法人也可因法律规定的其他原因而终止。例如，机关法人可因撤销的决定而终止，基层组织法人可因基层组织的撤销而终止，法人合并、分立时也发生法人的终止。

十一、法人的分支机构

第七十四条 法人可以依法设立分支机构。法律、行政法规规定分支机构应当登记的，依照其规定。

分支机构以自己的名义从事民事活动，产生的民事责任由法人承担；也可以先以该分支机构管理的财产承担，不足以承担的，由法人承担。

该条规定了法人的分支机构。

法人的分支机构，是由法人根据其需要在法人总部以外设立的完成法人职能的业务活动机构。法人的分支机构具有以下特征：

第一，法人的分支机构是法人依照其意思设立的。是否设立分支机构是法人的权利，法人根据需要可以设立分支机构，也可以不设立分支机构。但是法律、行政法规规定分支机构应当登记的，法人设立的分支机构只有在依法登记后，才能以分支机构的名义从事民事活动。

第二，法人的分支机构从属于法人。法人的分支机构为法人的组成部分，只能为实现所属法人的职能并在法人规定的限度内从事民事活动，法人的分支机构的名称应表明其与所属法人的隶属关系。

第三，法人的分支机构有自己的名称、组织机构，有自己的活动场所，有可以支配使用的财产。法人的分支机构虽为法人的组织部分，但不同于法人的一般组织部分。它不仅须依法成立，也须有自己的名称、有自己的组织机构、活动场所，有自己可独立支配的财产。

第四，法人分支机构具有民事权利能力和民事行为能力，但无民事责任能力。法人分支机构可以以自己的名义从事民事活动，因而当然也就具有民事权利能力和民事行为能力。但法人的分支机构不具有独立承担民事责任的能力。法人分支机构在民事活动中产生的民事责任，最终是由法人来承担的。

从法人分支机构的特征可见，法人的分支机构已经是与法人有区别的独立民事主体，它实际上属于非法人组织。

十二、设立中的法人

第七十五条 设立人为设立法人从事的民事活动，其法律后果由法人承受；法人未设立的，其法律后果由设立人承受，设立人为二人以上的，享有连带债权，承担连带债务。

设立人为设立法人以自己的名义从事民事活动产生的民事责任，第三人有权选择请求法人或者设立人承担。

该条规定了法人设立人从事民事活动的后果。

设立人为设立法人通常是成立一个组织，为法人成立进行筹备工作。这一组织即为设立中的法人。该组织有自己的名称、组织机构，也有可支配使用的财产或经费。该组织的名称一般以要设立的法人名称为名称并注明为筹备，如设立的法人为某学校，为设立该学校成立的组织就称为某学校（筹）。设立中的法人为法人的成立可以自己的名义从事民事活动，因而也就具有相应的民事权利能力和民事行为能力。但设立中的法人不具有民事责任能力。设立中的法人从事民事活动所产生的民事法律后果，法人成立的，由成立后的法人承受；法人未成立的，由设立法人的设立人承受，设立人为多人的，各设立人之间发生连带关系，即享有连带债权，承担连带债务。从法律地位上说，设立中的法人并非法人，不具有法人的主体资格，但也不同于自然人，因此设立中的法人应属于非法人组织。

为设立法人，设立人也可以自己的名义从事民事活动。设立人以自己名义从事民事活动的，其行为后果当然应由自己承受。但设立人从事民事活动的目的是设立法人，因此，一旦法人成立，设立人应将为设立法人从事的民事活动的后果移交给法人。因第三人是与设立人进行交易的，而交易的后果又由法人承受，因此第三人既可以向设立人主张权利，也可以向法人主张权利。正因为如此，设立人为设立法人以自己的名义从事民事活动产生的民事责任，第三人有权请求法人或者设立人承担。

第二节 营利法人

一、营利法人的概念及类别

第七十六条 以取得利润并分配给股东等出资人为目的成立的法人,为营利法人。

营利法人包括有限责任公司、股份有限公司和其他企业法人等。

本条规定了营利法人的概念和类别。

营利法人是指以营利为目的且将所得利润分配给其成员的法人。在传统民法中,法人的分类多以法人的结构为出发点,依照法人是否有成员为标准将法人分为社团法人与财团法人。社团法人有成员即社员,而财团法人没有成员。社团法人又以其成立的目的分为营利法人、公益法人和中间法人,营利法人与公益法人相对应。《民法典》对于法人未采用传统的社团法人与财团法人的分类,而直接对法人进行了营利法人与非营利法人的分类。

营利法人就是以营利为目的设立的法人。是否以营利且将所得利润分配给成员为设立目的,是营利法人区别于其他法人的目的性上的根本特征。营利法人既以营利为目的,就须进行商品生产经营活动,须有自己的营业,且其营业应具有连续性,从而也就具有从事营利性民事活动的民事权利能力和民事行为能力。

营利法人为商法上的典型商法人，也就是我国民法上以往所说的企业法人，包括有限责任公司、股份有限公司和其他企业法人等。有限责任公司由50个以下股东出资设立，有限责任公司的股东以其认缴的出资额为限对公司承担责任，公司以其全部资产对公司的债务承担责任。股份有限公司的股东以其认购的股份为限对公司承担责任，公司以其全部财产对公司的债务承担责任。股份有限公司的设立应有2人以上200人以下为发起人，其中半数以上发起人在中国境内有住所，可以采取发起设立或者募集设立的方式。发起设立，是指由发起人认购公司应发行的全部股份而设立公司；募集设立，是指由发起人认购公司应发行股份的一部分，其余股份向社会公开募集或者向特定对象募集而设立公司。其他企业法人，则是指不以公司形态存在的企业法人。

二、营利法人的登记

（一）登记为营利法人成立的必经程序

第七十七条　营利法人经依法登记成立。

本条规定了营利法人成立程序上的特殊性。

营利法人与其他法人一样须经设立才能成立，但营利法人的设立不等于成立。营利法人不论以何种的企业形态设立，都须经依法登记方可成立。依法办理工商登记，这是营利法人成立的法定必经程序，也是营利法人在成立条件上与其他法人的区别。

（二）登记为取得法人营业执照的条件

第七十八条　依法设立的营利法人，由登记机关发给营利法人营

业执照。营业执照签发日期为营利法人的成立日期。

本条规定了登记为营利法人的取得法人营业执照的条件。

营利法人进行经营活动须有法人营业执照。法人营业执照是营利法人的有效法律文件,由登记机关签发。营利法人的登记机关为工商行政管理部门。营利法人经办理工商登记,领取法人营业执照,才为正式成立。营利法人一经办理法人登记,也就取得法人主体资格,登记的相关事项具有公示公信效力。所以营业执照的签发日期为营利法人的成立日期,也只有从此日起,营利法人才能以法人的名义从事民事活动。

三、营利法人的章程

第七十九条 设立营利法人应当依法制定法人章程。

本条规定具有制定的法人章程为设立营利法人的条件。

营利法人的章程是营利法人自治性质的根本规则,对法人的所有成员包括股东、董事、监事、经理都具有约束力,其效力及于法人成立后法人的整个存续期间。营利法人的章程内容包括绝对必要记载事项和任意记载事项。绝对必要记载事项是法律规定的法人章程必须记载的事项,章程中欠缺必要的记载事项会导致章程的无效。例如,现行《公司法》第25条规定,有限责任公司章程应当载明下列事项:(1)公司名称和住所;(2)公司经营范围;(3)公司注册资本;(4)股东的姓名或者名称;(5)股东的出资方式、出资数额和出资时间;(6)公司的机构及其产生办法、职权、议事规则;(7)公司的法定代表人;(8)股东会会议认为需要规定的其他事项。营利法人的章程是法人登记的事项,具有公开性，章程中记载的内容可以并且应当为公众知悉。营利法人的章程是营利法人必须具备的法定文件，因此，不制定法人章程也就不能设立营利法人。

四、营利法人的治理结构

法人治理机构是法人的组成部分，是形成、表示和实现法人意志的机构，包括权力机构、执行机构和监督机构。不同类型的法人因其需要可有不同的法人的机关，营利法人是须具有完备的法人机关的法人。

（一）营利法人的权力机构

第八十条 营利法人应当设权力机构。

权力机构行使修改法人章程、选举或者更换执行机构、监督机构成员，以及法人章程规定的其他职权。

该条规定了营利法人的权力机构。

法人的权力机构是法人自己意思的形成机关，是决定法人重大事项的机关。营利法人都应设立权力机构，至于权力机构的形式则可有不同。例如，有限责任公司的权力机构为股东会，一人有限责任公司不设股东会，其权力机构就是股东。国有独资公司也不设股东会，权力机构为国有资产监督管理机构，也可授权董事会行使部分权力机构的职权。

营利法人权力机构的职权包括：（1）修改法人章程。法人章程是法人设立时由出资人制定的，是法人的设立根据，也是法人成立必备的法律文件。由于法人章程具有法律约束力，其修改的程序和权限是由法律规定的。修改法人章程是法人的权力机构的职权。权力机构修改章程须依法定程序进行。例如，依公司法规定，公司章程的修改须经股东会或者股东大会以特别决议的方式进行。(2)选举或者更换执行机构、监督机构的成员。法人的执行机构成员、监督机构的成员是受权力机构的委派，管理法人的相关事务的，其是否能够尽职尽责履行自己的职责，对法人有直接的影响，关系到权力机构成员的利益能否得到保障。因此，决定执行机构、监督机构成员任职，是权力机构的职权。(3)法人章程规定的其他职权。法人权力机构的职权包括法律直接规定的职权和法人章程规定的职权。例如，我国公司法规定有限责任公司股东会的职权包括：决定公司的经营方针和投资计划；选举和更换董事，决定有关董事的报酬事项；选举和更换由股东代表聘任的监事，决定有关监事的报酬事项；审议批准董事会的报告；审议批准监事会的报告；审议批准公司的年度财务预算方案、决算方案；审议批准公司的利润分配方案和弥补亏损方案；对公司增加或者减少注册资本做出决议；对发行公司债券做出决议；对股东向股东以外的人转让出资做出决议；对公司合并、分立、变更公司形式、解散和清算等事项做出决议；修改公司章程。除法定职权外，法人章程规定应由法人权力机构行使的权力，也为法人权力机构的职权，不能由其他机构行使之。

(二)营利法人的执行机构

第八十一条 营利法人应当设执行机构。

执行机构行使召集权力机构会议，决定法人的经营计划和投资方案，决定法人内部管理机构的设置，以及法人章程规定的其他职权。

执行机构为董事会或者执行董事的,董事长、执行董事或者经理按照法人章程的规定担任法定代表人;未设董事会或者执行董事的,法人章程规定的主要负责人为其执行机构和法定代表人。

本条规定了营利法人的执行机构。

法人的执行机构是执行法人的意志,执行法人权力机关决定的法人机关。营利法人应设执行机构,这是对营利法人组织机构的要求。

营利法人的执行机构的职权包括:(1)召集权力机构会议。执行机构是由权力机构决定的,应对权力机构负责,向权力机构报告工作。为使执行机构能够及时向权力机构报告执行工作、执行权力机构的决定,执行机构有权根据情况召集权力机构会议。(2)决定法人的经营计划和投资方案。营利法人的执行机构是法人的经营决策机构。执行机构应执行权力机构关于经营方针和投资计划的决议,根据权力机构的决议决定营利法人的具体经营计划和投资方案,并组织实施。(3)决定法人内部管理机构的设置。营利法人的执行机构负有管理法人内部事务的职责,有权决定法人内部的管理事务,包括制定相关的管理制度,决定内部管理机构的设置及人员的聘任、报酬等。(4)法人章程规定的其他职权。法人章程中可以对法人执行机构的职权做出规定。除法律规定的执行机构享有的职权外,凡法人章程中规定的执行机构享有的职权,皆由执行机构行使之。

营利法人的执行机构虽为必设机构,但其形式可有不同。公司的执行机构为董事会或执行董事;而不采公司组织形态的企业法人一般不设董事会或执行董事。但无论何种组织形态的营利法人，都须有法定代表人。以董事会或者执行董事为执行机构的，按照法人的章程由董事长、执行董事或者经理担任法定代表人；不以董事会、执行董事为执行机构的，法人章程规定的主要负责人为其执行机构和法定代表人。

（三）营利法人的监督机构

第八十二条 营利法人设监事会或者监事等监督机构的，监督机构依法行使检查法人财务，监督执行机构成员、高级管理人员执行法人职务的行为，以及法人章程规定的其他职权。

本条规定了营利法人的监督机构。

法人的监督机构是对法人的执行机构的行为进行监督检查，以保障权力机关形成的法人意志得以执行的机关。监督机构也为营利法人的必设机构。营利法人的监督机构的形式可根据具体情况决定，可以设立监事会，也可以不设监事会而设一至二人的监事。监督机构是由权力机构决定的，并向权力机构负责。

监督机构的职权包括：（1）检查法人的财务。（2）监督执行机构的成员、高级管理人员执行法人职务的行为。在其行为损害法人利益时，要求行为人予以纠正。（3）法人章程规定的其他职权。监督机构独立行使监督的职权，为保证监督的独立性、公正性，法律对监事的任职资格有特别要求。例如，我国公司法规定，公司的董事、经理及财务等高级管理人员，不得兼任监事。

五、出资人权利滥用的禁止

第八十三条 营利法人的出资人不得滥用出资人权利损害法人或者其他出资人的利益;滥用出资人权利造成法人或者其他出资人损失的,应当依法承担民事责任。

营利法人出资人不得滥用法人独立地位和出资人有限责任损害法人债权人的利益;滥用法人独立地位和出资人有限责任,逃避债务,严重损害法人债权人的利益的,应当对法人债务承担连带责任。

本条规定了禁止营利法人的出资人滥用权利。

营利法人的出资人既享有出资人的权利,也负有出资人的义务。出资人应依法行使其权利,而不得滥用权利。

营利法人出资人滥用权利表现之一,是滥用出资人权利损害法人或者其他出资人的利益。这在其他法律和规范性文件中都有规定。如《公司法》第 20 条规定,公司股东应当遵守法律、行政法规和公司章程,依法行使股东权利。例如,股东有查阅公司章程、股东会会议记录,以及财务会计报告等有关资料的权利。股东行使查阅权不能影响公司的正常经营活动,损害公司的利益,比如应在规定的时间、地点,并按照查阅目的查阅相关资料。股东不按要求行使查阅权,则会构成权利滥用。又如,《非上市公众公司收购管理办法》(2014 年中国证券监督管理委员会令第 102 号公布)第 7 条规定,被收购公司的控股股东或者实际控制人不得滥用股东权利损害被收购公司或者其他股东的合法权益。被收购公司的控股股东、实际控制人及其关联方有损害被收购公司及其他股东合法权益的，上述控股股东、实际控制人在被收购公司控制权之前，应当主动消除损害；未能消除损害的，应当就其出让相关股份所得收入用于消除全部损害做出安排，对不足以消除损害的部分应当提供充分有效的履约担保或安排，并提交被收购公司股东大会审议通过，被收购公司的控股股东、实际控制人及其关联方应当回避表决。出资人滥用出资人权利，损害法人利益或者其他出资人利益的，应当依法承担相应的民事责任。

营利法人出资人权利滥用的另一表现是滥用法人独立地位和出资人有限责任损害法人的债权人利益。出资人滥用法人独立地位和出资人有限责任损害债权人利益的，出资人应对法人债务承担连带责任。这也就是所谓的法人人格否认制度。

营利法人人格否认是指营利法人虽在设立时无瑕疵，但在特定情况下否认其法人人格。如在具体案件中，债权人如能证明作为被告的公司并没有保持一个独立的实体，而是被股东利用。此时，法院即可否认公司的独立人格，而判决由股东承担责任。法人人格否认，在具体关系中是由债权人负举证责任的。美国主要有两种理论：一是改变自我论，债权人应证明公司正被股东利用而没有保持一个独立实体；二是资本金不足。债权人应证明公司资本金不足，且公司设立时的资本根本无法承担合理预见的责任。营利法人人格否认是因为营利法人的出资人滥用法人独立人格，因此而不承认法人人格独立，而由股东承担责任。

我国《公司法》确认了公司人格否认制度。《公司法》第20条规定：公司股东"不得滥用公司法人独立地位和股东有限责任损害公司债权人的利益。公司股东滥用公司法人独立地位和股东有限责任,逃避债务,严重损害公司债权人利益的,应当对公司债务承担连带责任。"针对一人有限责任公司,《公司法》第64条还规定:"一人有限责任公司的股东不能证明公司财产独立于股东自己的财产的,应当对公司债务承担连带责任。"股东滥用法人人格的表现形式多样,主要有:(1)名不副实。如名为有限责任公司,实为个人独资公司,公司实际为一名股东出资并操控,公司的资产与个人财产不分;名为子公司或者独立的法人,实际上由母公司或者出资公司所掌控,无论是经营管理决策,还是经营管理人员,都由母公司决定,经营所得转入母公司或者出资公司,而债务留给子公司。(2)各公司表面上独立,实际上无论是财产利益还是盈余分配以及经营管理人员融为一体,即所谓的一班人马多块牌子。(3)公司财产与股东财产混同,股东得以借此非法转移财产,逃避债务。

适用法人人格否认,须具备主体、行为和结果上的一定条件:(1)主体上的要件,即原告只能是因出资人滥用法人人格而受到损害的法人的债权人,被告为法人和滥用法人独立地位的出资人;(2)行为上的要件,即营利法人的出资人客观上有滥用法人独立地位和出资人有限责任以逃避债务的行为,例如:一人设立数个公司引起的人格混同(一班人马,两块牌子);财产混同,法人的财产与出资人的个人财产不是完全独立的;母公司不正当的控制子公司等;(3)结果上的要件,即股东滥用公司法人独立地位和股东有限责任的行为严重损害了法人债权人的利益。所谓严重损害是指债权人无法通过法人获得债务清偿,主要应以法人有无偿债能力为判断标准。如果法人仍可以其财产偿还债务,则没有否认法人的独立人格的必要。

法人的人格否认，是在个案中的制度，因此，尽管有的认为法院可依职权行使，但一般认为法院不能依职权主动为之。因为人格否认的目的，是让滥用权利的出资人与法人负连带责任，以保护法人债权人的利益，并不关乎社会公共利益。

在法人人格上，与法人人格否认制度相对应的还有法人瑕疵的人格承认，是指营利法人的设立虽有瑕疵，但在特定条件下并不否认其法人人格。所谓营利法人的设立瑕疵，是指不按照营利法人的设立条件和程序设立公司。例如，企业法人设立时注册资本不实，若注册资本虽不达到最低的要求，但符合法人其他条件的，也可以承认其法人的人格，但开办人应履行出资义务，补充应缴的数额。

法人的出资人出资不到位或者抽逃资金的出资人将其出资人权利转让的，应由何人承担责任呢？对此，有不同的观点。一种观点认为，出资人出资不到位又将其出资人权利转让的，对权利转让前法人的债务，原出资人仍应承担因法人注册资金不到位而产生的法律责任。新的出资人知道原出资人出资不到位仍接受其出资人权利转让的，由新的出资人即受让人承担因法人注册资本不到位而产生的法律后果。另一种观点认为，受让出资人权利的新出资人在受让时不知道原出资人出资不到位的，对于出资不足不承担责任，而只能由原出资人承担责任。还有一种观点认为，原出资人与受让出资人之间的约定不能对抗第三人，受让的出资人是否知情不应影响其作为出资人应承担的责任。因此，债权人可以对原出资人、受让出资人权利的新出资人和法人设立时的其他出资人提起诉讼，要求原出资人在出资不足的范围内承担赔偿责任，出资人权利的受让人和法人设立时的其他出资人对此承担连带责任,其代偿后,可以向原出资人追偿。最后一种观点最有利保护债权人的利益。

六、营利法人的关联交易的规制

第八十四条 营利法人的控股出资人、实际出资人、董事、监事、高级管理人员不得利用其关联关系损害法人的利益;利用关联关系造成法人损失的,应当承担赔偿责任。

本条规定了对营利法人的关联交易的要求。

关联交易,又称为关联方交易,是指具有投资关系或者合同关系的不同主体之间进行的交易。营利法人须进行经营活动,正常的关联交易是不可避免的,也是必要的。但是,营利法人应防止和避免关联关系人利用关联关系损害法人的利益。关联关系人利用关联关系给法人造成损失的,应当承担赔偿责任。

营利法人的关联关系人包括控股出资人、实际控制人、董事、监事、高级管理人员。所谓控股出资人,是指其出资额占法人资本总额50%以上的出资人,或者其出资额占法人资本额不足50%,但其所享有的表决权足以对权力机构的决议产生重大影响的出资人。所谓实际控制人是指虽不是法人的出资人,但通过投资关系、协议或者其他安排能够实际支配法人行为的人。所谓高级管理人员,是指营利法人的经理、副经理、财务负责人、上市公司的董事会秘书,以及法人章程中规定的其他管理人员。关联关系是指关联关系人与其直接或者间接控制的法人之间的关系,以及可能导致法人利益转移的其他关系。

对关联交易的控制,是实务中维护法人利益的重要措施,一直受到重视。如《上市公司治理准则》(2002年1月7日证监发[2002]1号发布)中就规定,上市公司与关联人之间的关联交易应签订书面协议。协议的签订应当遵循平等、自愿、等价有偿的原则,协议内容应明确、具体。公司应将该协议的订立、变更、终止及履行情况等事项按照有关规定予以披露。上市公司应当采取有效措施防止关联人以垄断采购和销售业务渠道等方式干预公司的经营,损害公司的利益。上市公司应采取有效措施防止股东及其关联方以各种形式占有或转移公司的资金、资产及其他资源。《关于加强社会公众股股东权益保护的若干规定》(2004年12月7日证监发[2004]118号发布)中规定,上市公司的控股股东及实际控制人对上市公司和社会公众股股东负有诚信义务,不得违规占用上市公司资金,不得违规为关联方提供担保,不得利用关联交易、利润分配、资产重组、对外投资等方式损害上市公司和社会公众股股东的合法权益。控股股东或实际控制人利用其控制地位,对上市公司和社会公众股股东利益造成损害的,将依法追究其责任。

七、营利法人决议的效力

第八十五条 营利法人的权力机构、执行机构作出决议的会议召集程序、表决方式违反法律、行政法规、法人章程,或者决议内容违反法人章程的,营利法人的出资人可以请求人民法院撤销该决议。但是,营利法人依据该决议与善意相对人形成的民事法律关系不受影响。

本条规定了营利法人决议行为的效力。

营利法人的决议是通过一定程序形成的法人意志的体现,执行法人的决议也就是在执行和实现法人的意志。法人依据其决议实施的行为当然也就是法人的行为。但是法人的决议须有效,才能具有执行效力。

法人的决议有效必须无论决议的形成程序还是决议的内容都符合要求。从程序上说,营利法人的权力机构、执行机构作出决议的会议召集程序和表决方式须符合法律、行政法规和法人章程的规定;从内容上说,作出的决议内容须符合法人章程的规定。如果作出决议的会议召集程序、表决方式违反法律、行政法规、法人章程的,则为形式瑕疵;如果决议内容违反法人章程,则为内容瑕疵。对于有瑕疵的决议,营利法人的出资人可以请求法院撤销该决议。决议一经法院撤销,则自始不发生效力。但是,营利法人已经依据该决议与他人进行交易,相对人为善意的,即相对人不知道也不应知道法人决议瑕疵的,则已经形成的民事法律关系仍是有效的,不受决议撤销的影响。这是保护交易安全,保护相对方信赖利益的要求。

依《公司法》的规定,公司股东请求撤销股东会或者股东大会、董事会决议的,应当自决议作出之日起60日内向人民法院提起。股东提起诉讼的,人民法院可以根据公司的要求,要求股东提供相应担保。

八、营利法人的义务

第八十六条 营利法人从事经营活动,应当遵守商业道德,维护交易安全,接受政府和社会的监督,承担社会责任。

本条规定了营利法人应履行的义务。

营利法人作为以营利为目的设立的法人，有从事营利性经营活动的民事权利能力和民事行为能力，得享有从事经营活动所取得的权利。同时，作为一个民事主体，在享受权利的同时也须负担和履行相应的义务。

营利法人在从事经营活动中应履行以下四项义务：

其一，遵守商业道德。商业道德是从事商业活动的商人应遵守的基本道德规范，也可以说是商人的职业道德。营利法人是从事商业营利活动的商人，当然应当遵守商人的职业道德。营利法人营利应取之有道，而不能违反商业道德。例如，童叟无欺，不以次充好、以假充真，恪守承诺，等等，就是营利法人应遵守的商业道德。

其二，维护交易安全。营利法人要实现营利的目的，必须进行交易，只有通过交易，营利法人才能实现利益最大化。交易是市场行为，交易的安全是维护市场秩序的必然要求，也是保障交易主体能够实现预期利益的必然要求。营利法人是市场交易的基本主体，只有营利法人维护交易安全，才能有良好的市场秩序，才能实现交易的公正，也才能使交易真正是有效率的。因此，营利法人在从事经营活动中，须履行维护交易安全的义务。

其三，接受政府和社会的监督。营利法人从事经营活动，是市场经济行为，必受市场规则的制约。营利法人在市场中实施各种交易，也都应遵守商业道德，维护交易安全，遵守法律、行政法规。营利法人是否做到依法经营，是否履行其应履行的义务，应由政府和社会监督，营利法人有义务接受政府和社会的监督。当然，政府和社会特别是政府也应充分履行自己的监督职责。

其四，承担社会责任。营利法人尽管是以从事营利活动以取得利润分配给出资人为目的，向出资人负责是其当然的义务和责任。但是，营利法人作为社会的民事主体，是社会的一员，其所从事的活动，不仅要向出资人负责，也要向社会负责。这也就是说，营利法人在为向出资人负责从而追求利润最大化的同时，也须承担一定的社会责任，不能唯利是图。营利法人的社会责任通常称为企业的社会责任，是指营利法人（企业）对消费者、对员工、对社区和对环境等的责任。例如，营利法人应维护消费者的合法权益，保障商品质量，不欺骗消费者；保障员工的合法权益，保障员工参加工会活动的自由，保障员工的福利和劳动保障；保证合法用工；积极参与社区活动，从事慈善事业；积极推进技术开发，加大研发投入；积极参与生态文明建设，加大保护环境的力度；纯化商业风气，反对各种不正之风等。

第三节　非营利法人

一、非营利法人的概念和类别

第八十七条　为公益目的或者其他非营利目的成立，不向出资人、设立人或者会员分配所取得利润的法人，为非营利法人。

非营利法人包括事业单位、社会团体、基金会、社会服务机构等。

本条规定了非营利法人的概念和类别。

非营利法人，与营利法人相对应，是指不是以营利为目的而设立的法人。非营利法人以其成立目的区别于营利法人。营利法人是以营利为目的法人，而非营利法人不是为营利而成立的。非营利法人的成立目的，有的是为了公益目的，如学校；有的不是为了公益目的，但也不是为营利的目的，如研究会。在传统民法中前者称为公益法人，后者称为中间法人。非营利法人因其成立目的不同，法律对其成立的程序和条件的规定，也有所不同。例如，有的需要制定有法人章程，有的不需要登记即可成立。也是基于成立的目的不同，非营利法人的财产或经费来源不同于营利法人。营利法人的财产由出资人的出资形成，而非营利法人的财产或者经费来源有的是由出资人出资的，有的是由捐助人捐助的，也有的是源于国家财政拨款等。非营利法人不以营利为目的，但并非全都不可以从事营利活动。非营利法人也可依法从事一些营利活动,但是其从事营利活动所取得的利润,不得向出资人、设立人或者会员分配。能否对取得的利润进行分配,这是营利法人与非营利法人的根本区别。

非营利法人包括事业单位、社会团体、基金会、社会服务机构等。事业单位法人,是指适应社会发展需要而提供教育、医疗卫生、体育等公益服务的法人。社会团体法人是指由会员自愿组成,为实现会员的共同意愿而设立的,不以营利为目的法人。基金会法人是指利用自然人、法人或者其他组织捐赠的财产,以公益事业为目的而依法成立的非营利性法人。社会服务机构法人为慈善组织的一种,是指由民间力量通过捐助方式设立的以其资产对社会提供公益性社会服务的非营利性组织。

二、事业单位法人

(一)事业单位法人资格的取得

第八十八条 具备法人条件,为适应社会发展需要,提供公益服务设立的事业单位,经依法登记成立,取得事业单位法人资格;依法不需要办理法人登记的,从成立之日起,具有事业单位法人资格。

本条规定了事业单位法人资格的取得条件。

事业单位法人的成立也须具备法人的成立条件,经设立和成立两个阶段。事业单位的设立,有经行政许可设立的,有依国家命令或法律直接设立的。事业单位法人有国家举办的,也有自然人或者法人投资举办的。国家举办的事业单位法人主要依靠国家财政拨款,但也有社会捐助的经费;自然人或者法人举办的事业单位法人的财产主要依靠举办人的投资,但也会有一定的国家财政拨款。

无论何种事业单位法人都须具备法人的条件,但在成立程序上有的需要登记,有的则不需要登记。依行政许可设立的事业单位,需要办理法人登记,自登记之日起,取得法人资格,得以法人的名义从事民事活动。依国家法律和命令设立的事业单位,不需要办理法人登记,其设立之日即为成立之日,即取得法人资格,得以法人名义从事民事活动。

事业单位法人以提供公益事业为目的,虽然也可以从事一定的营利活动,但从事营利活动不是其设立的目的,其从事营利活动所得利润也不能进行分配,除法律另有特别规定外,只能用于所从事的公益事业。

(二)事业单位法人的治理结构

第八十九条 事业单位法人设理事会的,除法律另有规定外,理事会为其决策机构。事业单位法人的法定代表人依照法律、行政法规或者法人章程的规定产生。

本条规定了事业单位法人的治理机构。

事业单位法人多种多样,其治理机构的设置也不是如同营利法人那样具有完备齐全的法人组织机构。但是作为独立民事主体,事业单位法人组织机构的功能、职责必须明确。2011年《中共中央国务院关于分类推进事业单位改革的指导意见》中提出,"面向社会提供公益服务的事业单位,探索建立理事会、董事会、管委会等多种形式的治理结构,健全决策、执行和监督机制,提高运行效率,确保公益目标实现。"

已经设立理事会的事业单位法人，理事会为其决策机构，除非法律另有规定。不论事业单位法人的组织机构如何设置，作为法人，事业单位法人也必有法定代表人，法定代表人对外代表事业单位法人以法人名义从事民事活动。事业单位的法定代表人依照法律、行政法规或者法人章程产生。

三、社会团体法人

(一) 社会团体法人资格的取得

第九十条　具备法人条件，基于会员共同意愿，为公益目的或者会员共同利益等非营利目的设立的社会团体，经依法登记，取得社会团体法人资格；依法不需要办理法人登记的，从成立之日起，具有社会团体法人资格。

本条规定了社会团体法人资格的取得条件。

社会团体法人，是由会员自愿组成，既可以公益为目的，也可以会员的共同利益为目的，但不以营利为目的具有法人资格的社会团体。社会团体法人是社会团体，既为社会团体必有其成员即会员。社会团体名目繁多，如各种学会、协会、联合会、研究会、商会等，各种社会团体都是由会员自愿设立的，其目的或是为公益事业，或是为会员的共同利益。但社会团体法人不同于传统法上的社团法人。社团法人是与财团法人相对应的一种法人分类。社团法人由社员自愿组成，这是与我国法上社会团体法人相同之处，但社团法人既可以以营利为目的也可不以营利为目的，而我国法上的社会团体法人不能以营利为目的，即社会团体法人不包括以营利为目的的社团法人。

社会团体法人的设立，一般须经主管机关许可。依照《社会团体登记管理条例》规定，申请成立社会团体，应当经其业务主管单位审查同意，由发起人向登记管理机关申请筹备。成立社会团体应当具备的条件包括：(1) 有50个以上的个人会员或者30个以上的单位会员。个人会员、单位会员混合组成的，会员总数不得少于50个；(2) 有规范的名称和相应的组织机构；(3) 有固定的住所；(4) 有与其业务活动相适应的专职工作人员；(5) 有合法的资产和经费来源；(6) 有独立承担民事责任的能力。

《社会团体管理条例》中所规定的社会团体，都需经办理法人登记方成立，自办理法人登记之日起取得社会团体法人资格，可以法人名义从事民事活动。依《社会团体登记管理条例》第3条规定，参加中国人民政治协商会议的人民团体以及由国务院机构编制管理机关核定，并经国务院批准免于登记的团体，不属于条例规定登记的范围。这些按规定不需要办理法人登记的社会团体，自成立之日起即取得社会团体法人资格，得以社会团体法人的名义从事民事活动。

（二）社会团体法人的法人章程和治理结构

第九十一条　设立社会团体法人应当依法制定法人章程。

社会团体法人应当设会员大会或者会员代表大会等权力机构。

社会团体法人应当设理事会等执行机构。理事长或者会长等负责人按照法人章程的规定担任法定代表人。

本条规定了社会团体法人的法人章程和治理结构。

社会团体法人章程是团体内部管理和对外活动的准则，是规范社会团体会员行为的规范性文件。需要登记的社会团体法人，其法人章程是登记的事项。社会团体法人章程是设立社会团体法人的必备文件，没有法人章程不能设立社会团体法人。因此，设立社会团体法人应当制定法人章程。须有法人章程是社会团体法人不同于事业单位法人的特征之一。事业单位法人不须都制定有法人章程，而社会团体法人的设立应有法人章程。

法人均须有相应的组织机构，以形成法人的意志，实现法人的意志。法人最完备的机构设置是设置权力机构、执行机构和监督机构，但不同法人的应设组织机构可有不同。社会团体法人须设立权力机构和执行机构，是否设立监督机构则由其自行决定，法律不作统一要求。

社会团体法人的权力机构是会员大会或者会员代表大会。一般来说，规模较小即会员人数少的社会团体的权力机构为会员大会，而规模较大即会员人数多的社会团体的权力机构为会员代表大会。社会团体法人的权力机构决定该法人的组织、运营、管理等各方面的重大事项。社会团体法人的执行机构是执行法人权力机构的决定，实现权力机构形成的法人意志的机构。社会团体法人通常设理事会为其执行机构，也可以设其他机关为法人的执行机构。社会团体法人如同其他法人一样须有法定代表人，以对外代表法人从事民事活动。社会团体法人的法定代表人按照法人章程的规定确定，可以是理事长，也可以是会长或者其他负责人。

四、捐助法人

（一）捐助法人的概念和类别

第九十二条 具备法人条件，为公益目的以捐助财产设立的基金会、社会服务机构等，经依法登记，取得捐助法人资格。

依法设立的宗教活动场所，具备法人条件的，可以申请法人登记，取得捐助法人资格。法律、行政法规对宗教场所有规定的，依照其规定。

本条规定了捐助法人的概念和类别。

捐助法人是指为一定的目的以捐助的财产组成的法人。在传统民法中，捐助法人称为财团法人。捐助法人既不同于事业单位法人，也不同于社会团体法人。捐助法人是以捐助的财产形成的法人，没有社员或会员。捐助人一旦将其财产捐出，对该财产也就不再享有财产权利。捐助法人需经申请才能设立。依法设立后，符合法人条件的，经登记成立。捐助法人自登记之日起取得捐助法人资格，得以法人名义从事民事活动。

捐助法人包括基金会、社会服务机构和宗教场所。

1. 基金会

依国务院发布的《基金会管理条例》（2004年）的规定，基金会主要有以下特点：(1)基金会的设立目的，只能是从事公益事业，非以营利为目的，基金会的章程中必须明确其公益性质，不得规定使特定自然人、法人或者其他组织受益的内容。基金会为了使基金保值、增值可以从事经营活动，也可以开展其他的营利性的活动，但是这些活动的收益只能用于公益事业，不能在内部分配。(2)基金会的财产来自于捐助财产。依《基金会管理条例》规定,基金会分为公募基金会和非公募基金会,前者是指面向公众募集的基金会,后者是指不得面向公众募集的基金会。公募基金会按照募捐的地域范围分为全国性公募基金会和地方性公募基金会。非公募基金会是由自然人、法人自愿捐资设立的基金会。不论何种基金会,基金会的资产即基金都是由具有爱心的人的捐助集成的。(3)基金会没有成员。公募基金会的捐助人不能为基金会的成员,即使非公募基金会的设立人在其捐资设立基金会后也不为基金会的成员。基金会可以也需有一定的管理人员,这些人员的费用支出也需要从基金会财产支出,但不能取得投资回报。(4)基金会应保障用于公益事业的支出。依《基金会管理条例》规定,公募基金会每年用于从事章程规定的公益事业支出,不得低于上一年总收入的70%;非公募基金会每年用于章程规定的公益事业支出,不得低于上一年基金余额的8%。

2. 社会服务机构

社会服务机构主要有以下特点:(1)社会服务机构是由民间兴办的。社会服务机构属于民办非企业单位。《民办非企业单位登记管理暂行条例》第2条规定,民办非企业单位是指企业事业单位、社会团体和其他社会力量,以及公民个人利用非国有资产举办的,从事非营利性社会服务的社会组织。可见,社会服务机构是由民间而非由国家机关举办的,其资金源于民间资金而非国有资产。(2)社会服务机构以公益为目的。社会服务机构的资产虽来自于民间资金,但出资人出资兴办社会服务机构的目的是从事公益事业,而非以营利为目的。出资人在捐出资产成立社会服务机构后,其并不是该社会服务机构的成员或股东,不能从该社会服务机构取得投资回报,即使在该社会服务机构终止时也不能取得其他剩余财产。社会服务机构虽属于民办非企业单位,但民办非企业单位并非都是社会服务机构,只有不图任何回报的纯属从事公益慈善事业的,才为社会服务机构。例如,民办学校,若投资者从学校取得一定投资回报,则该民办学校不属于非营利性的社会服务机构;若在学校存续期间不分配收入,在终止时不取得剩余财产,投资者的出资完全是捐助教育事业,由此捐资成立的民办学校,则属于社会服务机构这种捐助法人。(3)社会服务机构享有自决权。社会服务机构完全由自己筹集资金,自己聘用人员,不受国家事业编制的限制,实行自我管理,自主决定服务的范围和内容。

3. 宗教场所

宗教场所,是指信教的自然人进行集体宗教活动的场所。宗教场所主要有以下特点:(1)宗教活动场所,包括寺院、宫道观、清真寺、教堂,以及其他固定宗教活动处所,是由宗教团体申请经省、自治区、直辖市人民政府宗教事务部门批准设立的。(2)宗教活动场所属于财团,虽有出资人但没有成员。宗教活动场所不同于宗教团体。宗教团体属于社团,有自己的成员。宗教活动场所没有成员,也就不发生向成员分配收益问题。(3)宗教活动场所应成立管理组织,实行民主管理。宗教活动场所管理组织的成员,经民主协商推选,其仅是管理人员。(4)宗教活动场所的收入多渠道,包括社会捐赠、提供宗教服务的收入、经销宗教用品、宗教艺术品和宗教出版物的收入等,但这些收入只能用于宗教活动和支付必要的管理费用,而不得进行分配。

（二）捐助法人的法人章程和治理结构

第九十三条 设立捐助法人应当依法制定法人章程。

捐助法人应当设理事会、民主管理组织等决策机构，并设执行机构。理事长等负责人按照法人章程的规定担任法定代表人。

捐助法人应当设监事会等监督机构。

本条规定了捐助法人的法人章程和治理结构。

捐助法人的法人章程是由捐助人制定的规范性文件，内容包括捐助法人的目的、所捐财产的数额及捐助方式、捐助法人的组织机构及管理办法等。制定法人章程，是捐助法人设立的必备条件。与社团法人不同的是，捐助法人没有权力机构。财团法人是"他律法人"，"必须完全按照章程或者捐助人的遗嘱执行。"[1] 因此，捐助法人的章程是捐助法人成立不可或缺的条件，且具有稳定性，在法人存续期间一般不能修改章程。《基金会管理条例》第15条第2款规定，"修改章程，应当征得其业务主管单位的同意，并报登记管理机关核准。"

捐助法人的决策机构和执行机构，是保障捐助法人正常运作的必设机构。捐助法人的决策机构是根据法人章程的规定为实现捐助目的决定法人运作事项的机构。捐助法人的执行机构，则是执行决策机构决定的机构。捐助法人的决策机构可以是理事会（如基金会法人、社会服务机构法人），也可以是民主管理组织（如宗教活动场所法人）。捐助法人的法定代表人是执行机关，按照法人章程的规定由理事长等负责人担任。根据《慈善法》规

---

[1] 李永军：《民法总论》，法律出版社2006年版，第366页。

定,有下列情形之一的,不得担任捐助法人的负责人:(1)无民事行为能力或者限制民事行为能力的;(2)因故意犯罪被判处刑罚,自刑罚执行完毕之日起未逾5年的;(3)在被吊销登记证书或者被取缔的组织担任负责人,自该组织被吊销登记证书或者被取缔之日起未逾5年的;(4)法律、行政法规规定的其他情形。

捐助法人根据法人章程从事公益活动,应遵循公开,透明原则。捐助法人的决策机构和执行机构应按照法人章程的规定认真履行自己的职责。为保证捐助法人能够按照法人的章程从事公益活动,实现捐助的目的,设立监事会等监督机构也是必要的。监督机构按照章程规定的程序检查法人的财务和会计资料,监督决策机构遵守法律和章程的情形。

(三)捐助法人的捐助人权利

第九十四条 捐助人有权向捐助法人查询捐助财产的使用、管理情况,并提出意见和建议,捐助法人应当及时、如实答复。
捐助法人的决策机构、执行机构或者法定代表人作出决定的程序违反法律、行政法规、法人章程,或者决定内容违反法人章程的,捐助人等利害关系人或者主管机关可以请求人民法院撤销该决定。但是,捐助法人依据该决定与善意相对人形成的民事法律关系不受影响。

本条规定了捐助人的权利。

捐助法人的捐助人对捐助给捐助法人的财产不享有任何财产权利,但这并非是说捐助人在捐出财产后不享有任何权利。捐助人捐助财产是为了特定目的,其捐助的财产是否按照章程规定的特定目的从事公益事业,不仅是管理部门所应关注的问题,也更是捐助人所关心的问题。因此，为保障捐助人的"爱心"得到落实，法律赋予捐助人查询捐助财产使用、管理情况的权利，赋予其就捐助财产的使用、管理提出意见和建议的权利，同时赋予捐助法人就捐助人的意见、建议及时如实答复的义务。实务上，不仅捐助人享有该项权利，捐赠人也享有同样的权利。例如，《慈善法》第42条规定，"捐赠人有权查询、复制其捐赠财产管理使用的有关资料，慈善组织应当及时主动向捐赠人反馈有关情况。慈善组织违反捐赠协议约定的用途，滥用捐赠财产的，捐赠人有权要求其改正；拒不改正的，捐赠人可以向民政部门投诉、举报或者向人民法院提起诉讼。"

捐助人等有权请求撤销捐助法人的有瑕疵决定。捐助法人决策机构、执行机构的决议以及法定代表人作出的决定，只有程序和内容都符合法律的规定，才是有效的。如果其做出的程序不合要求，或者其内容违反法人章程，则该决定属于有瑕疵的决定。对于有瑕疵的决定，撤销权人是可以撤销的。捐助人等利害关系人或者主管机关都为撤销权人。因为这种有瑕疵的决定可能会损害捐助人的捐助目的的实现，而非损害他人利益，因此捐助人等利害关系人（如捐助人的继承人）有撤销权。因为捐助法人的主管机关负有监督捐助法人按照捐助人的意愿从事公益事业的职责，因此，主管机关也有权撤销捐助法人有瑕疵的决定。撤销权人行使撤销权应依诉讼的方式，即请求人民法院予以撤销。当然，撤销权人认为有瑕疵的决定不损害捐助人的利益，不损害捐助目的实现，而不行使撤销权的，则该决定就是有效的。捐助法人的瑕疵决定经撤销权人请求由人民法院予以撤销的，则不能发生效力。但是该决定已经实施的，则不能影响捐助法人依据该决定实施的民事法律行为的效力,善意相对人在与捐助法人形成的民事法律关系中的权利义务是有效的。若由此而给捐助法人造成损失,则应由作出决定者承担赔偿责任。《基金会管理条例》第43条第1款规定,"基金会理事会违反本条例和章程规定决策不当,致使基金会遭受财产损失的,参与决策的理事应当承担相应的赔偿责任。"

五、非营利法人终止时的财产处置

第九十五条 为公益目的成立的非营利法人终止时,不得向出资人、设立人或者会员分配剩余财产。剩余财产应当按照法人章程的规定或者权力机构的决议用于公益目的;无法按照法人章程的规定或者权力机构的决议处理的,由主管机关主持转给宗旨相同或者相近的法人,并向社会公告。

本条规定了捐助法人终止时剩余财产的处置规则。

捐助法人没有成员,捐助人对于捐助法人的财产也不享有任何财产权利。因此,捐助法人终止时不存在剩余财产的分配问题,因为无人对该财产享有权利。事业单位法人、社会团体法人因是以公益为目的,而非以营利为目的成立的,因此,也不能向出资人、会员或社员等成员分配剩余财产。所以,非营利法人终止时不得分配剩余财产,只能按照法人章程的规定或者权力机构的决议将剩余财产继续用于公益目的;无法按照法人章程的规定或者权力机构的决议处理的,由主管机关主持转给宗旨相同或者相近的法人,并向社会公告。公告的目上是为了接受社会监督。

第四节 特别法人

一、特别法人的概念和种类

第九十六条 本节规定的机关法人、农村集体经济组织法人、城镇农村的合作经济组织法人、基层群众性自治组织法人,为特别法人。

本条规定了特别法人的类别。

特别法人是我国法上特有的概念。在传统民法上,有营利法人与非营利法人之分类,但无特别法人的分类。特别法人是与营利法人、非营利法人相对应的概念,是指既不属于营利法人也不同于民法典所规定的非营利法人的法人。特别法人包括机关法人、农村集体经济组织法人、城镇农村的合作经济组织法人和基层群众性自治组织法人。

二、机关法人

(一)机关法人法人资格的取得和民事能力

第九十七条 有独立经费的机关和承担行政职能的法定机构从成立之日起,具有机关法人资格,可以从事为履行职能所需要的民事活动。

本条规定了机关法人的法人资格取得和民事能力。

机关法人是指依法从事国家管理活动,并因行使职权需要而享有民事权利能力和民事行为能力的国家机关。机关法人在传统民法的法人分类上属于公法人,公法人是依照公法设立而不是依照私法设立的法人。国家机关法人是依据宪法及其相关法律、行政决定、命令设立的,其设立不需要经审核批准等程序,因此机关法人属于公法人。机关法人的独立经费是由国家财政拨给的,只要是有财政预算的国家机关和承担行政职能的法定机构,自成立之日起就具有机关法人资格,而无须办理登记。

机关法人承担着国家的管理职能,只有在从事民事活动时才为法人。机关法人自成立之日起即取得法人资格,也仅是"可以从事为履行职能所需要的民事活动。"这也就是说,机关法人只有从事为履行职能所需要进行民事活动的民事权利能力和民事行为能力。只要不是履行职能所需要的,无论是营利性民事活动,还是公益性民事活动,机关法人都不得从事。

(二)机关法人终止的后果

第九十八条 机关法人被撤销的,法人终止,其民事权利义务由继任的机关法人享有和承担;没有继任的机关法人的,由作出决定的机关法人享有和承担。

本条规定了机关法人终止的后果。

机关法人的终止有与其他法人不同的特殊性。机关法人依法律、行政决定和命令设立,也只根据法律、行政决定和命令撤销。机关法人被撤销的,其法人资格也就终止。机关法人终止的,不需要进行清算,也不存在办理注销登记问题,其民事权利义务由继任的机关法人承受。继任的机关法人也就是接替被撤销的机关履行相关职能的机关。没有继任的机关法人的，做出撤销决定的机关法人承受被撤销的机关法人原享有的权利和义务。

三、农村集体经济组织法人

第九十九条 农村集体经济组织依法取得法人资格。

法律、行政法规对农村集体经济组织有规定的，依照规定。

本条规定了农村集体经济组织法人。

农村集体经济组织，并非是指在农村的集体经济的组织。如农村的乡镇企业虽然经过改革，以不同的形态存在，但不属于这里所说的农村集体经济组织。农村集体经济组织是由农民联合形成的、集体组织农业生产经营、集体劳动、各尽所能、按劳分配的农业社会主义经济组织。这是公社化时代形成的生产大队、生产队这一组织的演变形式。在公社解体后，原生产大队、生产队的资产还在，农民集体的组织形式也多存在。农村集体经济组织依法取得法人资格，即具有独立的主体地位。农村集体经济组织法人正是农民集体作为民事主体存在的形态。当然，法律、行政法规对农村集体经济组织有规定的，依照其规定。

农村集体经济组织之所以为特别法人，是因其具有与营利法人、非营利法人不同的特征。这主要表现在以下方面：

1. 资产的特殊性。营利法人的资产来自于出资人的出资，非营利法人的资产或来自投资人的投资或者来自于捐助人的捐助，而农村集体经济组织的资产则既不是出资人的出资，也不是捐助人的捐助，而是历史形成的由法律确认给农村集体经济组织的资产。农村集体经济组织的基本资产就是土地，土地作为集体财产是从合作社发展而来的,但最终成为农村集体经济组织的资产,是由法律规定的。基于法律的规定,除国家所有的土地以外的土地属于农民集体所有。正是农民集体所有的土地,构成农村集体经济组织法人存在的财产基础。

2. 成员构成的特殊性。社团法人是由社员自愿结成的团体,社员可自愿加入,也可自愿退出。而财团法人根本就没有成员。作为农村集体经济组织成员的农民却有特殊的地域性,只有出生在或者经特别程序进入到特定的农村集体经济组织的地域的人才可成为该集体经济组织的成员,也只有经特别程序离开该集体经济组织区域的人,才可不再为该农村集体经济组织的成员。农村集体经济组织多是以村为地域划分的,但居住在该村的村民并非就是集体经济组织的成员。农村集体经济组织的成员具有较强的身份性,这一身份是依附在集体土地上的,具有这一身份一方面可享有农村集体经济组织所有的土地及其他资产的权益,另一方面这一身份也使其局限在难以享受与城镇居民同样的社会福利等待遇。

3. 成立和终止上的特殊性。农村集体经济组织法人,不需经申请批准设立,也不需经办理法人登记才能成立。实际上,农村集体经济组织是长期就存在的一种组织形式,一经法律确认农村集体经济组织为法人,它也就具有了法人的主体资格。农村集体经济组织以农村土地的集体所有为存在基础,以管理土地等集体资产为主要职能,因此,只要农村集体所有制形式不改,农村集体经济组织就不会解散,因此,农村集体经济组织法人具有长期稳定性,一般不会终止。只有在合并时,才会发生被并入的农村集体经济组织法人的终止。

四、城镇农村的合作经济组织法人

第一百条 城镇农村的合作经济组织依法取得法人资格。

法律、行政法规对城镇农村的合作经济组织有规定的,依照其规定。

本条规定了城镇农村的合作经济组织法人。

城镇农村的合作经济组织法人,是指具有法人资格的城镇及农村的各类合作社。

城镇农村的合作经济组织是劳动群众自愿联合起来的合作进行生产经营活动的组织形式。合作社经济组织是社员自我组织、自我管理、自我服务、自我受益的新型合作组织。《宪法》第8条中规定,"城镇中的手工业、工业、建筑业、运输业、商业、服务业等行业的各种形式的合作经济组织,都是社会主义劳动群众集体所有制经济。"依此规定,城镇农村的各类合作社经济组织,也是集体经济组织的一种形式。

城镇农村的合作经济组织法人具有以下特征:

1. 互益性和共益性。合作经济组织概念中的"合作"与"经济"两个词反映出这种组织与其他组织不同的特点。一方面合作经济组织是经济组织,从事营利性活动,这是与营利法人相同而与非营利法人不同之处;另一方面合作经济组织是合作组织,为组织成员提供自我服务,这是与非营利法人相同而不同于营利法人之处。正因为如此,合作社经济组织法人既不能归入营利法人,也不能归入非营利法人,而是特殊法人。

2. 合作经济组织法人依法取得法人资格。依法取得法人资格,才能以法人的名义从事民事活动,这是合作经济组织法人与农村集体经济组织法人不同之处。这里的依法既包括依照法律,也包括依照行政法规。这也表明,国家将对合作经济组织法人予以全面规制。

3. 合作经济组织法人适用法律、行政法规的特别规定。由于城镇合作经济组织具有多样性,法律、行政法规对于各类具体的合作经济组织有不同的特别规定,因此,法律、行政法规对城镇合作经济组织有规定的,依照其规定。例如,农民专业合作社是农村主要的合作经济组织,《农民专业合作社法》对农民专业合作社有具体规定,涉及农民专业合作社的事项,就应依照《农民专业合作社法》的相关规定处理。

五、基层群众性自治组织法人

第一百零一条 居民委员会、村民委员会具有基层群众性自治组织法人资格,可以从事为履行职能所需要的民事活动。

未设立村集体经济组织的,村民委员会可以依法代行村集体经济组织的职能。

本条规定了居民委员会、村民委员会为基层群众性自治组织法人。

基层群众性自治组织法人具有以下特点:

1. 依照法律直接设立,无须经申办程序设立。居民委员会依照《城市居民委员会组织法》设立,村民委员会依照《村民委员会组织法》设立,而且居民委员会、村民委员会依照法律规定是必须设立的。

2. 主要承担从事公益和公共事务的职能。《居民委员会组织法》第2条规定,"居民委员会是居民自我管理、自我教育、自我服务的基层群众性自治组织。"《村民委员会组织法》第2条规定,"村民委员会是村民自我管理、自我教育、自我服务的基层群众性自治组织,实行民主选举、民主决策、民主管理、民主监督。"依照《居民委员会组织法》的规定,居民委员会会的职能是办理本居住地区居民的公共事务和公益事业,调解民间纠纷,协助社会治安,协助做好与居民利益有关的公共卫生、计划生育、优抚救济、青少年教育等项工件,向政府反映居民的意见、要求和提出建议。依照《村民委员会组织法》规定,村民委员会办理本村的公共事务和公益事业,调解民间纠纷,协助社会治安,向政府反映村民的意见、要求和提出建议。可见,群众性基层组织法人承担的职能不同于营利法人和非营利法人的职能,就办理公共事务和公益事业来说,群众性基层组织所办理的为本居住区域内的居民、村民的公共事务和公益事业。

3. 在为履行职能所需要的范围内享有民事权利能力和民事行为能力。基层群众性组织是群众自治组织,主要职能并非从事民事活动,但为履行其职能需从事必要的民事活动。也只有在进行必要的民事活动时,基层群众性组织才为民事主体,具有相应的民事权利能力和民事行为能力。

4. 只能因为区域的划分而变动,而不会因其他原因终止。基层群众性组织是政府与群众间联系的桥梁,是社会治理的基本力量,是必不可少的常设组织。因此,在特定区域内的居民或村民不可能不成立群众性组织。只有在区域划分发生变动,群众性基层组织法人才会变动。例如,两个村变为一村时,原来的两个群众性基层组织法人会合并为一个法人;原来的农村变为城市,村民变为居民,村民委员会这一组织会终止,而成立居民委员会这一新的群众性组织法人。

5. 以其管理的财产承担民事责任。作为法人,群众性基层组织法人也应以自己的独立财产承担民事责任。群众性基层组织法人可用以承担民事责任的独立财产包括政府拨付的经费和补助、居民或村民为特定公益事筹集的费用、基层组织开展法律许可的民事活动所得收益,但不能包括成员集体所有的财产。

6. 村民委员会可代行村集体经济组织的职能。在本村村民居住区域内未设立村集体经济组织的,村民委员会可代行集体经济组织的职能。原有的集体经济组织完全解体的,等于未设立。未设立集体经济组织的村,农民集体的资产(主要是土地)仍存在,因此也就有必要由一定组织来代行农民集体所有权。村民委员会代行村集体经济组织的职能须依法行使,因为村民与农民集体的范围并非一致,所以村民委员会在代行集体经济组织职能时不能将二者的职能混淆。

第四章　非法人组织

一、非法人组织的概念和类别

第一百零二条　非法人组织是不具有法人资格，但是能够依法以自己的名义从事民事活动的组织。

非法人组织包括个人独资企业、合伙企业，不具有法人资格的专业服务机构等。

本条规定了非法人组织的概念和类别。

（一）非法人组织的特征

非法人组织是具有一定的民事权利能力和民事行为能力但不具备法人资格的社会组织。非法人组织是既不同于自然人，也不同于法人的另一类民事主体。非法人组织具有以下特征：

1. 非法人组织是社会组织

非法人组织以其是一个组织而区别于自然人。传统上社会组织是由自然人或者财产集合而成的，由人的集合而成立的，称为社团；由财产集合而成的，称为财团。但现代社会，社团组织可以是一个人兴办的，也可以是几个人兴办的。社会组织即使是一个人兴办的，它也不是以自然人个人的名义存在，而是以社会组织的名义存在的。作为一个组织，它应有一定的稳定性，有一定的目的，应经一定的程序成立。社会组织不同于自然人，以成立存于世间，而非因出生立于世间。

2. 非法人组织是不具有法人资格的社会组织

非法人组织与法人虽同属于社会组织，这是二者不同于自然人之处。正因为非法人组织与法人同为社会组织，也就具有社会组织的一些共同特点。但非法人组织与法人组织不同。非法人组织与法人的区别就在于它不具备法人的资格。非法人组织，在以往的法律（如《合同法》）中称为其他组织，是指除法人以外的组织。所谓其他组织之"其他"正是相对于法人而言的。法人是社会组织，但社会组织不都是法人。不具有法人资格的社会组织即为非法人组织。可见，非法人组织的称谓更能直观地反映出其特点。一个组织要成为法人即具备法人的资格必须具备法律规定的必要条件。尽管各类法人应具备的条件有所不同，但总的来说，法人是具有完全独立性的社会组织。这种完全的独立性表现在组织、财产和责任三个方面。首先，法人须具有组织上的独立性。法人须有独立的健全的组织机构，不会因成员个人的存在与否而影响其存续，不以他人（包括组织）的存在为依赖；其次，法人须有财产上的独立性。法人的财产与其他人的财产是完全分开的，它既独立于法人的发起人及其成员的财产，也独立于其他法人的财产。因此，法人对其自主支配的财产享有的是法人财产所有权；再次，法人须有责任上的独立性。法人责任上的独立性，是以其机构的独立和健全为前提、以其财产上的独立为基础的。非法人组织不能如同法人一般地具有组织、财产和责任上的完全独立性，因而不是法人，但它却是如同法人一样地作为一个组织存在于社会并参与民事活动的。这些社会组织就是非法人组织。非法人组织与法人的根本区别就在于不能独立承担民事责任。可以说,能否独立承担民事责任是区别法人与非法人组织的一个根本标准。

非法人组织,有的称为非法人团体。非法人组织是否为民事主体,学说上曾有不同的看法。《民法典》以专章规定了非法人组织,从体例上看,非法人组织是与自然人、法人并列的一类民事主体,也就是学者中所言的第三类民事主体。《民法典》明确规定非法人组织为独立的一类民事主体,是对现实需要的回应,也是顺应时代潮流对民事主体制度的发展。

(二)非法人组织的种类

学理上对非法人组织常有以下分类:

一是根据设立目的,将非法人组织可以为营利性非法人组织和非营利性非法人组织。营利性非法人组织是以营利为目的而设立的非法人组织。营利性非法人组织的特点在于设立的目的是为了从事以营利为目的的营利活动,为组织成员取得经营利润。非营利性法人是指不以营利为目的而为从事社会服务活动而设立的非法人组织。非营利性非法人组织虽也可从事一定的经营活动,但其设立的目的不是为组织成员取得经营利润。营利性法人存在于经济生活领域,而非营利性法人组织存在于社会生活领域。

二是根据设立的条件,非法人组织分为须经审批的非法人组织和无须经审批的非法人组织。须经审批的非法人组织,是指其设立须经主管机关审批的非法人组织。无须审批的非法人组织,是指其设立不必经主管机关审批的非法人组织。非营利性法人一般属于须经审批的非法人组织，而营利性非法人组织一般不属于须经审批的非法人组织，可依照规定的标准任意设立。

根据《民法典》的规定，非法人组织包括以下组织：

1. 个人独资企业

个人独资企业，是指由一个自然人投资，财产为投资人个人所有，投资人以其个人财产对企业承担无限责任的经营实体。个人独资企业有以下特点：

（1）个人独资企业是依照《个人独资企业法》设立的经营实体。自然人个人投资从事经营活动，可以成立个体工商户，以个体工商户的名义从事经营活动；也可以成立个人独资企业，以独资企业的名义从事经营活动；还可以成立一人有限责任公司。只有依《个人独资企业法》的规定设立的企业才为个人独资企业。个人独资企业作为一个企业，是以营利为目的的经营实体，有自己的名称、自己的财产、自己的住所。

（2）个人独资企业的财产为投资人个人所有。个人独资企业是由自然人一个人投资举办的，企业的财产完全为投资人个人所有。投资人可以依法转让企业，企业财产也可为投资人的继承人继承。

（3）个人独资企业依法自主经营。个人独资企业经登记取得营业执照后，即可以企业的名义从事民事活动，可以依法申请贷款，可以取得土地使用权，享有法律、行政法规规定的可享有的各项权利。个人独资企业自主经营，投资人可以自行管理企业事务，也可以委托或者聘用其他有完全民事行为能力的人负责管理企业事务。个人独资企业的自主经营权受法律保护，任何人不得非法干涉。

（4）个人独资企业的投资人对企业债务负无限责任。个人独资企业不具有独立承担民事责任的能力，投资人不能仅以投入企业的财产承担清偿企业债务的责任，而是以全部财产对企业债务承担责任。这也是个人独资企业与一人有限责任公司的根本区别。个人独资企业若在申请登记时明确以其家庭共有财产作为个人财产出资，则应依法以其家庭共有财产对企业债务承担无限责任。

2. 合伙企业

合伙企业是自然人、法人和非法人组织依法设立的以营利为目的的经营实体。依《合伙企业法》规定，合伙企业包括普通合伙企业和有限合伙企业。普通合伙企业由普通合伙人组成，合伙人对合伙债务承担无限连带责任，法律对普通合伙人承担责任的形式有特别规定的，从其规定；有限合伙企业由普通合伙人和有限合伙人组成，普通合伙人对合伙企业承担无限连带责任，有限合伙人以其认缴的出资为限对合伙企业债务承担责任，国有独资公司、国有企业、上市公司以及公益性的事业单位、社会团体不得成为普通合伙人。合伙企业具有以下特点：

（1）合伙企业是按照合伙协议设立的，以合伙协议为成立基础。设立合伙企业须订立合伙协议，没有经合伙人一致同意的合伙协议，合伙企业不能设立。合伙协议应采书面形式，并载明法律规定应载明的事项。

（2）合伙企业是由合伙人共同出资、共同经营的经营实体。作为非法人社会组织的合伙企业，除以合伙协议为成立条件以外，还须具备其他的条件。合伙企业是合伙人共同出资设立的共同从事经营活动的联合体，须由两个以上的合伙人组成。合伙企业既是人的联合,又是财产的联合。合伙人必须出资。合伙人的出资数额,由其约定,出资形式可以为货币、实物、知识产权以及其他财产权利,也可以是劳务。但对于货币以外的财产的出资,当事人应协商确定评估办法,以便进行评估。

合伙企业的合伙人对合伙企业事务有平等的决策权、执行权和监督权。依《合伙企业法》第26条规定,普通合伙按照合伙协议的约定或者经全体合伙人决定,可以委托一个或者数个合伙人对外代表合伙企业,执行合伙事务。于此情形下,其他合伙人不再执行合伙事务,不执行合伙事务的合伙人有权监督执行合伙事务合伙人执行合伙事务的情况。执行合伙事务合伙人应当定期向其他合伙人报告事务执行情况以及合伙企业的经营和财务状况,其执行合伙事务所产生的收益归合伙企业,所产生的费用和亏损由合伙企业承担。合伙人有权了解合伙企业的经营状况和财务状况,有权查阅合伙企业会计账簿等财务资料。合伙人分别执行合伙事务的,执行事务合伙人可以对其他合伙人执行的事务提出异议,提出异议时,应当暂停该项事务的执行;如果发生争议,按照合伙协议约定的表决办法办理;合伙协议未约定或者约定不明确的,实行合伙人一人一票并经全体合伙人过半数通过的表决办法。受委托执行合伙事务的合伙人不按照合伙协议约定或者全体合伙人的决定执行事务的,其他合伙人可以决定撤销该委托。

依《合伙企业法》第67条规定,有限合伙企业由普通合伙人执行合伙事务。依该法第68条规定,有限合伙人不执行合伙事务,不得对外代表有限合伙企业,有限合伙人的下列行为不视为执行合伙事务:①参与决定普通合伙人入伙、退伙;②对企业的经营管理提出建议;③参与选择承办有限合伙企业审计业务的会计师事务所;④获取经审计的有限合伙企业财务会计报告;⑤对涉及自身利益的情况,查阅有限合伙企业财务会计账簿等财务资料;⑥在有限合伙企业中的财产利益受到侵害时,向有责任的合伙人主张权利或者提起诉讼;⑦执行事务合伙人怠于行使权利时,督促其行使权利或者为了本企业的利益以自己的名义提起诉讼;⑧依法为本企业提供担保。第三人有理由相信有限合伙人为普通合伙人并与之交易的,该有限合伙人对该笔交易承担与普通合伙人同样的责任。有限合伙人未经授权以有限合伙企业名义与他人进行交易,给有限合伙企业或者其他合伙人造成损失的,该有限合伙人应当承担赔偿责任。

(3) 合伙企业是独立从事经营活动的联合体,具有相对的独立性。合伙企业的这种独立性表现为人格的相对独立,合伙企业与合伙人并非为一体。合伙企业的独立性表现在:①营业的独立性。合伙有不同于合伙人的营业,一般来说,合伙人个人不能与合伙企业竞业。依《合伙企业法》第 32 条规定,合伙人不得自营或者同他人合作经营与本合伙企业相竞争的业务,除合伙协议另有约定或者经全体合伙人一致同意,合伙人不得同本合伙企业进行交易。但除合伙协议另有约定外,有限合伙人不受上述限制。合伙企业设立后应经工商行政管理部门核准登记,自领取营业执照之日起才能以合伙企业的名义进行经营活动。②意志的独立性。合伙企业有与合伙人不同的意志,合伙的决议体现合伙企业的意志,而不为合伙人的个人意志。③财产的独立性,合伙财产与合伙人的财产也是相对独立的,并非完全混在一起,合伙人的出资已不再由合伙人个人支配。④合伙利益的独立性。合伙人以合伙企业名义取得的利益,为合伙人全体享有。合伙企业的利益与合伙人的个人利益是有区别的。当然,合伙的独立性仅是相对的,并非完全的。

(4)合伙企业是合伙人之间共享收益、共担风险的经营体。合伙企业是合伙人为营利目的而成立的组织。合伙人之间的关系也是一种合同关系,但当事人间的经济目的不是相反,而是共同的。所以,合伙合同为共同行为。合伙人之间对于合伙经营所得收益共享,对于合伙经营的亏损也应共担。《合伙企业法》第33条第2款中规定,"合伙协议不得约定将全部利润分配给部分合伙人或者由部分合伙人承担全部亏损。"即便是有限合伙企业,除合伙协议另有约定外,也不得将全部利润分配给部分合伙人。所以,普通合伙人对合伙的债务负无限连带责任。这是合伙企业与营利性法人的根本区别。正由于合伙人之间有关共同的利益上的连带关系,所以它应建立在相互信任的基础上。合伙人一旦失去这种信任,就会发生退伙;第三人入伙必须经合伙人全体一致同意。

3. 不具有法人资格的专业服务机构

专业服务机构是为社会公众提供专业服务的社会组织。具备法人条件,取得法人资格的专业服务机构属于法人;不具备法人条件,未取得法人资格的专业服务机构,则属于非法人组织。

4. 其他非法人组织

除上述组织外,"自然人"一章中规定的"两户","法人"一章中规定的法人分支机构以及设立中的法人,也应属于非法人组织。以外,凡不具备法人资格的其他组织都属于非法人组织。例如，业主委员会和业主大会。业主大会又称为所有权人大会，是由城镇居民小区（一般以物业管理的区域为准）内全体建筑物区分所有权人组成的机构。业主大会是代表和维护全体业主在物业管理活动中的合法权益，行使业主对物业管理自治权的业主自治机构。业主委员会是由业主大会选举产生的由全体委员组成的业主大会的执行机构。业主大会、业主委员会负责向社会各方反映业主的意愿和要求，监督物业管理公司的物业管理运作，代表业主行使业主成员权。业主大会或业主委员会的决定对业主有约束力，业主大会或业主委员会的决定侵害业主合法权益的，受侵害的业主有权请求人民法院予以撤销。业主大会、业主委员会为履行其职能须以自己的名义从事必要的民事活动，因此也就应为民事主体。不具备法人资格的业主大会、业主委员会也为非法人组织。

二、非法人组织的成立

第一百零三条　非法人组织应当依照法律的规定登记。

设立非法人组织，法律、行政法规规定须经有关机关批准的，依照其规定。

本条规定了非法人组织的成立条件。

非法人组织作为一个社会组织，应当依法成立。依法成立包括依照法律规定的条件和程序成立。

首先，非法人组织应依法设立。非法人组织须有设立人发起设立，制定组织章程、组织规章或者设立协议。非法人组织还须有作为一个组织存在的条件，例如，应有自己的名称、一定的财产、住所等。法律、行政法规规定须经有关机关批准的，设立人应将设立非法人组织的事项报有关机关批准。

其次，非法人组织应依法办理登记。法律对非法人组织的成立规定应当登记的，非法人组织于设立后应依照法律的规定办理登记，自登记并领取相关证照后，非法人组织方为成立，才可以以组织的名义进行民事活动。法律没有规定应当登记的非法人组织，则不需办理登记手续，自设立之日起即为成立。

三、非法人组织的民事能力

（一）非法人组织的民事权利能力

是否具有民事权利能力是决定是否为民事主体的必要条件。因为只有具有民事权利能力，才能依自己的名义享受民事权利和负担民事义务；不具有民事权利能力，也就不能以自己的名义享有民事权利和承担民事义务。非法人组织可以自己的名义享受民事权利和负担义务，例如，非法人组织对自己的名称享有名称权，对自己在银行的存款享有取回的权利，对在银行的贷款负有偿还的义务，可以自己的名义进行产权登记，因而，非法人组织当然非具有民事权利能力不可。非法人组织作为社会组织，其民事权利能力具有与同为社会组织的法人的民事权利能力相似的特点：一是民事权利能力始于非法人组织的成立，终于非法人组织的消灭；二是民事权利能力的内容或范围受自然属性的限制，凡自然人才能享有的权利，非法人组织不能享有；三是民事权利能力的内容和范围受其社会属性的限制，非法人组织是为实现特定的目的而设立的，因此，非法人组织的民事权利能力应受其设立宗旨的限制。凡与实现其宗旨相关的权利和义务,非法人组织都应可享有和负担;而与实现其宗旨相背离的权利义务,非法人组织不得享有和负担。

(二)非法人组织的民事行为能力

第一百零五条　非法人组织可以确定一人或者数人代表该组织从事民事活动。

本条规定了非法人组织民事行为能力的实现方式。

非法人组织"是能够依法以自己的名义从事民事活动的组织。"非法人组织能够以自己的名义进行民事活动,也就具有民事行为能力。因为只有具有民事行为能力,才可以自己的名义实施民事法律行为。非法人组织具有民事行为能力也就使其成为具有充分主体资格的民事主体。因为,非法人组织具有了民事权利能力,就可以自己名义享受民事权利和负担民事义务;具有了民事行为能力,就能够以自己的行为为自己设立民事权利义务。非法人组织的民事行为能力与其民事权利能力同时产生,同时终止,并且在范围上具有一致性,即非法人组织只具有从事其可享有权利和负担范围内的民事活动的资格。

非法人组织的民事行为能力是非法人组织实施民事法律行为的能力。民事法律行为是以意思表示为要素的行为,受主体意志的支配。非法人组织作为社会组织,其实施民事法律行为所体现的意志只能是该组织以一定形式形成的意志,且只能由特定的自然人的行为来实现。这也就是说,非法人组织必须由特定的自然人来代表其实施民事法律行为,实现其民事行为能力。何人可以代表非法人组织实现其意志呢?这应由非法人组织的章程或者协议来确定。

非法人组织可以确定一人或者数人代表组织从事民事活动的,确定的代表人应予以登记。代表人在职权范围内以非法人组织从事的活动,也就是该组织的行为,其后果由非法人组织承担。非法人组织的成员未被确定为组织代表人的,不能代表组织从事民事活动,对代表人代表组织从事民事活动,有权予以监督并提出异议。但是非法人组织的代表人超越职权的行为和不是代表人的人以组织名义实施的行为,不能对抗善意第三人,以此维护交易安全和善意第三人利益。

(三)非法人组织的民事责任能力

第一百零四条　非法人组织的财产不足以清偿债务的,其出资人或者设立人承担无限责任。法律另有规定的,依照其规定。

本条规定了非法人组织不具有民事责任能力。

民事责任能力是民事主体以自己的财产对其因自己发生的债务独立承担民事责任的资格。具有民事责任能力的民事主体仅以自己的财产为自己的债务承担责任,而不具有民事责任能力的民事主体,会由他人为其债务承担民事责任。作为一个社会组织,其是否具有民事责任能力,决定于组织的成员或者举办人是否还须以其出资以外的财产承担民事责任。非法人组织不是仅以自己的财产为其债务承担责任的,它不具有独立承担民事责任的能力。法律之所以不认可非法人组织具有民事责任能力,是因为非法人组织仅具有相对独立性,而非与法人那样具有完全的独立性。

非法人组织在其财产不足以清偿债务时,其出资人或者设立人还须以其他财产承担责任，而不是仅以其出资额为限对非法人的债务承担有限责任，而是承担无限责任。当然，法律另有规定的，依照其规定。也就是说如果法律规定某出资人或者设立人对非法人组织的债务承担有限责任，则依照法律的特别规定承担责任。例如，依照《合伙企业法》规定，有限合伙中的有限合伙人仅以其出资额为限对合伙债务承担有限责任，普通合伙人对合伙债务承担无限责任。涉及有限合伙的合伙人对合伙债务承担的责任，则依照《合伙企业法》规定，有限合伙人以认缴的出资额为限承担有限责任。

四、非法人组织的解散

（一）非法人组织解散的事由

第一百零六条 有下列情形之一的，非法人组织解散：(一)章程规定的存续期间届满或者章程规定的其他解散事由出现；(二)出资人或者设立人决定解散；(三)法律规定的其他情形。

本条规定了非法人组织解散的事由。

非法人组织解散的事由也就是非法人组织终止的原因。非法人组织解散的事由包括以下三项：

1. 章程规定的存续期间届满或者章程规定的其他解散事由出现。非法人组织的章程（包括组织规章、合伙协议等）是非法人组织进行活动的基本规则，决定着非法人组织的命运。章程规定有存续期间的，该期间届满，非法人组织也就解散。章程中未规定组织的存续期间但规定解散事由的，则于章程规定的解散事由出现时，非法人组织也解散。例如，章程规定非法人组织于特定目标实现时解散,该特定目标实现的,因章程规定的解散事由出现,该非法人组织也就解散。

2. 出资人或者设立人决定解散。非法人组织是由出资人或者设立人自愿设立的,出资人或设立人可自愿设立非法人组织,也就可以自愿决定解散该非法人组织。需要指出,非法人组织的出资人或设立人为数人的,非法人组织的解散须经出资人或者设立人全体一致同意。若出资人或者设立人有的同意解散,而其他人不同意解散的,同意解散的人可以退出该组织,该组织不解散。但是,若不同意解散的出资人或设立人仅剩一人,则该非法人组织解散。

3. 法律规定的其他情形。除上述两项事由外,出现法律规定的非法人组织解散的其他情形的,非法人组织也终止。例如,依《合伙企业法》第85条规定,合伙人已不具备法定人数满30天;依法被吊销营业执照、责令关闭或者被撤销等情形出现,合伙企业解散。

(二)非法人组织解散的程序

第一百零七条 非法人组织解散的,应当依法进行清算。

本条规定了非法人组织解散的清算程序。

清算是非法人组织终止的必经程序。非法人组织的清算,一般由其协商确定清算人,清算人负责执行清算事务。例如,依《合伙企业法》规定,合伙的清算,由全体合伙人担任清算人;经全体合伙人的过半数同意,也可以自合伙企业解散事由出现后15日内指定1名或者数名合伙人,或者委托第三人,担任清算人。合伙企业自解散之日起15日内未确定清算人的,合伙人或者其他利害关系人可以申请由法院指定清算人。依该法第88条规定，清算人自确定之日起10日内将合伙企业解散事项通知债权人，并于60日内在报纸上公告。债权人应当自接到通知书之日起30日内，未接到通知书的自公告之日起45日内，向清算人申报债权。债权人申报债权，应当说明债权的有关事项，并提供证明材料，清算人应当对债权进行登记。清算期间，合伙企业存续，但不得开展与清算无关的经营活动。清算人在清算期间执行下列事务：（1）清理合伙财产，分别编制资产负债表和财产清单；（2）处理与清算有关合伙企业未了结的事务；（3）清缴所欠税款；（4）清理债权、债务；（5）处理合伙清偿债务后的剩余财产；（6）代表合伙参加诉讼或者仲裁活动。

非法人组织依照法律规定登记的，于清算后还应依照法规规定办理注销登记。

非法人组织解散后，除法律另有规定外，出资人或者设立人对于非法人组织存续期间的债务仍应依照规定承担无限连带责任。

五、法人有关规定的参照适用

第一百零八条　非法人组织除适用本章规定外，参照适用本编第三章第一节的有关规定。

本条规定了对非法人组织可以参照适用有关法人的一般规定。

非法人组织与法人，同属于社会组织，因此，也就具有一定的共性。法律主要针对非法人组织不同于法人的特征，对非法人组织做出特别规定。因此，对于非法人组织，除适用法律的特别规定外，可以也应参照适用法律关于法人的一般规定。

第五章 民事权利

一、民事权利的概念和分类

(一)民事权利的含义与本质

何为民事权利?法律上并无定义。学者中主要有资格说、主张说、意思说、利益说与法力说等。资格说认为,权利就是一种资格;主张说认为,权利为法律上有效的、正当的、可以强制执行的主张;利益说则从客观方面强调权利是法律保护的利益;意思说即意志说从主观方面认为权利是意思自由。法力说认为,权利是受法律强制力保护的利益。上述各说都有道理。民事权利就是法律赋予民事主体享有的利益范围或者为实现某种利益可实施一定行为或不行为的自由。对于权利的本质,可以从以下方面理解:

1. 权利的中心内容是利益,本质是赋予主体自由

利益是行为的内在动力。因为权利是用以确定主体享有利益和实现某种利益的范围和限度的,权利的中心内容是利益,而权利人可以自主决定是否直接享受该利益。因此,权利本质上是法律赋予主体的自由,也就表现为权利人的行为自由。但是,有的民事权利却并非仅仅是为权利人的利益而设,而是带有一定的

义务性质，更是从相对人的利益考虑而设的。例如，亲权是父母对未成年子女的权利，在现代社会，亲权更是为了保护未成年子女利益，作为亲权人的父母必须依法行使该权利，在许多情况下并没有放弃或不行使亲权的自由。有的学者称此类权利为义务性权利。[①] 身份权多是具有此性质的权利。

2. 权利是受法律保护的利益

民事权益受法律保护，有两方面的特殊含义：一是对于民事权利，除为了社会公共利益和他人的合法利益外，不得限制；二是只有合法的民事权益才受法律强制力的保护。合法民事权益包括权利和法益。法益一般是指虽未明确确认为权利但却有保护必要的利益。权利是以利益为内容的，但并非任何利益都可为权利的内容，只有受法律保护的利益才可成为权利的内容。凡法律确认的民事权利，作为权利内容的利益当然受法律保护；虽未确认为权利，但应受法律保护的利益也是合法的。权利由法律确认，但法律确认权利须与社会的经济生活条件相适应，也就是权利应决定于社会经济生活条件。权利不能超出社会的经济结构以及由经济结构制约的社会的文化发展，权利也不应落后于社会的经济结构以及社会的文化发展。但民法上并非全实行"权利法定"。

3. 权利是民事主体实际享有的权利

权利有主观权利与客观权利之分。客观权利是从客观意义上所说的权利，也就是法律中规定的权利。主观权利是从主观意

[①] 参见王泽鉴：《民法总则》（修订版），中国政法大学出版社2001年版，第87页。

义上所说的权利,也就是民事主体实际享有的权利。客观权利是民事主体可以享有的而非指已经享有的。例如,法律规定了私有房屋所有权,这是自然人可以享有的权利,但某一自然人是否享有私有房屋所有权还决定于其是否取得房屋。通常一般是从主观意义上谈民事权利的。主观意义民事权利是民事主体在具体民事法律关系中享有的合法权益。

民事法律关系,是指依民事法律规范确立的民事权利义务关系。民事法律关系是民法调整市民社会成员间的社会关系形成的法律关系。与其他法律关系相比较,民事法律关系是发生在平等民事主体之间的、一般是由主体自愿设立的、以民事权利义务为内容的法律关系。民事法律关系由主体、客体和内容三要素构成。民事法律关系的主体是在民事法律关系中享受民事权利和负担民事义务的人。民事法律关系的客体是民事权利和民事义务共同指向的对象,是主体享有的权利和负担的义务的载体。法律关系的内容是法律关系主体享有的权利和义务。由于法律关系的主导方面为权利,所以法律关系的客体又称为权利客体或称权利的标的。一般来说,民事法律关系的客体须具有两个基本特征:一是客观性,它不以主体的认识为转移,是客观存在的;二是利益性,作为民事法律关系的客体须是能够满足主体物质利益和精神利益需要的,否则没有意义。因此,凡能满足主体利益需要的各种各样的物质的和非物质的财富以及人的行为都可为民事法律关系的客体。在民事法律关系中享有权利的人为权利主体,负担义务的人为义务主体。权利人享有的权利和义务人负担的义务共同构成民事法律关系的内容。也就是说权利义务相互对立地构成法律关系,权利的内容通过相应的义务表现,义务的内容由相应的权利限定。在任何民事法律关系中，权利主体只能是特定的人，但是在某些民事法律关系中，义务主体是不特定的人。在民事法律关系内容中，民事权利为主导方面，决定着法律关系的性质。正是基于此，人们说民法以权利为本位，即以权利为中心或出发点构建当事人间的关系。

（二）民事权利学理上的分类

1. 非财产权（人身权）与财产权。根据民事权利的内容，民事权利可区分为非财产权（人身权）和财产权，也有的分为非财产权、财产权与社员权。

非财产权又称人身权，是指不以财产利益为内容，不直接具有经济价值，且与主体人身不可分离的民事权利。非财产权包括人格权和身份权。

财产权是以财产利益为内容、具有经济价值的权利。它是可以货币形态出现或换算成一定的货币的民事权利。物权、债权是典型的财产权。知识产权虽也属于财产权，但其内容包含有一定的人身权能。继承权是以一定人身权为基础的权利，但就其内容而言，也属于财产权。

社员权，又称社团成员权，是以一定的成员资格为基础的权利，如股东权。

非财产权与财产权的分界并不是绝对的。有的财产权未必有经济价值，如信件、有特殊纪念意义的物品，对其享有的所有权并非有经济价值。有的非财产权，未必不具有经济价值，如肖像权，在肖像为商业化利用时，肖像权的经济价值就特别突出。但是，区分非财产权和财产权仍是有意义的：（1）财产权一般是可以转让,可以继承的,也可以放弃;而非财产权一般是不能转让,不能继承,也不能放弃的。(2)对财产权侵害的救济,一般使用财产救济的方法,适用财产责任;而对非财产权的侵害,虽也会发生赔偿,但还须使用非财产救济的方法,适用非财产责任。

2. 绝对权与相对权。根据权利效力的范围,民事权利可区分为绝对权利和相对权利。

绝对权利是指义务主体不特定的民事权利,绝对权的权利人得向任何人主张其权利,即绝对权具有对抗任何人的效力。因此,绝对权又称为对世权。相对权是指以特定的义务主体为相对人的民事权利,相对权是须通过特定义务人义务的履行才能实现的权利。因为相对权的权利人只能向特定的义务人主张权利,因此,相对权又称为对人权。

绝对权与相对权的区分的意义主要在于确定义务人的范围不同。但这种区分也不是绝对的。因为,一方面,从相对权来说,相对权的相对性在突破。例如,第三人侵害债权、债权人的保全债权的权利(撤销权、代位权)、买卖不破租赁规则的适用等制度,都突破了相对权的相对性;另一方面,就绝对权而言,绝对权的绝对性也在突破。例如,设定他物权时他物权的设定人与他物权人间就有相对性,再如侵害物权发生的物上请求权的相对人也就是特定的。

3. 支配权、请求权、形成权、抗辩权。根据民事权利的作用,民事权利可分为支配权、请求权、形成权、抗辩权。

(1)支配权是权利主体可以直接支配权利客体(标的)享受其利益并排除他人干涉的权利。

支配权的特点在于:①主体可对客体直接支配,以满足自己的利益需要。这一特点被称为可支配性。由于主体可直接对客体加以现实的支配，因此，若同一标的上同时存在几项支配权时，各项权利间必有何者优先的问题；②主体可以排除他人的干涉。这一特点被称为排他性。因为支配权的权利主体可以通过自己对客体的直接支配享受利益，因此无须他人实施积极的行为，权利人即可实现其权利。但是，他人不能干涉权利人权利的行使。

支配权包括对自己身体、人格要素及身份的支配，也包括对物体和知识产品的支配。对财产的支配是传统民法的主要规制对象。但现代民法上，对人自身的支配也成为规制对象。也正由于对自身的支配，导致主体与客体分界的模糊性。

支配权由于可排除他人的干涉，具有优先性，因此，为避免发生冲突和造成第三人的无意侵害，一般应有一定的公示方式。公示方式是多种多样的。如人格权是以个体自身的存在来公示的；身份权是以户籍登记或婚姻登记方式公示的；物权是以直接占有或登记等方式公示的。未经公示的权利，不具有对抗第三人的效力。

（2）请求权是权利人可以要求他人为一定行为或不为一定行为的权利。请求权的特点在于：权利人不能通过自己的行为满足自己的利益需要，而须通过特定相对人的行为来实现其利益需要。所以，请求权有以下特殊性：①必有相对义务人，否则无法请求；②请求的内容必是具体的，否则相对人无法履行义务。通常称债权为请求权，但请求权并不就为债权。就债权而言，债权请求权也有两种含义：一是作为债权权能的请求权，这是于债权成立时就当然发生的，债权不仅有请求权权能，还有受领权等权能；二是作为债权救济权的请求权，这是在债权受到侵害时发生的请求权。例如，在债务人不履行债务时，债权人享有请求债务人承担债务不履行责任的权利。

请求权是由一定的基础权利派生的救济性权利。基础权利为债权、物权、人身权、继承权、知识产权等。没有基础权利也就不会产生请求权；基础权利也就是请求权的基础。从权利保护上说，请求权的有无决定着原告是否胜诉。而有无请求权决定于有无请求权的基础，有无发生请求权的事实。如合同、侵权行为、不当得利、无因管理等。例如，甲购买了乙的房屋，现丙未经甲同意而居住在该房内。基于购买的事实，甲有房屋所有权，基于所有权这一基础性权利，甲对于丙占住该房，可以产生以下请求权：①返还原物请求权（物上请求权）；②不当得利返还请求权（请求返还丙居住所得利益）；③损害赔偿请求权（若丙的行为损害房屋）。可见，同一事实有时会发生几项请求权，这种情形即是请求权的竞合。于此情形下，若几项请求权可达同一目的，可由当事人选择行使。

（3）形成权是指权利人可依自己的意思使法律关系的效力发生变动的情形。形成权的作用是通过权利人单方的行为使法律关系效力变动，包括：①使法律关系效力发生，如本人对无权代理人代理行为的追认；②使法律关系效力变更，如选择之债的选择权的行使；③使法律关系效力终止，如撤销权、解除权、抵销权的行使。

从对其他人的作用来看，形成权行使的结果分两种情形：一是对他人不发生直接影响，如物权的抛弃；二是对他人发生直接影响，如撤销权、追认权、抵销权等。由于形成权的行使无须相对人的同意，而有的对当事人发生影响，本身与私法自治原则有冲突，因此，尽管形成权是由法律平衡当事人的利益而特别赋予的，也须予以一定限制。对形成权的行使的限制一般为两项：其一，形成权的行使一般不得附条件和附期限，因为附条件和期限有不确定性；其二，形成权的行使不得撤回，以免使法律关系陷入不确定状态。

形成权虽与请求权的作用不同，但二者有密切关系，形成权的行使常是主张请求权的前提条件。

（4）广义的抗辩权指对抗请求权或者否认他人权利主张的权利，又称异议权。包括权利未发生的抗辩、权利消灭的抗辩，以及排除权利即对抗请求权的抗辩。狭义抗辩权仅指对抗请求权的权利。抗辩权的特点在于对抗请求权，属于防御性权利。根据其对抗的效力又可分为一时抗辩权、永久抗辩权。一时抗辩权又称延期抗辩权（如同时履行抗辩权、不安抗辩权、先诉抗辩权等）。

4. 主权利与从权利。根据两项民事权利间的关系，民事权利可区分为主权利和从权利。

主权利是指两项权利中不依赖他项权利而独立存在的权利。从权利指两项权利中依赖他项权利而存在的权利。主权利与从权利是相对而言的，没有主权利也就无从权利，没有从权利也就无所谓主权利。例如，一项债权，若设定担保权，则该债权为主权利，担保权为从权利；若未设定担保权，无从权利存在，该债权也就谈不上为主权利。

区分主权利与从权利的意义在于：主权利决定从权利的命运，主权利不存在，从权利也就不存在。在一般情形下，从权利随主权利的转移而转移。这也就是所谓"从随主规则"。

5. 专属权与非专属权。根据民事权利是否具有可移转性,民事权利可分为专属权与非专属权。

专属权是指一般不具有可移转性的权利,权利主体不能将其转让给他人,也不能继承。非专属性权利是指具有可移转性,权利主体可将其转让给他人,也可以继承。可见,专属权是有人身依附性的,与权利主体是不可分离的,而非专属权不具有人身依附性,与权利主体可以分离。人身权属于专属权,财产权多属于非专属权。

6. 既得权与期待权。根据民事权利的实现是否已经具备全部条件,民事权利可分为既得权与期待权。

既得权是指民事权利的实现条件已经全部具备,权利主体即可实现的权利。期待权则是指民事权利的实现条件尚未全部具备,权利主体尚不能实现而有待于一定条件具备时才可以实现的权利。

7. 原权与救济权。根据两项权利间的派生关系,民事权利可分为原权与救济权。

原权是指基础性的权利,救济权是指由原权派生的权利。人身权、物权、债权、知识产权、继承权都属于原权。原权受到侵害,权利人得请求予以救济的请求权即为救济权。在法律关系中与原权相对应的是民事义务,与救济权相对应的就是民事责任。

二、人身权

（一）自然人的一般人格权益

第一百零九条　自然人的人身自由、人格尊严受法律保护。

该条规定了自然人的一般人格权益受法律保护。

自然人的一般人格权益，是指以自然人基于人格独立、人身自由、人格尊严所享有的受法律保护的利益。

自然人的人身自由，包括身体自由、行为自由、意志自由，是自然人能够成为独立的民事主体，具有独立的人格，自主依法从事各项民事活动，参与各种民事法律关系，行使其权利履行其义务的基础和前提条件。自然人只有享有人身自由，才能真正成为独立的民事主体，才具有独立的人格。从这一点上说，人格独立与人格自由是不可分的，人身自由就隐含了人格独立。

自然人的人格尊严，是自然人之为人所必具备的人格利益。一个人失去尊严，也就失去作为一个人所存在的价值。

正因为人身自由、人格尊严对于自然人之人格有普遍的一般意义，因此，自然人享有人身自由、人格尊严也是宪法规定的公民的基本权利。《宪法》第37条规定，公民的人身自由不受侵犯；第38条规定，公民的人格尊严不受侵犯。

自然人的一般人格权益，是自然人享有的各项具体人格权的基础。自然人享有的具体人格权是基于一般人格权益而派生和发展出来的。随着社会的发展，出于人格权益保护的需要，可以从一般人格权益派生出新的具体人格权。因此，关于自然人一般人格权益受保护的规定为自然人具体人格权的保护奠定了基础。

（二）自然人的具体人格权

第一百一十条第一款　自然人享有生命权、身体权、健康权、姓名权、肖像权、名誉权、荣誉权、隐私权、婚姻自主权等权利。

本条款规定了自然人的具体人格权。

自然人享有的具体人格权主要包括以下权利：

1. 生命权。生命权是自然人享有的以生命为客体的人格权。生命是自然人维持其生存的能力。生命权的内容就是维持生命的安全与安宁，包括以下权能：（1）生命安全的维护权。生命是自然人最高的人格利益，是自然人得以享有其他人格利益的前提。生命安全维持权是指在生命权受到非法侵害时，自然人得采取措施自卫，以防生命丧失。（2）生命安宁的维护权。生命安宁的维护权是指自然人在得知自己生命受到威胁时，得以采取措施消除威胁，以取得心灵上的安宁的权利。（3）生命利益支配权。生命利益支配权是指自然人对自己生命予以处分的权利。自然人可否支配自己的生命利益？对此有不同的观点。但自然人支配自己生命的现实是存在的。只不过，自然人支配自己的生命利益应不违背公序良俗，否则会受到人们的谴责。

2. 身体权。身体权是以自然人的身体为客体的人格权。身体是自然人承载生命健康的物质载体，身体权是以维护身体组织完整安全并支配身体及其组成部分为内容的权利。在以往的法律中并没有规定身体权，而是将身体权包含在健康权中。《民法典》规定了身体权为独立的一项人格权。身体权包括以下权能：（1）身体组织完整的维护权。自然人身体组织的完整是其正常生活的基本条件，维护身体组织的完整是身体权的基本内容；（2）身体安全的维护权。身体安全是指身体不受侵害。自然人有权维护其身体不受自然的或人为的不法侵害；(3)身体及其组成部分的支配权。自然人有权自主支配自己的身体及其组织部分，例如，自然人可以决定捐献自己的器官、遗体等。当然自然人对其身体及其组织部分的支配也不能违反法律的规定，不得违背公序良俗。

  3. 健康权。健康权是以健康为客体的人格权。自然人的健康包括身体健康和心理健康。自然人的身心健康不仅关涉自然人个人的生活质量，还关系到社会的发展。因此，健康权是自然人的一项重要人格权。《民法通则》是将健康权与生命权规定在一起的，称为"生命健康权"，《侵权责任法》将健康权规定为与生命权相区别的单独的一项人格权。健康权是以维护机体生理机能的正常运作和功能完善为内容的权利，包括以下权能：(1)身心健康的维持权。自然人有权采取措施，维护其身体机能和生理机能的正常运作，保持身心健康；(2)身体生理机能功能的完善权。身心健康是自然人从事正常社会活动的基础和条件，自然人有权利用自己身心健康的条件从事各项社会活动，有权使自己的机体生理机能更加完善，提升从事社会活动的能力。(3)健康利益支配权。自然人有权依法支配自己的健康利益，这也是维护其健康的需要。例如，自然人有权根据身心健康状况决定接受治疗。当然如同生命、身体的支配一样，自然人对健康利益的支配也不能违背公序良俗。

  健康权与身体权、生命权都是以自然人的有生命的机体为载体的人格权，因此，这三项人格权统称为物质性人格权，而其他人格权因不是以人身这一物质机体为载体的，属于精神性人格权。

4. 姓名权。姓名权是以自然人的姓名为客体的权利。姓名包括姓和名两部分,姓标志自然人家族血统关系,名是自然人的名称。姓名是自然人相互区别的标记或符号。姓名权是自然人享有的决定、利用和变更其姓名的权利,包括:(1)姓名决定权。自然人有权决定自己的姓名。在不具有民事行为能力时,自然人的姓名多由父母代为决定。自然人在姓氏的选择上可以随父姓,也可以随母姓,还可以在父姓和母姓之外选取姓氏。① (2)姓名利用权。自然人有权利用自己的姓名从事各项社会活动,可以决定使用或不使用自己的姓名以及使用何姓名,也有权排除他人的不法利用。但法律、行政法规规定必须使用正式姓名的场合,自然人必须使用自己的正式姓名。正式姓名是身份证记载或者户籍登记中登记记载的姓名。(3)自然人有权变更自己的姓名,但变更其正式姓名的,须遵守相关规定,办理有关手续。

5. 肖像权。肖像权是以自然人的肖像为客体的人格权。肖像是通过绘画、照相、雕塑、录像、电影艺术等形式表现出的自然人的形象。肖像权是自然人对其肖像的决定、维护和利用的权利,包括:(1)肖像制作的决定权。自然人有权决定是否制作自己的肖像,自主决定以何种形式再现自己的形象;(2)肖像的维护权。自然人有权维护自己的肖像,以避免和防止对肖像的毁损、玷污;(3)肖像的利用权。自然人有权利用自己的肖像从事各

---

① 全国人民代表大会常务委员会《关于〈中华人民共和国民法通则〉第99条第一款、〈中华人民共和国婚姻法〉第22条的解释》中规定,"下列情形之一的,可以在父姓和母姓之外选取姓氏:(一)选取其他直系长辈血亲的姓氏;(二)因由法定扶养人以外的人扶养而选取扶养人姓氏;(三)有不违反公序良俗的其他正当理由。""少数民族公民的姓氏可以从本民族的文化传统和风俗习惯。"

种活动，有权许可他人利用自己的肖像，禁止他人的不法利用。

　　6．名誉权。自然人的名誉权是以自然人的名誉为客体的人格权。自然人的名誉是特定自然人享有的社会对其人品、德行、能力、水平等的客观评价。自然人的名誉权是自然人享有的维护和利用其名誉的权利，包括：（1）名誉的维护权。自然人有权采取措施维护自己的名誉，一方面可以通过自己的行为让社会公众对其有更好的评价，另一方面对于损害其名誉的诽谤等不法行为予以救济，以恢复其名誉；（2）名誉利用权。自然人有权利用自己的名誉从事各种社会活动，以获取相应的利益。

　　7．荣誉权。自然人的荣誉权是以自然人的荣誉为客体的人格权。所谓荣誉，也就是好的名誉，是基于特定的事由、由特定的机构所授予的一种积极评价。自然人的荣誉权是自然人获得、保持和利用的权利，包括：（1）荣誉获得权。自然人在有取得相应荣誉称号的事由时，有权通过相应程序获得相应荣誉，他人不得恶意阻碍；（2）荣誉维持权。自然人对其获得的荣誉有权保持，他人不得非法剥夺其荣誉称号；（3）荣誉利用权。自然人有权利用自己获得的荣誉从事各项社会活动，有权享有和支配荣誉所带来的精神利益和物质利益。

　　8．隐私权。隐私权是以自然人的隐私为客体的权利。隐者，藏而不露；私者，个人之谓。自然人的隐私即是指自然人个人不愿为他人知晓的事项。在熟人社会，隐私的保护缺乏必要性，不受重视。隐私权是一项新兴权利。《民法通则》中没有规定隐私权，对隐私是以名誉权的保护方式予以保护的。2001年最高人民法院《关于确定民事侵权精神损害赔偿责任若干问题的解释》将侵犯隐私与侵犯名誉作了区分。《侵权责任法》第2条规定隐私权是受侵权责任法保护的一项独立权利。隐私权是自然人对于自己的隐私予以控制、维护和利用的权利,包括:(1)隐私的控制权。自然人有权控制自己与公共利益无关的私人事项不为他知;(2)隐私的维护权。自然人有权采取措施维护自己的隐私,如维护自己私生活的安宁,保守自己的秘密。(3)隐私的利用权。自然人有权利用自己的隐私。例如,以自己的私生活为素材进行创作。自然人利用自己的隐私不得违反法律和公序良俗。

9. 婚姻自主权。婚姻自主权是以自然人的婚姻自由为客体的权利。婚姻自由是自然人人格独立和自由在婚姻生活领域的具体体现。婚姻自主权是自然人享有的以自主决定婚姻事项为内容的权利,包括:(1)结婚的自主决定权。自然人有结婚自由的权利,他人不得非法干涉当事人的婚姻自由;(2)离婚的自主决定权。自然人有离婚自由的权利,有权决定离婚事项,不受他人的非法干涉。

(三)法人、非法人组织的人身权

第一百一十条第二款　法人、非法人组织享有名称权、名誉权和荣誉权。

本条款规定了法人、非法人组织的人身权。

法人、非法人组织主要享有以下人身权:

1. 名称权。名称权是以法人、非法人组织的名称为客体的权利。法人、非法人组织的名称是一组织与他组织相区别的标志或符号。有自己的名称,是法人、非法人组织成立必备的条件之一。名称权是法人、非法人组织享有的以决定、利用和变更其名称为内容的权利,包括:(1)名称的决定权。法人、非法人组织有权依法选择自己的名称，不受非法干涉；（2）名称的利用权。法人、非法人组织有权依法利用自己的名称从事各项活动，法人、非法人组织有权依法转让自己的名称；（3）名称的变更权。法人、非法人组织有权依法变更自己的名称。当然变更登记的名称，应办理变更登记。

2. 名誉权。法人、非法人组织的名誉权是以法人、非法人组织的名誉为客体的权利。法人、非法人组织的名誉是社会对法人、非法人组织的经济实力、社会信用等各方面的客观评价。法人、非法人组织的名誉权是法人、非法人组织维护、利用其名誉的权利，包括名誉的维护权和名誉的利用权。与自然人的名誉权不同，法人、非法人组织的名誉权与财产利益密切相关。法人、非法人组织维护和利用自己的名誉会带来很好的经济效益。

3. 荣誉权。法人、非法人组织的荣誉权是以法人、非法人组织的荣誉为客体的权利，以法人、非法人组织获取和维护、利用其荣誉为内容。法人、非法人组织的荣誉权也包括荣誉获得权、荣誉维持权和荣誉利用权。与自然人的荣誉权相比，法人、非法人组织的荣誉权会给权利主体带来更大的经济利益。

（四）自然人的个人信息利益

第一百一十一条 自然人的个人信息受法律保护。任何组织和个人需要获取他人个人信息的，应当依法取得并确保信息安全，不得非法收集、使用、加工、传输他人个人信息，不得非法买卖、提供或者公开他人个人信息。

本条规定了自然人享有个人信息利益。

自然人的个人信息利益，是以自然人的个人信息为客体的合法利益。在信息社会,信息已经成为重要的权利客体。信息的种类多样,自然人的个人信息,又称个人资料、个人数据,是指以电子或者其他方式记录的能够单独或者与其他信息结合识别自然人身份或者反映特定自然人活动情况的各种信息,包括姓名、职业、宗教信仰、身份证号码、手机号码、联系方式、家庭状况、住址、账号密码、财产状况、消费倾向、活动范围等。个人信息作为新型的受法律保护的客体,是随着科技发展和社会进步而产生的,是社会进入信息时代、大数据时代的产物。

个人信息具有可识别性和价值性。所谓可识别性,是指通过一些数据的分析,可以确定某个特定的个人信息主体;所谓价值性,是指个人信息主体外的其他人可以既方便又容易地掌握个人信息主体的生活、消费等方面的规律,创造获利的机会。从主体方面看,作为个人信息的主体应享有多方面的权利,包括:(1)个人信息的公开权。主体应可自主决定是否公开自己的个人信息;(2)个人信息的知情权。主体有权知道他人搜集其个人信息的用途、使用范围等;(3)个人信息的利用权。主体可以利用其个人信息从事各项社会活动;(4)个人信息的维护权。主体有权维护自己的个人信息不泄露、不丢失、不被非法利用。

《民法典》第111条主要是规定了义务人的义务。个人信息权益是绝对权益,主体以外的其他人都为义务主体。在个人信息关系中,义务人负有以下两项义务:(1)依法取得并确保信息安全的义务。由于经营的需要,有的民事主体需要获取他人的个人信息,例如在银行办理存贷业务,在保险公司办理保险业务,购买飞机票,在诸如此类的事务中,个人必须提供相关的信息,这是经营活动的需要。但是获得个人信息的人必须取得个人信息主体的同意，应确保个人信息的安全，只能在规定的范围内使用个人信息，只能基于特定用途使用个人信息，应采取措施避免个人信息的泄露、丢失。(2)不得非法搜集、使用、加工、传输他人个人信息，不得非法买卖、提供或者公开他人个人信息。不论是有权获得他人个人信息的人还是无权获取他人信息的人，都无权非法搜集、使用、加工、传输他人个人信息，不得非法买卖、提供或者公开他人个人信息。义务人违反个人信息保护义务的，对个人信息的主体应承担民事责任；构成行政违法、刑事犯罪的，还应承担行政责任、刑事责任。

（五）自然人基于婚姻、家庭关系享有的人身权

第一百一十二条　自然人因婚姻家庭关系等产生的人身权利受法律保护。

本条规定了自然人基于婚姻、家庭等关系享有人身权。

自然人因婚姻、家庭关系产生的人身权是以自然人在婚姻、家庭关系中的特定身份为客体的人身权，通常称为身份权，但也体现人格利益。除因婚姻、家庭关系产生的人身权利外，自然人还享有因知识产权关系产生的人身权。例如，著作权人所享有的作者的人身权，专利权人所享有的专利发明人的人身权利。自然人在婚姻家庭关系中享有的人身权主要包括以下几项：

1. 配偶权

配偶权是因婚姻关系产生的人身权，是以配偶这一身份为客体的权利。配偶权是以夫妻相互扶助、共同生活为内容的权利，包括：(1)扶助权。夫妻间有相互扶助的权利，一方不履行扶养义务的，他人有权要求其扶养。(2)共同生活权。夫妻间有共同

生活的权利,为此双方有同居的权利、有决定住所的权利、有代理处理日常事务的权利等。(3)维持婚姻关系的权利。夫妻任何一方都有维持婚姻关系的权利,任何一方都有要求对方尊重自己的权利,都有反对任何形式的家庭暴力的权利。

2. 亲权

亲权是父母对于未成年子女的权利,以对于未成年子女的父母身份为客体,以父母对未成年子女的教育、照顾、保护和抚养为内容。父母为未成年子女的法定监护人,应履行监护职责。父母因不履行监护职责而被撤销监护资格的,其对未成年子女的抚养义务不能免除,仍应继续履行支付抚养费的义务。

3. 亲属权

亲属权是自然人享有的以特定亲属身份为客体的人身权。在家庭关系中,成年子女与父母之间、兄弟姐妹之间、祖父母与孙子女之间、外祖父母与外孙子女之间基于父母子女身份、兄弟姐妹身份、祖孙身份也享有特定的人身权,这种人身权就是亲属权。亲属权的具体内容和形式是多样的,也是不断发展的。例如,亲属间有相互扶助的权利,相互探望的权利等。

三、财产权

(一)财产权利的保护原则

第一百一十三条 民事主体的财产权利受法律平等保护。

本条规定了对主体的财产权利平等保护原则。

财产权利是与人身权利相对应的一类民事权利。财产权利具有价值性，可以以货币计价，一般也可以转让。平等原则是民法的基本原则，对民事权利平等保护是平等原则的基本要求。不仅财产权利，人身权利也受法律平等保护。那么，为何又以本条特别强调对民事主体的财产权利的平等保护呢？这主要是因为财产权利的主体从所有制形式上说，是各种所有制形式的经济主体都存在的。而在某些人的观念上，仍存在对全民所有制经济须给予特殊保护，而不能对其与其他所有制形式予以同样的保护的观念。而在社会主义市场经济中，一切市场主体的地位和权利必须也只能是平等的。因此，为发展社会主义市场经济，为维护市场经济主体的平等地位，本条特别申明"民事主体的财产权利受法律平等保护"，不因其所有制形式不同而受不同的保护待遇。

（二）物权

1. 物权的概念与种类

第一百一十四条　民事主体依法享有物权。

物权是权利人依法对特定的物享有直接支配和排他的权利，包括所有权、用益物权和担保物权。

本条规定了民事主体享有物权及物权的种类。

（1）物权的含义与特征

物权是民事主体依法享有的基本财产权。关于物权的概念，民法理论上有对物关系说、对人关系说，以及折衷说等不同观点。[①] 我国法对物权概念采取折衷说，规定"物权是权利人依法

---

① 对物关系说认为，物权是人对物的权利，是直接支配物的财产权；对人关系说认为，物权是权利人得以对抗一般人的财产权；折衷说认为，物权是对物直接支配并排除他人干涉的财产权。

对特定的物享有直接支配和排他的权利"。物权的这一概念强调物权有对物直接支配和效力排他两个要素,有以下含义:其一,物权是权利人直接支配特定物的权利。这表明物权是对物的直接支配关系,是人对物的权利。物权人可以直接对物加以支配。所谓支配是指对物的管领、控制和处置。权利人对物的直接支配,指权利人可以依自己的意思和行为对物支配,而无须借助于他人的意思和行为。其二,物权是权利人可以直接享受物的利益的权利。权利人可以直接支配物,也就可以直接享受因依自己的意思和行为支配物所产生的利益。物的利益可分为归属利益、用益利益和担保利益,不同物权的权利人可依其享有的物权内容直接取得和享受相应的物的利益。其三,物权是得以排除他人干涉的权利。这是从人与人而非人与物的关系上来看物权的。某人有权支配某物,享有某一方面物的利益,也就排斥他人对该物的支配和该利益的享有。因此,物权的权利人有权排除他人对其权利的干涉,任何人对物权的权利人都负有不得侵害其权利的消极义务。

物权的概念表明物权主要有以下特征:

①物权为支配权。支配权是物权在权利内容和作用方面的特征。物权是权利人对权利客体可直接支配并享受其利益的权利,当然也就属于支配权,具有支配性。因为物权为支配权,而在同一客体上不能同时有两个以上相同的支配力,物权对外当然也就具有排除他人干涉而由权利人独自享受其物的利益的性质与效力,从而,物权也就具有排他性。

②物权为对世权、绝对权。物权为对世权,是物权在主体方面的特征。对世权是权利人可向任何人主张的权利,义务主体不

特定。物权的义务人不特定，物权的权利人是可以向任何人主张权利的，而非仅可向特定的相对人主张权利。因此，物权为对世权。物权的效力及于权利人以外的任何人，也就是说物权是可以对抗一切人的权利，物权的实现无须义务人的介入，权利人可以依自己的意愿直接实现其权利，因而，物权为绝对权。物权为绝对权是物权在效力和实现方式上的特征。

③物权以特定的独立物为客体。物权以独立物为客体，这是物权在客体上的特征。

（2）物权的种类

物权包括所有权、用益物权和担保物权。

①所有权。所有权是权利人享有的在法律规定的范围内对其自己的物全面予以支配的权利。《民法通则》第71条就规定，"财产所有权是指所有人依法对自己的财产享有占有、使用、收益和处分的权利。"可见，所有权是最全面的物权，所有权人有权对自己的不动产或者动产占有、使用、收益和处分，有权在自己的财产上设立用益物权或担保物权。所有权包括占有权、使用权、收益权、处分权等权能。在我国，所有权包括国家所有权、集体所有权、私人所有权、法人所有权等种类。

②用益物权。用益物权是权利人依法对他人的不动产享有的占有、使用和收益的权利。用益物权的权利人有权对他人之物的使用价值依法予以支配。用益物权的设立目的是为了取得收益，为取得收益，用益物权人须占有和使用他人之物。我国的用益物权主要包括土地承包经营权、建设用地使用权、宅基地使用权、居住权、不动产役权，以及海域使用权、采矿权、渔业权等。

③担保物权。担保物权是权利人依法对他人的财产的价值

予以支配，以担保其债权实现的权利。担保物权不同于用益物权，不是对他人之物使用价值支配的权利，而是对他人之物的价值予以支配的权利。设立担保物权的目的不是利用他人之物取得收益，而是利用他人之物以实现债权。担保物权包括不动产抵押权、动产抵押权、动产质权、权利质权、留置权等。

④占有。占有不为法律上规定的一类物权，但占有也是法律保护的一种事实。

对于法律规定的物权种类，依不同的标准可以为以下分类：

其一，完全物权和定限物权。根据对物的支配范围，物权可分为完全物权和定限物权。完全物权是得对物予以全面支配的物权。因只有所有权人可对物进行全面支配，所以只有所有权为完全物权。定限物权又称不完全物权，是对物仅于一定范围内为一定限度支配的物权。因用益物权、担保物权是只能对物为一定限度支配的，因而属于定限物权。定限物权是权利人对他人之物享有的支配权，只能在他人之物上设立。定限物权设立后，所有权人的权利也就在该定限物权的效力范围内受到限制，所以尽管定限物权的支配范围狭于所有权，但其效力强于所有权。正是在这一意义上，定限物权又称为限制物权。

其二，不动产物权、动产物权和权利物权。根据权利客体（标的），物权可分为不动产物权、动产物权和权利物权。不动产物权以不动产为客体，动产物权以动产为客体，权利物权则以法律规定的权利为客体。不动产物权包括不动产所有权、各种用益物权、不动产抵押权。动产物权包括动产所有权、动产抵押权、动产质权、留置权。权利物权包括权利质权和用益物权抵押权（如建设用地使用权抵押权）。

其三，自物权与他物权。根据权利人支配的物的归属，物权可为分自物权和他物权。自物权是权利人对自己的物的权利。显然，只有所有权为自物权。他物权是对他人之物的权利，即在他人之物上享有的物权。他物权须经所有权人同意才能设立。用益物权和担保物权都为他物权，二者的区别仅在于设立目的、性质、效力等不同。

2. 物权的客体

第一百一十五条　物包括不动产和动产。法律规定权利作为物权客体的，依照其规定。

本条规定了物权的客体——物。

（1）物的概念和特征

作为物权客体的物，与物理学上、哲学上的物质不同，是存在于人身之外的能为民事主体实际控制或支配的满足人们的一定需要的具有经济价值的物质资料。民法上的物具有以下特点：

①须存在于人身之外。民法上的物为客体，而人为主体，因此，作为主体的自然人的人身不能作为物。人之身体生理生存的部分包括人工补接的组成部分，如义肢等，不能为物。但身体之一部分可否为物？此为有争议的问题。[①] 对于自然人死后的身体可否为物，并无争论。但对其性质有不同观点。通说认为，遗

---

① 已分离的部分可为物，权利人可为处分。未分离前不为物，但对身体的一部分却并非不可以处分，如输血、截肢；又如生前可对死后遗体处置作出安排。对这些现象如何看？有不同观点。通常认为实施这类行为不得违背公序良俗。但这却也不能解决是否为客体的问题。又如医学发展带来的新问题。如代母孕子，实际上为有偿的出租子宫。类似的行为是否有效？也有不同的观点。这些处分行为不能强制执行，这是肯定的。但类似协议不能履行时有无如何赔偿的问题？例如同意捐献某器官，到做手术时又反悔的，应如何处理？尽管不能强制执行，但是否应赔偿呢？这是值得研究的。这也说明在现代客体与主体的界限并非绝对分明。

体应为继承人所有,但只能为保存、埋藏、祭祀的标的;也有的认为,遗体不能作为一般的物,不能作为所有权的客体。对于盗窃、损害死者遗体的,多认为侵害的是近亲属的人身权益,而非财产权益,这主要涉及人格尊严问题。

②须为有体物。物是否以有体物为限?有不同立法例。在罗马上就有体物与无体物之分,有体物是指作为一种客观存在的可以为人的感官所知觉的物;无体物是指无实体存在而仅由法律主观拟制为物的物,如地役权、用益权、继承权、债权等权利。德国法规定,物为有体物。多数国家也规定物是指有体物。但在何为有体上?有不同的看法。如对电、光、热,有的认为为有体物,有的认为不为有体物,所以在物的定义中要特别加上"自然力"。实际上,只要能够为人的感官所感知,就为有体的。我国法上的物也指有体物,但对无体物,在法律规定作为物权客体的场合,也可用以作为客体设定物权,如权利质权等,即是以权利这一无体物为客体的,有的称此类权利为"准物权"。

③须为人力所实际控制或支配。民法上的物,因为是物权的客体,所以须能够为人力所实际控制或支配,也就是说,需具有可控制性。只有如此,物才能成为权利的客体,否则,不能为人力控制或支配,既不能利用也不能用于交易,也就没有任何实际意义。至于人力能否控制,应依不同条件下的情形而定。随着科技的发展,人类支配自然的能力不断增强,物的范围也就会不断扩大。

④须能满足人们的生产或生活需要且独成一体。民法上的物应有独立的价值或使用价值。一所房屋能独立地满足人们的居住需要,为一物;一个房间也能独立满足居住需要,也为一物。

又如一粒米，在一般情况下，不能独立满足人的需要，不为物，但若为一粒特殊的种子，可独立满足人们的需要，即为一物。

（2）物的分类

①不动产和动产。这是法律上对物的基本分类，主要是以物可否移动及移动对其价值有无影响为标准。不动产是指不具有可移动性即不能依一般方法移动或者移动后会损害其价值的物；动产是指具有可移动性即依一般方法就可以移动且移动后不会损害其价值的物。不动产主要是土地以及地上定着物、海域、水面等，不动产以外的物即为动产。地上定着物为不动产须具备两个条件：一是继续或密切地附着于土地上。例如，临时搭建的工棚即不为不动产；又如，道轨可为不动产，但未固定时不属于不动产；二是具有独立的经济目的，不被认为是土地的一部分。如高架道路为定着物，而下水道则为土地的一部分。区分不动产和动产的意义主要在于：不动产物权和动产物权的权利的公示方式不同，在我国对于不动产的流通有一定限制，而对于动产一般不限制；再次是不动产和动产之上的权利类型不同，不动产上存在用益物权，而动产一般不为用益物权的客体；最后因不动产和动产引起诉讼的管辖也不同，不动产纠纷由不动产所在地法院管辖，属于特别管辖。

②原物与孳息。这是从一物产生另一物关系上区分的，原物是产生新物的物，孳息是新生的物，包括天然孳息与法定孳息。天然孳息是由物自然产生的出产物，如果实；法定孳息是物依法律关系而产生的收益，如利息、租金等。区分的目的主要在于确定孳息的归属。天然孳息，由所有权人取得；既有所有权人又有用益物权人的，由用益物权人取得；但当事人另有约定的除外。

法定孳息的收取依约定方式,没有约定或者约定不明确的,按照交易习惯收取。

③主物与从物。就两物间的关系而言,有关联的两物可分为主物与从物。主物是能独立发挥效用的物,从物是辅助主物发挥效用的物。在确定一物是否为从物上需注意三个条件:一是主物与从物二者是独立的物,从物不能是一物的构成部分;二是从物与主物间有关联,这里所谓有关联是指二者会发生空间上的联系,一物辅助他物的使用才更有意义;三是需为同一人所有。有的认为,二物是否为同一人所有并无意义,但通常情况下,如二物已经不为同一人所有,则不能做主物与从物的区分。区分主物与从物的意义主要在于从物随主物的权利变动而变动。从物随主物转移而转移的,有两条例外:一是当事人另有约定,比如甲卖车给乙,但提出不包括车锁,而乙坚持车锁为从物应一同转移,则不能成交;二是依交易习惯不认为从物者,二物间虽依据经济效用可分为主物与从物,但交易习惯上不认为属于主从关系的,不依从随主原则处理,例如在土地上建造的建筑物。主物与从物的区分,在发生添附时,也有意义。如甲与乙订立转让土地使用权合同,乙受让后,将地填平,其后合同确认无效,此时,所填土地的砂土应为从物,归属于土地,只能由甲取得,但甲应给乙以补偿。

④种类物与特定物。种类物与特定物的区分在交易中有特别意义,也仅限于交易中才发生这种区分。在物权法上无种类物与特定物区分的余地,因为物权的客体是特定物,作为物权客体的物都须为特定的,也只能是特定的。

3. 物权法定原则

第一百一十六条　物权的种类和内容，由法律规定。

本条规定了物权法定原则。

物权法定原则是与物权放任原则相对应的。物权放任原则主张物权的类型可由当事人任意创设，法律不加限制。物权法定原则是指物权的种类及其内容等由法律规定，当事人不得任意创设法律没有规定的物权或者变更物权的法定内容。物权法定这也是物权区别于债权的特点之一。物权法定原则包括两方面内容：一是物权的种类法定，又称种类强制。物权的种类是由法律规定的，当事人不得创设法律未规定的物权种类，行政法规和地方法规也不得规定法律未规定的物权种类；二是物权的内容法定，又称内容强制。每一种物权的内容为何，是由法律规定的，当事人不得创设与法律规定不同的物权内容。例如，依法律规定，抵押权人对抵押财产不能进行使用收益，若抵押当事人约定抵押权人可对抵押财产使用收益，则其设定了与法律规定的抵押权内容不同的权利内容，该约定应为无效。

物权法定原则为多数国家立法所确认，但各国的立法理由并非相同。例如，近代各国民法实行物权法定的一个重要理由是为了整理旧物权，以防止封建物权的复活。我国民法实行物权法定原则主要有以下三方面理由：

其一是为了实现物尽其用。各种物权都是对物的利用方式，法律明确规定物权的种类和内容，可使各种物权的内容统一，可避免因当事人的约定而造成物权的内容相互重叠，可防止因当事人任意在物上设定各种限制和负担，而影响物的效益的充分发挥。物权种类和内容由法律规定，当事人可依照法律规定设立物权，还可以节省当事人的交易成本。

其二是为了维护交易安全。物权为对世权,具有排他性,"一物不能二主",因此,只有物权关系明确、清晰,才能保障交易安全便捷。物权种类和内容由法律规定,便于物权的公示,当事人依法律规定的物权公示方式就可以确定物权的状况。若由当事人任意创设物权,第三人难以清楚物权的状态,就会增加交易的成本,不能使交易安全便捷地进行。

其三是为了维护国家的基本经济制度。一国的法律规定的物权种类和内容决定于该国的基本经济制度。如果任由当事人自由创设物权,就会妨害或动摇国家的基本经济制度。例如,我国的土地归国家或集体所有,若任意由当事人创设私人土地所有权,就动摇了国家的土地制度。

物权法定原则虽有重要意义,但现代社会也有缓和的趋势。

4. 公益征收、征用原则

第一百一十七条　为了公共利益的需要,依照法律规定的权限和程序征收、征用不动产或者动产的,应当给予公平、合理的补偿。

本条规定了公益征收、征用原则。

所谓征收,是由国家强制以一定的价格将他人的不动产或者动产收归国家所有;所谓征用,是指国家强制地使用他人的不动产或者动产。征收、征用是对他人所有权的限制,是公权力对私权利的干预,因此,必须具备一定的条件才可实施。这些条件包括:

(1) 为了公共利益的需要。公共利益是相对于个体利益而言,指关系社会公众的利益。公共利益高于个体利益,也是保障个体利益的。因此,只有为了公共利益的需要才可实行征收、征用。例如，为了建设公共设施需要，可以征收他人的不动产；为了抢险救灾可以征用他人的动产。

（2）依照法律规定的权限和程序。征收、征用不动产或者动产，因是对他人所有权的限制，为避免非法侵害他人权利，法律规定了严格的权限和程序。未依照法律规定的权限和程序而征收、征用他人的不动产、动产的，构成对他人的物权的侵害，应承担相应的法律责任。

（3）给予公平、合理的补偿。征收、征用不是没收，必须给予公平、合理的补偿。何为公平、合理补偿？如果给予的补偿，为被征收人、被征用人接受，该补偿当然是公平合理的。如果双方协商不能达成补偿协议，那么，应以市场价格作为补偿标准才是公平合理的。

（三）债权

1. 债权的概念和特征

第一百一十八条　民事主体依法享有债权。

债权是因合同、侵权行为、无因管理、不当得利以及法律的其他规定，权利人请求义务人为或者不为一定行为的权利。

本条规定了民事主体享有债权及其债权的概念。

债权是民事主体依法享有的另一项财产权，是在债的关系中权利人一方享有的权利。债是特定当事人之间以债权债务为内容的民事法律关系，权利人享有的权利为债权，义务人负有的义务为债务。债权是债权人享有的请求债务人为或者不为一定行为的权利，债务则是债务人负担的应向债权人为特定的为或不为一定行为的义务。债权具有以下特点：

（1）债权为相对权。债的关系的特点是义务人为特定的人，债权人只能向特定的债务人主张权利，而不能向债务人以外的第三人主张权利。正是在这一意义上，称债权具有相对性。

（2）债权为请求权。债权人实现其利益须请求债务人给付来实现，不借助债务人的行为，债权人自己不能实现其权利，因此，债权为请求权而非支配权。债权为请求权并非指债权等于请求权，请求债务人给付只是债权的一项权能。

（3）债权以给付为客体。在债的关系中债权债务共同指向的对象就是给付。所谓给付，是指债务人应为的特定行为。没有债务人应为的特定行为，债权也就落空。

（4）债权具有相容性和平等性。债权无支配性，也就无排他性，因而，在同一客体上可以成立内容相同的多个债权，并且各个债权间不论发生先后，其效力平等。

2. 债权的发生根据

债权的发生原因多种多样，有基于当事人意愿发生的，也有基于法律的规定发生的，主要有合同、侵权行为、无因管理、不当得利。

（1）合同

第一百一十九条　依法成立的合同，对当事人具有法律约束力。

本条规定了合同是债权发生的原因。

合同是当事人之间设立、变更、终止民事权利义务关系的协议。合同的订立一般要经过要约和承诺两个阶段。合同一经依法成立后，当事人间就发生合同债权债务关系。债权人因合同享有的债权，是基于当事人的意思自愿设立的，称为意定债权。

（2）侵权行为

第一百二十条　民事权益受到侵害的，被侵权人有权请求侵权人承担侵权责任。

　　本条规定了侵权行为也是债权的发生原因。

　　侵权行为是侵害他人民事权益的不法行为。侵害他人民事权益的人为侵权人，民事权益受侵害的人为被侵权人。侵权行为发生后，被侵权人享有请求侵权人承担侵权责任的债权，侵权人负有依法承担民事责任的债务。因侵权行为发生的债权不同于合同债权，它不是当事人自愿设定的，而是基于法律规定发生的。同时侵权行为属于不法行为，而依法成立的合同为合法行为，所以，侵权行为发生的债权是因不法行为发生的，而合同债权是因合法行为发生的。

（3）无因管理

第一百二十一条　没有法定的或者约定的义务，为避免他人利益受损失而进行管理的人，有权请求受益人偿还由此支出的必要费用。

　　本条规定了无因管理是债权发生的重要原因。

　　无因管理是指没有法定的或者约定的义务，为避免他人利益受损失而对他人事务管理的行为。对他人事务进行管理的人称为管理人，受事务管理的人称为本人，因本人一般从管理人的管理中受益，因此通常称为受益人。无因管理成立后，管理人有请求受益人偿还因管理支出的必要费用的权利，受益人则负有偿还的义务。管理人因无因管理所享有的债权是因合法的事实行为发生的。因为无因管理与人的意志有关，但管理人又不是以发生民事法律后果为目的管理的，因而它属于事实行为。在现实生活中一方面要求人们不得对他人事务予以干涉，另一方面要求人们相互主动关心、扶助，法律确认无因管理的直接目的，是赋予无因管理行为以合法性，对于不符合无因管理要求的干涉他人事务的行为则不认其合法性。

（4）不当得利

第一百二十二条　因他人没有法律根据，取得不当利益，受损失的人有权请求其返还不当利益。

该条规定了不当得利为债权的发生原因。

所谓不当得利，是指没有合法根据地取得利益而使他方受损失的事实。在这一现象中。取得不当利益的一方为受益人，受到损失的一方称为受损人或者受害人。一旦发生不当得利，受损失的一方有请求受益人返还其得到的不当利益的权利，受益人负有返还的义务。不当得利发生的债权不是基于当事人意志发生的，因为不当得利发生的原因多样，就其不当得利来说，只是一种不正常的现象，为纠正受益人无根据得利这种不正常现象，法律规定了不当得利债权，以调整无法律原因的财产利益的变动情况。

（四）知识产权

第一百二十三条　民事主体依法享有知识产权。

知识产权是权利人依法就下列客体享有的专有的权利：（一）作品；（二）发明、实用新型、外观设计；（三）商标；（四）地理标志；（五）商业秘密；（六）集成电路布图设计；（七）植物新品种；（八）法律规定的其他客体。

本条规定了知识产权是民事主体享有的重要的民事权利。

1. 知识产权的概念

何为知识产权？并无统一的概念。对知识产权的定义有采列举式的，有采概括式的。列举式定义知识产权是通过列举的方式说明知识产权权利体系的范围；概括式定义知识产权是通过抽象描述知识产权保护对象来说明知识产权的概念。采概括式定义知识产权，可将知识产权定义为：知识产权是指民事主体对其知识产品享有的专有权利。采列举方式定义知识产权，是通过列举知识产权的具体客体来定义知识产权。知识产权是权利人对下列客体即知识产品享有的专有的权利：

（1）作品。作品是著作权（又称版权）的客体。作品是以各种形式创作的文学、艺术和自然科学、社会科学、工程技术等作品，包括：①文字作品；②口述作品；③音乐、戏剧、曲艺、舞蹈、杂技艺术作品；④美术、建筑作品；⑤摄影作品；⑥电影作品和以类似摄制电影的方法创作的作品；⑦工程设计图、产品设计图、地图、示意图等图形作品和模型作品；⑧计算机软件；⑨法律、行政法规规定的其他作品。

（2）发明、实用新型、外观设计。发明、实用新型、外观设计是专利权的客体。发明是指对新产品、方法或者其改进所提出的新的技术方案。实用新型是指对新产品的形状、构造或者其结合提出的适用实用的新的技术方案。外观设计是指对新产品的形状、图案或者其结合以及色彩与形状、图案的结合所做出的富有美感并适于工业应用的新设计。

（3）商标。商标包括注册商标和未注册商标。注册商标是商标权的客体，包括商品商标、服务商标和集体商标、证明商标。集体商标是指以团体、协会或者其他组织名义注册，供该组织成员在商事活动中使用，以表明使用者在该组织中的成员资格的标志；证明商标，是指由对某种商品或者服务具有监督能力的组织所控制,而由该组织以外的单位或者个人使用于其商品或者服务,用以证明该商品或者服务的原产地、原料、制造方法、质量或者其他特定品质的标志。

(4)地理标志。地理标志是地理标志权的客体。地理标志是指标示某商品来源于某地区,该商品的特定质量、信誉或者其他特征,主要由该地区的自然因素或者人文因素所决定的标志。地理标志注册商标的,则权利人享有商标权。

(5)商业秘密。商业秘密是商业秘密权的客体。所谓商业秘密,是指不为公众知悉、能为权利人带来经济利益,具有实用性并经权利人采取保密措施的技术信息和经营信息。

(6)集成电路布图设计。集成电路布图设计是集成电路布图设计权的客体,是指集成电路中至少有一个源元件的两个以上的元件和部分或者全部互连线路的三维配置,或者为制造集成电路而准备的上述三维配置。

(7)植物新品种。植物新品种是植物新品种权的客体,是指植物新品种名录内经过人工选育或者发现的野生植物加以改良,具备新颖性、特异性、一致性、稳定性和适当命名的植物品种。

(8)法律规定的其他客体。法律规定的其他客体是指法律规定的上述七种以外的知识产权客体。知识产权保护范围是在不断发展的,在出现新的需要知识产权保护的知识新产品,法律即可规定其为知识产权客体,赋予权利人以专有权。这一项规定为知识产权的发展留下了空间。

2. 知识产权的特征

知识产权尽管多种多样,但总的来说,知识产权具有以下主要特征:

（1）知识产权是一种无形财产权。知识产权的客体即知识产品是一种没有形体的精神财富，具有非物质性，因而知识产权不是如物权那样属于有形财产权。

（2）知识产权具有财产权与人身权的双重属性。知识产权为财产权，但也含有人身权的内容。例如，专利发明人享有的标明自己为发明人的权利即为人身权，著作权中作者享有的发表权、署名权、修改权等也属于人身权。不过，除著作权外，知识产权的内容主要为财产权。

（3）知识产权具有专有性。知识产权是归知识产权人所有的权利，知识产权人独占地支配权利客体，依自己的行为可实现其权利，因而它为绝对权、对世权，具有排他性。

（4）知识产权具有地域性。知识产权在空间效力上受地域的限制，在一国领域内取得的知识产权仅在该国领域内有效。除了签订有国际公约或双方互惠协定外，知识产权不受他国法律的保护。

（5）知识产权具有时间性。知识产权不是永恒的权利，其保护受时间的限制。也就是说，知识产权只在法律规定的有效期间内受法律保护。超过法律规定的有效期间，知识产权就失效，相关的知识产品就成为社会的共同财富，人人皆可使用。

（五）继承权

第一百二十四条　自然人依法享有继承权。

　　自然人合法的私有财产，可以依法继承。

　　本条规定了继承权为自然人享有的民事权利。

1. 继承权的概念

继承权是自然人依法享有的继承死者遗产的权利。自然人死亡，其民事权利能力终止，不再为权利主体，其生前所有的财产依法转移给他人所有。因其死亡而财产转移给他人的死者为被继承人，依照法律规定或者被继承人的合法有效遗嘱承受被继承人财产的人为继承人，继承人享有的权利就是继承权。依法律的直接规定继承遗产的权利为法定继承权，依遗嘱继承遗产的权利为遗嘱继承权。

2. 继承权的特征

（1）继承权是自然人基于一定的身份关系享有的权利。继承权是自然人享有的权利，法人、非法人组织不享有继承权。自然人享有继承权是以一定的身份关系为前提。只有与被继承人有特定身份关系的人才有权继承被继承人的财产。

（2）继承权是依照法律的直接规定或者合法有效遗嘱享有的权利。继承权有法定继承权与遗嘱继承权之分。法定继承权是法定继承人在法定继承中享有的继承权，来自于法律的直接规定，只有法律规定的法定继承人才能享有。遗嘱继承权是遗嘱继承中继承人享有的继承权，只有合法有效的遗嘱中指定的继承人才能享有。依我国法规定，遗嘱继承人只能是法定继承人范围以内的人，因此，只有法定继承人才可为遗嘱继承人，但法定继承人并不一定享有遗嘱继承权。

（3）继承权是以遗产为客体的权利。继承权的客体是遗产。所谓遗产是被继承人死亡时遗留下的财产。继承人继承的是自然人死亡时遗留的合法的私有财产，自然人合法的私有财产为继承权的客体。自然人死亡而没有遗留合法私有财产的，不发生继承，也就无继承权的实现。继承权的实现，发生遗产权利的转移。继承权是与私有财产所有权相联系的权利,法律赋予自然人继承权,是保护私有财产权的必然要求。

(4)继承权是于被继承人死亡时,才可行使的权利。继承自被继承人死亡时开始。在被继承人死亡前,继承人享有的继承权仅是一种期待权。只有在被继承人死亡时,继承权才成为既得权,继承人才可行使继承权。

(六)股权和其他投资性权利

第一百二十五条　民事主体依法享有股权和其他投资性权利。

本条规定了民事主体享有股权和其他投资性权利。

股权是股东享有的权利。股东是对公司的投资或者基于其他的合法原因而持有公司资本的一定份额而享有股东权利的民事主体。股权主要包括以下内容:(1)出席股东会行使表决权;(2)选举权和被选举权;(3)出资或股份的依法转让权;(4)公司章程、股东会会议记录及财务会计报告资料等的查阅权;(5)股利分配权;(6)公司终止后的剩余财产分配权;(7)对公司发行新股的认购权;(8)对公司经营的建议或者质询权;(9)召开临时股东会的提议权;(10)对股东会的瑕疵决议向法院起诉请求撤销权。股权依其行使的目的和内容可分为自益权和共益权。凡股东为自己的利益为目的而行使的股权,称为自益权。自益权可由股东单独行使,如股利分配权、剩余财产分配权、新股发行的认购权。凡股东以自己的利益并兼以公司的利益为目的而行使的股权,称为共益权。共益权是为全体股东或者公司团体利益的。自益权主要是财产权,而共益权主要是管理权。就具体权利而言,有的股权既有自益性又有公益性,如公司章程等资料的查阅权即是。

其他投资性权利,是指通过投资享有的除股权外的权利。民事主体可以依法进行各种投资活动,不仅可以投资公司以取得股权,也可投资其他领域取得相应的权益,例如,民事主体可以通过购买证券、基金、保险等进行投资,因此而享有投资性权利。投资性权利也是一项重要的民事权利。

(七)数据、网络虚拟财产权益

第一百二十七条 法律对数据、网络虚拟财产的保护有规定的,依照其规定。

本条规定了民事主体享有法律规定的数据、网络虚拟财产权益。

现代科学技术的发展,导致权利客体的范围在扩大。现代法上权利客体发展的突出表现,就是出现了数据、网络虚拟财产这一新的重要的客体。

数据、网络虚拟财产的重要性是随互联网的发展日益突出的。所谓数据,并没有一个准确的定义,实质上就是指信息。与数据相关的常见概念有大数据、数据库等。大数据,也就是数量大的数据,这是在互联网广泛使用下的产物。数据库是指经系统或有序的安排,并可通过电子或其他手段单独加以访问的独立的作品、数据或者其他材料的集合。在大数据时代,数据也成为交易的客体,数据运营商、数据市场涌现,数据加工和交易产生的商业价值越来越大。因此,如何保护数据成为各国法律面临的现实问题。我国现行法对数据的保护,在多部法律中有规定,对于数据应依照法律的规定,予以保护。

网络虚拟财产,也是新事物。何为网络虚拟财产?对此有不同的观点。有的认为,网络虚拟财产是指存在于网络虚拟世界中的财产。有的认为,网络虚拟财产是指与网络有关的财产。这种观点将网络知识产权也归入网络财产。通常一般认为,网络虚拟财产有广义与狭义之分。狭义的网络虚拟财产主要是指具有可交易性的游戏装备等财产。广义的网络虚拟财产是指存储于特定网络空间的一切具有专属性质的财产,主要包括邮政账号、QQ号码、电子货币、网络店铺等形式。在我国台湾地区,有的称为电磁记录。因为网络虚拟财产具有虚拟性或者无形性,发生在虚拟世界,因此,它不同于传统的物质性财产。但网络虚拟财产虽发生在网络世界,但它须与现实世界发生联系才有意义,因而,具有现实性。网络虚拟财产同样也凝结着某种脑力或体力劳动,且具有稀缺性,可用于交易,具有价值和使用价值。同时,网络虚拟财产须依合法方式取得,具有合法性;这种财产还受网络运营商的经营服务状况的限制,具有期限性。由于网络虚拟财产不同于传统的财产,因而,对于网络虚拟财产是否为财产,是否可为权利客体,对网络虚拟财产的权利为何种性质的权利,是有不同观点的。时到今日,因互联网与人们的生活已有不可分的趋势,尽管网络虚拟财产具有虚拟性,但确是客观存在的,且具有通常所说的财产所具有的可支配性、稀缺性、价值性、流通性、效用性等特性,已无人不承认网络虚拟财产也是财产的。但对于网络虚拟财产权为何种性质权利上仍有不同看法。有主张为物权的,如我国台湾地区"法务部"就将网络财产认定为动产;有主张为债权的;也有主张属于知识产权的。应当说,上述各说都有一定道理,但也有不足之处。网络虚拟财产权既具有物权的特点,也具有债权的特点,还具有知识产权的特点,但又不同于物权、债权和知识产权。因此，网络虚拟财产权应属于一种新财产类型。虚拟财产不同于传统的权利客体，应依照法律的规定予以保护。

四、民事权益种类的发展

第一百二十六条　民事主体享有法律规定的其他民事权利和利益。

本条规定了民事主体享有法律规定的其他民事权利和利益。

《民法典》对民事主体的民事权利是以列举的方式加以规定的。但是，法律对主体权利的赋予应是与社会的经济、政治、文化的发展水平相适应的，既不能超越社会的发展水平，也不应落后于社会的发展水平。随着社会的发展，民事主体必有新的利益需要法律保护，有的也需要由法律规定为民事主体可享有的权利。随着社会的发展，民事主体应享有的民事权益的种类也必会发展。法律的列举不可能穷尽民事主体可享有的民事权益。《民法典》第126条的规定，实际上是对民事主体享有的民事权益作了概括性的兜底规定，以适应社会发展的需求；也宣示了民事主体可享有的民事权利和利益不限于本章列举的民事权利和利益，民事主体可享有的民事权益的种类是不断发展的。

五、弱势群体的民事权利的特别保护

第一百二十八条　法律对未成年人、老年人、残疾人、妇女、消费者等的民事权利保护有特别规定的，依照其规定。

本条规定了对弱势群体民事权利的保护适用法律的特别

规定。

民事主体的民事权利受法律的平等保护。但是,这种平等只是形式上的平等。在民事活动中一些民事主体如未成年人、老年人、残疾人、妇女、消费者等,由于心理、生理、能力等方面的因素或者市场交易地位的原因,处于弱势地位,难以与他方平等地行使和实现权利。为实现权利的实质平等,法律对弱势群体的民事权利的保护予以特别规定。如《未成年人保护法》《消费者权益保护法》等法律对弱势群体的权利保护都作了特别的规定。对未成年人、老年人、残疾人、妇女、消费者等弱势群体的民事权利的保护,法律有特别规定的,依照其特别规定。

六、民事权利的取得

第一百二十九条 民事权利可以依据民事法律行为、事实行为、法律规定的事件或者法律规定的其他方式取得。

该条规定了取得民事权利的民事法律事实。

民事权利的取得,是指民事主体在民事法律关系中具体享有民事权利。民事权利与民事义务是相对应的。民事主体一方取得权利,另一方就负担义务。因为只有在具体民事法律关系中民事主体才享有民事权利,亦即只有发生民事法律关系,才产生权利主体的民事权利,因此,民事权利的取得,从民事法律关系上说,是民事权利的发生;从主体方面说,是民事权利的取得。之所以称为权利取得,是因为此时权利归属于特定的主体。民事权利的取得包括原始取得和继受取得。所谓原始取得,是指民事主体取得权利不受他人权利制约,直接依据法律的规定取得权利,既包括在某物上第一次取得权利，例如，民事主体因生产出产品取得该产品的所有权，民事主体因建造建筑物而取得所有权，民事主体基于先占而取得无主物的所有权；也包括非依原权利人的意志而取得其权利，如基于善意取得规则而取得某物所有权。从权利发生上说，原始取得属于权利的绝对发生。所谓继受取得，又称传来取得，是指民事主体基于原权利人的意志、以原权利人的权利为依据而取得权利，如通过买卖而取得物所有权，因继承而取得所有权。继受取得的权利人的权利受原权利的性质、范围的制约，即决定于原权利和原权利人的意思。所以，从权利发生上说，继受取得属于权利的相对发生。继受取得包括创设的继受取得，如设定用益物权；以及转移的继受取得，如债权让与。继受取得与原始取得的根本区别在于前者受原权利状态的影响。例如，民事主体取得权利若为继受取得，则原有的物上负担继受取得人须承受；而若为原始取得，则取得人不负担原来的物上负担。

民事主体取得权利无论是原始取得还是继受取得，都必须合法。所谓合法，也就是有法律规定的取得权利的根据。法律规定的取得民事权利的根据，也就是法律事实。法律事实不仅是民事权利取得的根据，也是民事权利变更、民事权利消灭的法律根据。民事权利的变更，包括主体的变更、内容的变更、效力的变更。主体的变更，指民事权利转移归另一主体，从原主体说，为权利消灭；从新主体说，为民事权利的相对发生。民事权利内容的变更包括质的变更与量的变更，例如，债权因债务人不履行债务而变为损害赔偿请求权、无息债权变为有息债权，即为民事权利质的变更；债权因部分清偿而减少、所有权因客体物的增减而变更，即为民事权利量的变更。权利效力的变更，又称为作用的变更，如抵押权顺位的变更、诉讼时效期间届满后的债权，都属于权利效力的变更。民事权利的消灭，又称民事权利的丧失，包括绝对消灭与相对消灭。民事权利绝对消灭，是指该项民事权利不复存在，不与任何民事主体结合；民事权利相对消灭，是指该项民事权利脱离原民事主体而归属于新民事主体，也就是民事权利主体的变更，也是权利的相对发生。

　　法律事实，是能引起民事权利变动的客观现象。法律事实有两个根本特征：一是客观性。只有客观现象才能引起民事权利的变动，可为民事法律事实。单纯的主观意志不能引发民事权利的变动，也就不能成为民事法律事实；二是法定性。所谓法定性，是指何种客观现象为能引发民事权利变动的民事法律事实，是由法律规定的。虽为客观现象，但法律未规定其可引发民事法律后果，它也就不是民事法律事实。法律是社会生活的调整器。民事法律调整社会关系正是通过规定某种客观现象可引起民事权利变动来实现的。一个完整的民事法律规范包括事实假定与法律后果两部分。假定部分即是对法律事实的高度抽象化与类型化。审理民事案件，适用法律，首先要确定发生的事实是否为法律规定的事实。因为法律中规定的许多事实的概念由于高度抽象，也就具有不确定性。例如，如前所述，依《民法典》第118条规定，债权是因合同、不当得利、无因管理、侵权行为等而发生的。合同、侵权行为、无因管理、不当得利都属于发生债权的法律事实，但这些概念是抽象的，都须进一步确定其构成。

　　民事法律事实包括民事法律行为、事实行为、事件等。民事法律行为是民事主体实施的以设立、变更、终止民事权利义务关系为目的的行为，事实行为是指民事主体实施的不以民事权利义务关系变动为目的而会引起民事权利义务关系变动的行为。无论是民事法律行为还是事实行为都是与人的意志有关的客观现象。法律规定的事件是指可发生民事权利变动的与人的意志无关的客观现象，如自然灾害可引起保险赔偿债权，自然人的出生可引起自然人人格权的取得。法律规定的事件，与人的意志无关，称为自然事实。除上述事实外法律规定的其他事实也是取得民事权利的根据。例如，没收、税收为国家所有权的取得方式。这种方式既不属于法律行为也不属于当事人实施的事实行为，也不是事件。

七、民事权利的行使

（一）民事权利行使的含义和方式

民事主体取得民事权利，享有民事权利，为了满足其利益需要，还必须实现其民事权利。民事主体为实现其权利实施一定的行为，即为权利的行使。民事权利的享有、行使和实现是有联系而又不同的概念。民事权利的享有是民事权利行使的前提，只有享有权利才发生权利的行使。但民事权利仅为权利人享有，而民事权利的行使可由权利人自己为之，也可以由他人代其为之。民事权利的实现是民事权利行使的结果，民事权利的行使是民事权利实现的过程。民事权利行使是权利人依自己的真实意思为实现权利的内容而为一定的行为，须是出于权利人的真实意愿，否则不能发生效力；权利行使是权利人一方自己的行为，不需要义务人的协助；但权利的实现须依赖于义务人义务的履行。

民事权利行使的方式可分为事实方式和法律方式两种。所谓事实方式，是指民事主体通过事实行为来实现其民事权利。所谓法律方式是指民事主体通过民事法律行为来实现其民事权利。民事主体以事实方式实现民事权利的，不发生与特定相对人的关系；以法律方式实现民事权利的，会与特定相对人发生关系。例如，所有权人自己使用其物，是以事实行为方式实现所有权，不与特定相对人发生关系；所有权人将其物出卖、出租的，是以民事法律行为实现其所有权，就与特定相对人（买受人、承租人）发生关系。不同作用的民事权利在行使上会有不同的方式要求。例如，支配权多通过事实方式即可行使，如所有权人自己占有、使用其财物；请求权的行使须向相对人提出请求；形成权一般须通过民事法律行为行使（单方民事法律行为）；而抗辩权无论是口头还是书面的提出，都属于意思通知（准民事法律行为）。

（二）民事权利自由行使原则

第一百三十条　民事主体按照自己的意愿依法行使民事权利，不受干涉。

本条规定了民事权利自由行使原则。

民事权利是以利益为内容的，该利益是个体利益，权利又属于自由的范畴，因此，民事主体是否行使其民事权利，如何行使其民事权利，应由民事主体自主决定，他人不得干涉。民事权利的自由行使，是私法自治原则的具体体现之一，因为民事权利的行使是事关当事人利益的事项，自当依当事人的自由意志为之。民事主体是否行使其民事权利，如何行使民事权利都是民事主体的自由，除法律另有规定外，即使民事主体放弃实现民事权利，也不会导致民事权利的消灭。但是,民事权利的自由行使,也须是"依法行使"。例如,义务性的民事权利是为他人利益而设的,其行使是为他人利益的实现,民事主体就不得怠于行使该项权利。再如,有的民事权利是有期限的,民事主体须在规定的期限内行使权利,否则,其民事权利会因期限届满而失效。一般情况下,民事主体可以自己行使其民事权利,也可以通过代理人代其行使民事权利。但有的民事权利,只能由本人行使,不得由他人代理行使,如设立遗嘱、收养等权利的行使,只能由民事主体亲自为之。根据民事权利的内容须依民事法律行为方式行使的,实施民事法律行为的行为人还须具备民事行为能力。

(三)民事权利行使应履行相关义务的原则

第一百三十一条　民事主体行使权利时,应当履行法律规定和当事人约定的义务。

本条规定了权利行使应履行相关义务的原则。

民事义务是与民事权利相对应的概念,民事义务与民事权利相互结合共同构成民事法律关系的内容。民事义务的内容是由民事权利限定的,而民事权利是通过相应的民事义务表现的。民事义务是民事主体在权利限定的范围内应为一定行为或者不为一定行为的法律约束。民事义务的根本特点在于其约束性,即民事主体负担义务即应按照其内容为或不为一定行为。

民事主体不仅享有民事权利,也负有民事义务。民事主体负有的民事义务,既有法律直接规定的法定义务,也有自行约定的约定义务。就民事义务与民事权利行使的关系而言,有的民事义务,是法律赋予民事主体行使民事权利时应负担的一般义务，如，民事主体行使民事权利不得违背公序良俗，不得损害他人利益；有的民事义务，是当事人约定的行使民事权利的条件。例如，双务民事法律行为的当事人没有约定义务履行顺序的，应同时履行义务，一方未履行义务的，不能行使请求对方履行的权利；当事人约定义务履行顺序的，先履行义务的一方只有在履行其义务后，才有权请求他方履行。

（四）禁止民事权利滥用原则

第一百三十二条　民事主体不得滥用民事权利损害国家利益、社会公共利益或者他人合法权益。

本条规定了禁止民事权利滥用原则。

禁止民事权利滥用原则是民事权利正当行使的必然要求。所谓权利的正当行使，是指权利主体应依照权利的正当性目的行使权利。民事权利的内容虽为属于权利人的个体利益，但这一利益是符合国家利益、社会公共利益的，是无害于他人利益的。民事主体依照权利的目的正当行使民事权利也是符合诚信原则等基本原则的。反之，若民事主体不依权利的目的正当行使，则违反民法的基本原则。民事主体是否正当行使民事权利，决定于权利的行使是否损害国家利益、社会公共利益和他人合法权益。禁止权利滥用原则，是为权利的自由行使划定了界限。这是民法从绝对自由和绝对的个人权利本位转向相对自由和权利社会本位的表现，民事权利的正当行使要求民事主体行使其权利，不能超过权利的界限。

权利滥用是权利行使中的现象，须具备以下条件方构成：（1）须行为人享有权利。只有享有权利且行使权利，才会构成滥用。若行为人根本就不享有权利，其实施的行为也就不会构成权利滥用；(2)行为人行使权利的行为损害了国家利益、社会公共利益或者他人合法权益。若行为人的行为并不损害国家利益、社会公共利益，也无害于他人的合法权益，则其行为当然构不成权利滥用；(3)行为人主观上有过错。行为人行使权利的行为尽管损害国家利益、社会公共利益或者他人合法权益，但行为人主观上并无过错的，其行为也不构成权利滥用。权利滥用的情形很多，归纳起来，主要有以下情形：一是恶意的权利滥用，如行为人行使权利的目的就是为了损害他人利益，例如，为损害他人的房屋，而故意烧毁自己的房屋。二是违反权利目的的权利滥用，这主要从行使权利的手段上和结果衡量；三是侵害较重利益，这种行为是主观上为善意的，但客观上从权利冲突上看不合理，侵害了他人利益，如权利人行使权利的受益大于造成的损害；四是垄断地位、市场优势地位的权利滥用，这也是违反诚实信用原则的，如利用垄断地位提出不利于相对人的格式条款。

权利滥用的法律后果主要有三种：一是权利人行使权利的行为不受法律保护，不能发生权利人所期望发生的法律效果。当然，权利人行使权利的行为是否为滥用，应由相对人负证明责任；[①]二是权利人滥用权利损害国家利益、社会公共利益或者他人合法权益的，应承担停止侵害、排除妨害的民事责任，造成损害的，还应负赔偿损失责任。三是权利人严重地滥用权利，行使权

---

① 如《俄罗斯民法典》第10条第2款规定：本条第1款规定的要求（即不得滥用的要求）未得到遵守的情况下，法院、仲裁或公断庭可以拒绝保护其权利的请求。第3款规定：如果法律规定民事权利的保护取决于权利的实现是否善意和合理，则推定民事法律关系参加者行为的合理和善意。这也就是说，证明权利滥用即非善意的、不合理行使权利的证明责任在被告。

利根本违反权利目的的,可依法剥夺其行使权利的权利。例如,依《民法典》第 36 条规定,监护人滥用监护权的,人民法院根据个人或者有关组织的申请,可以撤销其监护人资格。被撤销监护人资格的人不再有行使监护权的权利。

第六章 民事法律行为

第一节 一般规定

一、民事法律行为的概念和特征

第一百三十三条 民事法律行为是民事主体通过意思表示设立、变更、终止民事法律关系的行为。

本条规定了民事法律行为的概念。

从《民法总则》起，我国法对民事法律行为的定义修改了《民法通则》中关于民事法律行为的概念，将民事法律行为规定为民事主体以设立、变更、终止民事法律关系为目的、以意思表示为要素的行为。

《民法通则》第54条规定，"民事法律行为是公民或者法人设立、变更、终止民事权利和民事义务的合法行为。"这一规定将合法性作为民事法律行为的一个条件或特征或要素。而《民法典》未将合法性作为民事法律行为的要件，而仅将意思表示作为民事法律行为的要件。民事法律行为，是指以发生私法上效果的意思表示为要素的一种法律事实。民事法律行为是与事实行为相对应的一种法律事实。而依《民法通则》的规定，与事实行为相对应的概念是民事行为，民事行为是以意思表示为要素的、以发生民事法律后果为目的的行为；而民事法律行为属于合法的民事行为，也就是有效的民事行为。民事行为为民事法律行为的上位概念。一些学者认为，我国法上将法律行为前加上民事二字以及将法律行为定为民事行为的下位概念是不合适的。而《民法通则》中之所以做出那样的规定，是因为以下两个原因：第一，在法理学等领域也使用法律行为的概念，而且其含义是指发生法律后果的行为，为使民法中的法律行为与之相区别，有必要在法律行为前加"民事"以限定；第二，在传统民法学中一些学者对于法律事实的分类将法律行为划为适法或合法行为，而无效法律行为又是不合法的，这在逻辑上说不通，因此应将民事法律行为限定为合法的，而不合法的只属于民事行为。在《民法总则》立法中，在不以合法性为民事法律行为的要件上，没有争议，但对于是使用法律行为的概念还是使用民事法律行为的概念是有争议的。有的认为，在其他国家和地区的民法立法上都使用法律行为这一概念，这一概念源于德国法，与事实行为相对应，它也就是民事主体实施的以发生民事法律后果为目的，以意思表示为要素的行为。因此，我们不应采用民事法律行为概念。也有的认为，法律行为这一概念已经为法理学及其他部门法采用，其含义不同于民法上的含义，因此有必要在法律行为前加上"民事"二字，以区别于法理学等领域中的法律行为。立法者最终采用的是后一种观点。

民事法律行为具有以下特征：

其一，民事法律行为是民事主体实施的行为。民事法律行为是民事主体即自然人、法人或者非法人组织实施的行为。作为法律事实的行为，可以是当事人自己实施的行为，也可以是其他人实施的行为。只有民事主体实施的行为才可为民事法律行为。不是民事主体实施的行为，虽然也会发生一定的民事法律后果，但不属于民事法律行为。例如，司法机关的司法行为，行政机关的行政行为，都能发生民事法律后果，但不属于民事法律行为。

其二，民事法律行为是以发生一定民事法律后果为目的的行为。所谓发生一定的民事法律后果，是指发生民事法律关系的变动即民事法律关系的设立、变更、终止。民事主体实施的行为有以发生民事法律后果为目的的，有不以发生民事法律后果为目的但也会发生一定民事法律后果的。以发生民事法律后果为目的的行为属于民事法律行为，而不以发生民事法律后果为目的的行为属于事实行为。例如，自然人设立遗嘱是以处分其财产为目的，遗嘱为民事法律行为；损害他人的财物的侵权行为，并不是以发生民事法律后果为目的，但因侵权行为的实施，侵权人应承担赔偿损失的民事责任，侵权行为就属于事实行为。

民事法律行为是以发生民事法律后果为目的的行为，但实施行为的结果并非就能发生当事人预期的民事法律后果。只有符合法律规定有效条件的民事法律行为才会发生行为人预期的民事法律后果；不符合法律规定有效条件的民事法律行为不发生行为人预期的法律后果，而发生另外的法律规定的法律后果。

其三，民事法律行为是以意思表示为要素的行为。民事法律行为不仅是民事主体实施的以发生民事法律后果为目的的行为，并且是以意思表示为要素的行为。民事主体不将其实施行为要发生的民事法律后果的目的表达出来，也就不构成民事法律行为。没有意思表示也就没有民事法律行为。当事人实施的行为是否有意思表示,是区别民事法律行为与事实行为的根本标志。判断民事主体实施的行为是否为民事法律行为,就是要看行为人是否有意思表示,是否是追求发生民事法律后果的效果。例如,请朋友吃饭并不具有发生民事法律后果的意思表示,就不属于民事法律行为;而与餐厅达成订餐协议,因有与餐厅发生民事权利义务关系的意思表示,则属于民事法律行为。

民事法律行为是民事主体主动进行民事活动,有目的引发民事权利义务关系的变动的,因此,民事法律行为是民事主体实现意思自治的有效手段。民事法律行为制度的意义就在于为民事主体划定行为的模式和范围,以实现意思自治。

二、民事法律行为的分类

第一百三十四条 民事法律行为可以基于双方或者多方的意思表示一致成立,也可以基于单方的意思表示成立。

法人、非法人组织依照法律或者章程规定的议事方式和表决程序作出决议的,该决议行为成立。

本条规定了民事法律行为区分为单方民事法律行为、双方或者多方民事法律行为和决议行为的意义。

民事法律行为多种多样,按照不同的标准,可以作不同的分类。常见的分类有以下几种:

(一)单方民事法律行为、双方民事法律行为、多方民事法律行为和决议行为

这是法律上规定的分类。这种分类以构成民事法律行为要

素的意思表示的单复数及对民事法律行为成立的作用为标准。

单方民事法律行为又称单独民事法律行为,是指仅有一方单独的意思表示就可以成立的民事法律行为。单方民事法律行为又分为有相对人的单方民事法律行为与无相对人的单方民事法律行为。有相对人的单方民事法律行为,自行为人的意思表示到达相对人时民事法律行为成立。例如,撤销权人撤销某一行为的撤销行为,只需要有撤销权人的意思表示就可成立,但其有相对人,只有行为人撤销的意思表示表达相对人,撤销行为才成立。无相对人的民事法律行为自行为人的意思表示做出时成立,例如遗嘱行为,因没有相对人,自立遗嘱人做出其处分财产的意思表示时遗嘱即成立。

双方民事法律行为或者多方民事法律行为是指由各方意思表示的一致才能成立的民事法律行为。双方民事法律行为与多方民事法律行为的区别,在于行为人所追求的经济目的是否相同。双方民事法律行为的行为人双方所追求的目的是相反的,如买卖行为,出卖人的目的是以物换取货币,而买受人的目的是以货币换物,二者正好相反。双方民事法律行为是由两个目的相反的意思表示的一致才成立的民事法律行为,并非是指只有两个人意思表示的民事法律行为。双方民事法律行为中的任何一方可以是一个人也可以是多个人。多方民事法律行为是指由多个目的相同意思表示的一致才能成立的民事法律行为。如合伙合同(协议)、共有物的分割决定等。多方民事法律行为因各方的目的相同,所以又称为共同行为。在传统民法上,有的称双方民事法律行为为契约,称多方民事法律行为为合同。不过,我国现行法上无此区别,统称为合同。

决议行为是法人、非法人组织为形成团体意志所实施的民事法律行为。决议行为与共同行为相似,也是由两个以上的共同意思表示的一致构成的。但决议行为不同于共同行为,共同行为的成立必须行为人各方的意思表示完全一致。而决议行为的成立不要求行为人各方意思表示完全一致,而是实行多数决原则,只要有符合规定的多数意思表示的一致,决议行为也就可以成立。

区分单方民事法律行为、双方或多方民事法律行为和决议行为的意义在于确定民事法律行为是否成立。例如,一个人发出悬赏广告会发生何种后果?如甲遗失某物,发出广告称:如送还酬谢500元。乙拾得该物,于送还时能否要求甲依其允诺给付酬金500元呢?这就决定于悬赏广告是单方民事法律行为还是多方民事法律行为。若认其为单方民事法律行为,则自甲发出时该民事法律行为即成立,乙不论是否知道广告的内容、是否有民事行为能力,都可得到酬金;而若认其为双方民事法律行为,则须双方意思表示一致才能成立。因此,乙只有具备以下两个条件时才可得到酬金:一是须为有完全民事行为能力人,二须知道悬赏广告的内容且表示完全同意。[①] 再如,同为基于共同意思表示成立的民事法律行为,若为多方民事法律行为,则须各方意思表示完全一致才成立;若为决议行为,则只要该决议是依照法律或者章程规定的议事方式和表决程序做出的,就成立,而不要求全体当事人的意思表示完全一致。

---

① 依《民法典》第317条第2款规定,权利人悬赏寻找遗失物的,领取遗失物时应当按照承诺履行义务。依此规定,寻找遗失物的悬赏广告为单方民事法律行为。

（二）要式民事法律行为和不要式民事法律行为

第一百三十五条 民事法律行为可以采用书面形式、口头形式或者其他形式；法律、行政法规规定或者当事人约定采用特定形式的，应当采用特定形式。

本条规定了民事法律行为可采用的形式。

以民事法律行为采用的形式为标准，民事法律行为分为要式民事法律行为与不要式民事法律行为。

要式民事法律行为，是指必须采取特定形式的民事法律行为，又可分为意定要式民事法律行为与法定要式民事法律行为。当事人约定民事法律行为须采用特定形式的，为意定要式民事法律行为；法律、行政法规规定民事法律行为须采用特定形式的，为法定要式民事法律行为，例如依继承法规定设立遗嘱须采用法律规定的形式，遗嘱就属于法定要式民事法律行为。不要式民事法律行为是指对于行为的形式法律无特别规定，当事人也无特别要求的民事法律行为。

区分要式民事法律行为与不要式民事法律行为的意义主要在于：对于要式民事法律行为，不采取法定的或约定的特定形式，民事法律行为不能成立生效；对于不要式民事法律行为，当事人可任意选择民事法律行为的形式，或采用书面形式，或采用口头形式，或采用其他形式，均无不可，也就是说采用何种形式都不会影响该民事法律行为的效力。现代法上法律行为以不要式为原则，以要式为例外。

（三）财产民事法律行为和身份民事法律行为

民事法律行为根据其实施行为所要发生的民事法律后果的性质可分为财产民事法律行为和身份民事法律行为。

财产民事法律行为是以发生财产上民事法律效果为目的的行为，如买卖、捐赠、抛弃物等。身份民事法律行为是以发生身份上的民事法律效果为目的的行为，如结婚、离婚、收养等。

区分财产民事法律行为与身份民事法律行为的意义主要在于：财产民事法律行为主要适用财产法的规范，而身份民事法律行为主要适用身份法的规范。民法总则关于民事法律行为的规定主要适用于财产民事法律行为，不能完全适用于身份民事法律行为。例如，可撤销民事法律行为、无效民事法律行为的后果，在财产民事法律行为与身份民事法律行为并不完全一致。合同法的规定仅适用于财产民事法律行为而不适用于身份民事法律行为。另外，这两类行为的目的不同：财产民事法律行为的目的是发生财产的取得丧失，而身份民事行为的目的是发生身份的取得丧失；财产民事法律行为一般可以代理，而身份民事法律行为通常不能代理。

对于财产民事法律行为，我国台湾地区学者还再区分为债权行为、物权行为和准物权行为。债权行为是产生债权债务关系的法律行为，例如买卖契约、租赁契约等债编所规定的各种契约；物权行为是使物权发生变动的法律行为，如所有权转移、抵押权设定等物权得丧变更的行为。准物权行为是直接使各物权以外的权利发生变动的法律行为，其具有与物权行为一般的效力，如债权让与、债务承担等行为。① 大陆学者对此有不同的观点,有主张承认物权行为者,也有不主张承认物权行为者。从逻辑上分析,有债权,即有债权得丧变更的民事法律行为即债权行为;那么,有物权,当然也就有物权得丧变更的民事法律行为即物权行为。但在何为物权行为上,学者中也有不同的观点。以双方物权行为来说,有主张物权行为为当事人变动物权的合意加上登记或者交付;有主张物权行为就是双方变动物权的合意,至于登记或交付,依法律规定或是物权变动的成立要件或是物权变动的对抗要件,而不是物权行为的要件。依前种观点,物权行为也就是物权变动,并且物权行为都属于要式行为;而依后种观点,物权行为与物权变动是两回事,物权行为不等于物权变动,要将二者区分开:物权行为仅是物权变动的原因,物权的变动是物权行为的结果。例如,就抛弃物权这一单独行为来说,只要有物权人抛弃的意思表示,抛弃行为即成立,至于对于其他人来说该物权是否已被抛弃,还须有其他条件:如为不动产,须办理注销登记;如为动产,则须放弃占有。就设立抵押权的双方行为来说,双方设立抵押权的意思表示一致,设立抵押权的物权行为即抵押合同成立,但抵押权是否成立还决定于其他要件,如为不动产抵押权,须经抵押权登记,抵押权设立;若为动产抵押权,则未经登记,抵押权虽设立但不具有对抗第三人的效力。

有的学者将财产民事法律行为分为负担行为与处分行为。负担行为是指使当事人发生负担即债权债务的行为;处分行为是指使权利直接发生变动的行为。区分的意义主要在于:负担行为

---

① 参见郑冠宇:《民法总则》,承法数位文化有限公司2012年版,第220—221页。

使行为人负担给付义务；而处分行为使权利直接发生变动。处分行为包括物权行为与准物权行为。

（四）双务民事法律行为和单务民事法律行为

根据民事法律行为设立的义务分配，民事法律行为可分为双务民事法律行为和单务民事法律行为。

双务民事法律行为是使双方均负担义务的民事法律行为，而单务民事法行为是仅让一方负担义务的民事法律行为。前者如买卖行为、租赁行为；后者如赠与行为。

区分双务民事法律行为与单务民事法律行为的意义主要在于：双务民事法律行为当事人之间的义务具有对应性，发生义务的履行顺序问题。除法律另有规定或者当事人另有约定外，双务民事法律行为的当事人应当同时履行其义务。而单务民事法律行为不发生义务的履行顺序问题。

（五）有偿民事法律行为和无偿民事法律行为

根据民事法律行为的一方当事人所为的给付是否与对方当事人所为的给付互为对价，民事法律行为可分为有偿民事法律行为和无偿民事法律行为。

有偿民事法律行为当事人双方所为的给付互为对价，而无偿民事法律行为一方当事人所为给付并不以对方的给付为对价。可见，民事法律行为的有偿与无偿，决定于当事人一方取得利益是否需支付相应的对价。一般情形下，双务民事法律行为为有偿民事法律行为，单务民事法律行为为无偿民事法律行为，但有例外。有的双务民事法律行为可以是无偿的，如保管合同、委托合同都是双务民事法律行为，因为当事人双方都负有义务；但如果当事人双方约定寄存人不向保管人付报酬，委托人不向受托人付报酬，那么作为双务民事法律行为的保管、委托合同就属于无偿民事法律行为。有的单务民事法律行为可以是有偿的，例如，自然人之间的借贷，因在借贷行为成立后，只有借款人负有还款义务，出借人不负担义务，因而属于单务民事法律行为，如当事人约定为有息借款，自然人间的借贷也就成为有偿民事法律行为。

区分有偿民事法律行为与无偿民事法律行为的主要意义在于：有偿民事法律行为行为人的责任重于无偿民事法律行为的行为人的责任。例如，保管合同，有偿保管的保管人的责任就重于无偿保管人的责任。依《民法典》第897条规定，保管期间，因保管人保管不善造成保管物毁损、灭失的，保管人应当承担损害赔偿责任，但保管是无偿的，保管人证明自己没有故意或者重大过失的，不承担损害赔偿责任。又如赠与为无偿民事法律行为，赠与人不负瑕疵担保责任。另外，限制民事行为能力人独立实施纯受利益的无偿民事法律行为的，该民事法律行为可以有效。

（六）诺成民事法律行为和实践性民事法律行为

根据民事法律行为的成立是否以交付为要件，民事法律行为可分为诺成民事法律行为与实践性民事法律行为。

诺成民事法律行为又称为不要物民事法律行为，是指只要当事人间意思表示一致即可成立的民事法律行为。实践性民事法律行为，又称要物民事法律行为，是指仅有当事人间意思表示一致，民事法律行为尚不能成立生效，只有一方交付标的物，才能成立生效的民事法律行为。

区分诺成民事法律行为与实践性民事法律行为的意义在于确定民事法律行为是否成立生效。诺成民事法律行为自当事人达成合意即成立生效，一方向另一方交付标的物并非民事法律行为成立的要件。但在实践性民事法律行为中，交付为民事法律行为成立生效的要件，如未交付则该行为不能成立生效。例如，借用，只有出借人与借用人达成的合意而出借人未将借用物交给借用人的，借用行为不成立，只有在出借人将标的物交付给借用人，借用行为才成立生效。再如，定金行为属于实践性民事法律行为，只有一方交付定金，定金才成立；如交付一方交付的定金数额与约定不一致，则应以实际交付的定金数额为定金额。当然，诺成民事法律行为也有交付，但在诺成民事法律行为中交付涉及的是履行问题，而不是成立的要件。现代法上，民事法律行为原则上为诺成民事法律行为，实践性法律行为为例外。只有在法律有明确规定或者有交易习惯的场合，才可认定某民事法律行为为实践性民事法律行为。

（七）要因民事法律行为和不要因民事法律行为

根据民事法律行为与其原因间的关系，民事法律行为可区分为要因民事法律行为与不要因民事法律行为。

要因民事法律行为是指以其原因为要素，不能与其原因分离而独自存在的民事法律行为。这里所谓的原因也就是行为的目的。例如，买卖行为的原因是出卖人取得价款，买受人取得出卖的标的物。买卖行为不能脱离这一原因而存在，若无此原因，买卖行为也就不能有效存在。不要因民事法律行为，是指其不以原因为要素，可以与其原因分离而独自存在的民事法律行为。例如，买受人为支付价款而签发票据，支付价款为该票据行为的原因，票据行为可与其原因分离，因此，在签发后不论其是否应付价款，该票据行为是有效的。

区分要因民事法律行为与不要因民事法律行为的意义主要在于：要因民事法律行为若原因不存在，则该行为不能有效存在；而不要因民事法律行为亦即无因民事法律行为的效力不受其原因的存在与否的影响。

(八) 主民事法律行为和从民事法律行为

根据两个民事法律行为之间的关系，民事法律行为可分为主民事法律行为与从民事法律行为。

主民事法律行为是指两个有联系的民事法律行为中不依赖他行为的存在而可独立存在的民事法律行为。从民事法律行为则是指两个民事法律行为中依赖于主民事法律行为的存在而存在的民事法律行为。

区分主民事法律行为与从民事法律行为的意义主要在于：主民事法律行为决定从民事法律行为的命运，从民事法律行为的效力受制于主民事法律行为。例如，为担保贷款偿还而订立保证合同。借款合同与保证合同是两个有联系的民事法律行为，借款合同为主民事法律行为，保证合同为从民事法律行为，借款合同不存在，保证合同也不能存在；借款合同无效，保证合同也无效；但保证合同无效的，不影响借款合同的效力。

(九) 独立民事法律行为和辅助民事法律行为

根据两个民事法律行为间存在的辅助关系，民事法律行为可分为独立民事法律行为和辅助民事法律行为。

独立民事法律行为是指两个民事法律行为中具有设立权利义务的独立的实质内容的民事法律行为；辅助民事法律行为是指两个民事法律行为中辅助独立民事法律行为生效的民事法律为。例如，限制民事行为能力人实施的不能独立实施的民事法律行为与法定代理人对该行为予以追认的民事法律行为，前者为独立民事法律行为，后者为辅助民事法律行为。

区分独立民事法律行为与辅助民事法律行为的意义主要在于：辅助民事法律行为的功能是使受辅助的独立民事法律行为生效，而不设立权利义务；独立民事法律行为设立民事权利义务，但只有辅助民事法律行为的辅助才能发生效力。

（十）生前民事法律行为和死后民事法律行为

根据民事法律行为发生效力的时间，民事法律行为可分为生前民事法律行为与死后民事法律行为。

生前民事法律行为又称生存民事法律行为，是指于行为人生存期间发生效力的民事法律行为。死后民事法律行为又称死因民事法律行为，是指以行为人死亡为生效要件，于行为人死亡后才发生效力的民事法律行为。生前民事法律行为为一般，死后民事法律行为为例外。

区分生前民事法律和为与死后民事法律行为的意义主要在于：法律对于死后民事法律行为多设有特别规定，以确保行为人意思的真实性。例如，遗嘱为死后民事法律行为，法律对遗嘱的设立有特别规定。

三、民事法律行为成立的效力

第一百三十六条 民事法律行为自成立时生效,但是法律另有规定或者当事人另有约定的除外。

行为人非依法律规定或者未经对方同意,不得擅自变更或者解除民事法律行为。

本条规定了民事法律行为成立的后果或效力。

民事法律行为须具备一定的条件才能成立。民事法律行为的成立条件可分为一般条件与特殊条件。

民事法律行为成立的一般条件,是指不论何民事法律行为的成立均须具备的条件,包括行为人、意思表示和标的。行为人是实施民事法律行为的当事人,即作意思表示的人。行为人是民事法律行为的主体,没有行为人当然不能成立民事法律行为。不过单方民事法律行为仅需要一方主体,而在双方或多方民事法律行为,主体为两方以上。意思表示是民事法律行为的要素,没有意思表示则不构成民事法律行为。在单方民事法律行为,只需有一方的意思表示;在双方或多方民事法律行为,需各方意思表示一致;而决议行为则需依照规定的议事方式和表决程序做出。标的,是指行为人实施民事法律行为所要达到的效果,无标的也就缺乏意思表示的内容,民事法律行为也就不能成立。

民事法律行为成立的特别条件,是指民事法律行为的成立除须具备一般条件外还须具备的条件。民事法律行为成立的特别条件,是法律对一些特别民事法律行为成立的特别要求。例如,实践性民事法律行为即要物民事法律行为须有标的物的交付才成立。要式民事法律行为须采用特定的形式作成。但法律、行政法规对于民事法律行为形式的要求是不同的,有的规定民事法律行为应用特定形式,但该特定形式仅具有证明民事法律行为的证据效力,未采用该特定形式时,民事法律行为仍然可以成立有效;而有的规定采用特定形式会影响其成立的,若未采用特定形式,民事法律行为不能成立生效。于后一种情形下,民事法律行为的形式就成为民事法律行为成立的特别要件。

民事法律行为的成立为民事法律行为发生效力的基本条件,无民事法律行为的成立,当然谈不上民事法律行为的效力。民事法律行为具备成立要件即成立,自成立时起民事法律行为就生效,但是法律另有规定或者当事人另有约定的除外。法律另有规定主要有两种情形:一是成立的民事法律行为不具备完全有效的条件;二是民事法律行为的生效须具备特别的要件。例如,要因民事法律行为无原因则不能生效,又如死因民事法律行为,只有在行为人死亡后才能发生效力。当事人约定的情形,主要是指当事人对民事法律行为的生效附加了条件或期限。

民事法律行为生效即发生当事人预期的民事法律后果,当事人依民事法律行为享有民事权利负担民事义务,当事人应严守承诺,任何一方当事人都不得擅自变更或者解除民事法律行为,否则即应承担相应的民事责任。

第二节　意思表示

一、意思表示的含义和要素

意思表示是指行为人欲设立、变更、终止民事权利义务关系的内在意志的外部表现。民事法律行为是行为人以发生民事法律后果即变动民事权利义务关系为目的的，行为人只有将此目的以一定的方式表达出来，才能为他人所知；如果行为人仅在内心有此目的，而不表示出来为外人所知，就不会发生任何法律后果。因此，意思表示为民事法律行为的要素，没有意思表示，意思表示不成立或意思表示无效，不能成立民事法律行为。但意思表示不同于民事法律行为，意思表示成立、有效，民事法律行为也未必成立、有效。

关于意思表示的构成，有三要件说与二要件说。三要件说主张意思表示的构成包括效果意思、表示意思和表示行为。二要件说主张意思表示的构成要件包括意思与表示。这里的意思即发生私法上效果的意思也就是变动民事权利义务关系的效果意思。效果意思表示出来即为表示意思。效果意思是由一定的动机发动而形成的，但形成效果意思的动机一般并无法律上的意义。例如，甲欲以100元购买乙的自行车，以100元购买自行车的意思即为效果意思，表示出来即为表示意思。甲何以有此意思？或是认为这个价格便宜，或是因要送朋友这一礼物，也或是基于自己代步的需求。但这些因素（原因）只属于动机，只有"以100元购买自行车"属于效果意思，将该意思向乙表示出来，就构成意思表示。表示也就是通过一定的方式将其效果意思表达出来，以使他人知晓。表示包括表示行为与表示意思。意思与表示应一致，所谓一致也就是效果意思与表示意思一致。

二、意思表示的生效时间

意思表示生效亦即意思表示对作出意思表示的表意人产生拘束力。意思表示的生效时间依其作出的方式和有无相对人而有所不同。

（一）有相对人的意思表示的生效时间

第一百三十七条 以对话方式作出的意思表示，相对人知道其内容时生效。

以非对话方式作出的意思表示，到达相对人生效。以非对话方式作出的采用数据电文形式的意思表示，相对人指定特定系统接收数据电文的，该数据电文进入该特定系统时生效；未指定特定系统的，相对人知道或者应当知道该数据电文进入其系统时生效。当事人对采用数据电文形式的意思表示的生效时间另有约定的，按照其约定。

本条规定了有相对人的意思表示的生效时间。

有相对人的意思表示是指有表示对象的意思表示。意思表示的表意人向相对人作意思表示可以是对话方式，也可以是非对话方式的。采用对话方式作意思表示，例如，当事人面谈或者通过电话交谈,表意人作出的意思表示当即就可为相对人知道,意思表示作出的时间、到达相对人的时间与相对人知道的时间基本同一。因此,各国法普遍规定,以对话方式作出的意思表示,从意思表示可被相对人了解时生效。我国《民法典》对以对话方式作出的意思表示,也采取了了解生效主义,规定"相对人知道其内容时生效"。

以非对话方式作出意思表示的,因意思表示并不能当即为对方知悉,因此,意思表示的生效时间有不同的立法选择,包括:(1)表示主义。意思表示自表意人作出时生效;(2)发信主义。意思表示自表意人向对方发出时生效;(3)到达主义。意思表示自到达相对人时生效;(4)了解主义。意思表示自为相对人了解时生效。现大多采取到达主义的立法例。《民法典》坚持我国的传统也采取到达主义。所谓到达,是指意思表示进入相对人可支配的范围,处于相对人可了解意思表示内容的状态,至于相对人是否知道意思表示已经到达,是否知悉意思表示的内容,则在所不问。例如,表意人以书信发出意思表示的,只要该书信投递到相对人的信箱,意思表示就为到达。

由于现代技术的运用,意思表示常采用数据电文形式作出。这里所谓的数据电文是指经由电子手段、电磁手段、光学手段生成、改善、接受或者存储的信息,包括电子数据交换、电子邮件、电报、电传或传真等。对于以此种方式作出的意思表示的生效时间,《民法典》规定了三种情形:(1)当事人有约定的情形。当事人可以约定生效时间,有生效时间约定的,依其约定的生效时间生效;(2)当事人没有生效时间约定的,但指定特定接受系统。相对人指定特定系统接受数据电文的,该数据电文进入该特定系统时生效，进入其他系统的时间不为意思表示生效时间；(3)当事人没有特别约定，相对人也未指定特定系统。于此情形下，自相对人知道或者应当知道该数据电文进入其系统时生效，也就是自数据电文进入相对人的任何系统时起意思表示生效，除非相对人能够证明其不应当知道该数据电文进入其系统。

（二）无相对人的意思表示的生效时间

第一百三十八条 无相对人的意思表示，表示完成时生效。法律另有规定的，依照其规定。

本条规定了无相对人的意思表示的生效时间。

无相对人的意思表示，因不涉及相对人接受意思表示问题，因此，原则上自表意人完成意思表示时意思表示生效。但是，如果法律有另外的规定，则依法律规定的时间确定无相对人意思表示的生效时间。例如，遗嘱为无相对人的意思表示，依法律规定，自立遗嘱人死亡时起遗嘱才能发生执行效力，在立遗嘱人死亡前遗嘱对立遗嘱人并无拘束力。

（三）以公告方式作出的意思表示的生效时间

第一百三十九条 以公告方式作出的意思表示，公告发布时生效。

本条规定了依公告方式作出意思表示的生效时间。

以公告方式作出意思表示，是指依一定的程序将其意思表示公示出来。何种意思表示可以以公告方式作出呢？对此有不同的观点。一种观点主张，只有有特定相对人的意思表示才可以公告方式作出；另一种观点认为，无特定相对人的意思表示也可以公告方式作出。从立法过程看，《民法典》第139条的内容在民法总则草案中是规定在非对话方式意思表示之后、无相对人的意思表示之前的，若如此安排，从体系上解释，以公告方式作出的意思表示仅是指有相对人的意思表示。而正式通过的《民法总则》以及《民法典》在第137条规定有特定相对人的意思表示的生效时间，第138条规定无相对人的意思表示生效时间，第139条规定以公告方式作出的意思表示的生效时间。从体系上解释，应认为以公告方式作出的意思表示既可以是有特定相对人的，也可以是无特定相对人的。依该条规定，以公告方式作出的意思表示，公告发布时生效。但是否所有以公告方式作出的意思表示都自发布时生效呢？对此有不同的观点。从字面意义上看，凡以公告方式作出的意思表示，都自公告发布时生效。但这样解释未必符合要求。就无特定相对人的意思表示来说，以公告方式作出，自发布时生效，对他人利益并无影响。例如，悬赏广告就是以公告方式作出意思表示的，自广告发布时就生效。再如，催告的公示声明，自发出时生效，这也没有问题。但对于有特定相对人的以公告方式作出的意思表示，一般属于意思通知，有的可自作出之日起生效，例如，权利人不得已而以公告方式作出主张权利的意思表示的，自作出之日生效，发生诉讼时效的中断。但若全部自公告发布时就生效，则可能会损害相对人的利益，未免不公。因此，从《民事诉讼法》规定的公告送达来看，法律明确规定只有经一定期间后，才生送达的效力。我国台湾地区民法也有公示送达的规定，该第97条规定，"表意人非因自己之过失，不知相对人之姓名、居所者，得依民事诉讼法公示送达之规定，以公示送达为意思表示之通知。"可见，对有相对人的意思表示，只有在非因表意人的过错而不能以其他方式作出的情形下才可以以公告方式作出。并且，法律规定自公告之日起经一定期间后才发生效力的，应依法律的规定。例如《民事诉讼法》第92条规定，受送达人下落不明，或者用本节规定的其他方式无法送达的，公告送达，自发出公告之日起，经过60日，即视为送达。

三、意思表示的作出方式

第一百四十条 行为人可以明示或者默示作出意思表示。

沉默只有在有法律规定、当事人约定或者符合当事人之间的交易习惯时，才可以视为意思表示。

本条规定了意思表示的作出方式。

意思表示的作出方式包括明示和默示两种方式。所谓明示方式，是指表意人以语言文字的形式做出意思表示。如上面所说的，采用对话方式、信件、数据电文等方式做出的意思表示均为明示的意思表示。所谓默示方式，是指表意人不是以语言文字而是以行为做出意思表示。意思表示的默示形式广义上包括推定形式和沉默形式，狭义上则仅指推定形式。《民法典》中所称的默示形式仅指推定形式。意思表示的推定形式是指通过行为人的积极行为（即作为）推定出行为人的意思表示。例如，承租期间届满后，承租人仍交付租金，出租人接受承租人交付的租金，双方既没有以语言也没有以文字表达出续订租赁合同的意思表示，但当事人交付租金和接受租金的行为表达出续订合同的意思。又如，顾客向自动售货机投币，从其投币行为可推定其作出购买货物的意思表示。

沉默形式是指行为人以消极行为（即不作为）表达其意思。行为人采用沉默形式时，因为其既不以语言文字表达意思，也不以积极行为表达意思，难以从其单纯的不作为中推定出其意思，因此，意思表示原则上不能采用沉默形式。但是，在法律有规定、当事人有约定或者当事人之间有交易习惯的场合，沉默也可为意思表示的形式。因为在这些场合，对于行为人的沉默，已经能够确定其意思表示的内容。例如，若双方当事人事先约定，一方在发出发货通知后，如果对方不同意发货，应明确拒绝。有此约定时，一方在接到发货通知后沉默的，即视为同意发货。又如，依继承法规定，被继承人死亡后继承人放弃继承的，应作出明确的意思表示。这也就认可继承人可以沉默形式作出接受继承的意思表示。

四、意思表示的撤回

第一百四十一条 行为人可以撤回意思表示。撤回意思表示的通知应当在意思表示到达相对人前或者与意思表示同时到达相对人。

本条规定了意思表示的撤回规则。

意思表示的撤回是指在意思表示生效之前，使该意思表示不发生效力的单独行为。意思表示是可以撤回的，这是私法自治原则的表现。行为人可以作出意思表示使其发生效力，也可以通过撤回不让其已作出的意思表示发生效力。行为人撤回意思表示采用通知方式，即属于意思通知，至于以何种形式通知，法律未作规定，因此，或书面，或口头等均无不可，也不要求与意思表示的形式相同。但是行为人撤回其意思表示不能影响其他人的利益，因此，尽管行为人可任意做出撤回意思表示的决定，但撤回意思表示的通知应在意思表示到达相对人前或者与意思表示同时到达相对人。因为意思表示一般自到达相对人时生效，一经到达相对人一方，相对人就会产生信赖利益。此时若不使意思表示发生效力，则会造成相对人信赖利益损失。

撤回只能发生在意思表示生效前。在意思表示生效后，行为人实施一定行为让意思表示效力失去的，称为撤销。法律规定意思表示不得撤销的，行为人不得撤销。行为人撤销意思表示，造成相对人合理信赖利益损失的，应负赔偿责任。

五、意思表示的解释

第一百四十二条　有相对人的意思表示的解释，应当按照所使用的词句，结合相关条款、行为的性质和目的、习惯以及诚信原则，确定意思表示的含义。

无相对人的意思表示的解释，不能完全拘泥于所使用的词句，而应当结合相关条款、行为的性质和目的、习惯以及诚信原则，确定行为人的真实意思。

本条规定了意思表示的解释规则。

意思表示的解释，是指阐明并确定行为人所作的意思表示的真实含义。关于意思表示的解释如何来确定意思表示的真实含义，历来就有意思主义与表示主义两种主张。意思主义又称主观主义，主张确定表意人意思表示的真实含义，应以表意人的内在的效果意思为准。意思主义的理论基础在于意思原理与自己决定原理。所谓意思原理,是指权利义务的变动只能以表意人的意思为根据,没有表意人的意思也就无权利义务的变动。所谓自己决定原理,是指按照私法自治原则的要求,意思表示的内容全由表意人自己的意思来决定,而不能由其他决定。表示主义又称客观主义,主张确定表意人意思表示的真实含义应以表意人表示出的表示意思为准。表示主义的理论基础在于信赖原理与交易安全。所谓信赖原理是指必须保护相对人对表示的信赖,否则会使相对人受到意想不到的不利益;所谓交易安全是指当意思表示作出后,只要按照交易规则来理解即可,这样才能保障交易便捷迅速地进行。现代各国法上一般是重视意思主义和表示主义的结合,在对意思表示的解释上坚持主客观相结合,采取折衷主义。

依《民法典》第142条规定,意思表示的解释规则区分有相对人的意思表示和无相对人的意思表示有两种情形。

有相对人的意思表示的解释采取折衷主义。意思表示的解释,首先应进行文义解释,即按照所使用的词句来解释。因为意思表示所使用的词句的意思也就是表意人表示出的意思。对于所使用的词句的含义应以通常的一个同行业内的人所表述的含义为准。若对于意思表示所使用的词句含义的解释不足以表明表意人的真实意思或者解释的结果显然不合理,则结合相关条款、行为的性质和目的、习惯及诚信原则来解释,以探求表意人的真实意思。结合相关条款,是采用体系解释方法;结合行为的性质和目的,是采用目的解释的方法。如果以上述方法仍不能确定表意人的意思,这说明表意人表示出的意思有漏洞,无法确定,应结合习惯和诚信原则对于表意人的意思予以补充。

无相对人的意思表示的解释采取主观主义。因为无相对人的意思表示的解释，与相对人利益的保护无关，解释的目的不是探求意思表示的含义，而是探求表意人内在的真实意思即其效果意思。尽管意思表示中所使用的词句，是表达表意人意思的，但并非就一定是表达出表意人的真实意思。因此，对意思表示解释时虽不能完全不顾及意思表示所使用的词句，但也不能完全拘泥于所使用的词句，而应结合相关条款、行为的性质和目的、习惯及诚信原则，确定行为人的真实意思。

第三节　民事法律行为的效力

一、民事法律行为效力的含义

民事法律行为的效力，是指民事法律行为成立后发生的法律后果。民事法律行为原则上自成立时生效，但民事法律行为生效须具备法律规定的有效条件，如果欠缺民事法律行为的有效要件，民事法律行为则不能有效。根据民事法律行为欠缺的生效要件的情况，欠缺民事法律行为有效要件的民事法律行为会有绝对无效与相对无效之分。有的民事法律行为于成立时是否有效尚不能确定，而有待于根据其后发生的一定事实才能确定。因此，已成立的民事法律行为可分为有效民事法律行为、无效民事法律行为、可撤销民事法律行为、效力待定民事法律行为。

民事法律行为有效，发生当事人预期的民事法律后果，当事人受民事法律行为效力的拘束，享受民事法律行为设立的权利，负担民事法律行为设定的义务，任何一方都不得擅自变更和解除民事法律行为，任何一方不履行民事法律行为设立的义务的，都应依法承担相应的民事责任。民事法律行为无效，则不能发生当事人预期的民事法律后果，而会发生法律规定的其他后果。由于民事法律行为并非全部自成立时起生效，生效与不生效的民事法律行为的后果是不同的。因此，分析一个民事法律行为的效力，首先应当确定该民事法律行为是否有效，然后才能确定其发生的法律效果。

二、民事法律行为的有效条件

第一百四十三条 具备下列条件的民事法律行为有效：（一）行为人具有相应的民事行为能力；（二）意思表示真实；（三）不违反法律、行政法规的强制性规定，不违背公序良俗。

本条规定了民事法律行为有效的一般要件。

民事法律行为的一般有效要件是任何民事法律行为有效都须具备的条件。也就是说，只有具备一般有效要件的民事法律行为才能是有效的。对于某些民事法律行为，法律规定其生效还须具备其他要件的，法律规定的其他要件属于民事法律生效的特别要件。

民事法律行为有效的一般要件包括以下三个：

1. 行为人具有相应的民事行为能力

民事法律行为是以发生民事法律后果为目的，实施行为的行为人应当对行为的后果有足够清楚的认识，因此，行为人应具有相应的民事行为能力。至于有学者认为，行为人还应有相应的民事权利能力，这应不属于民事法律行为有效条件问题。没有相应的民事权利能力也就没有享受相应权利的资格，当然也就没有实施获得该权利的民事法律行为的资格。但有民事权利能力的人也只有具备相应的民事行为能力，其为获得相应的民事权利所实施的民事法律行为才能有效。有完全民事行为能力的自然人可以实施各种民事法律行为，独立进行民事活动，当然身份行为有年龄限制的除外；限制民事行为能力的自然人实施的民事法律行为应与其年龄、智力和精神健康状况相适应；无民事行为能力人按规定不能实施民事法律行为。法人和非法人组织所实施的民事法律行为须在其可实施的范围内，其实施的没有相应的民事行为能力的民事法律行为，也不能有效。

2. 意思表示真实

意思表示是民事法律行为的要素。没有意思表示，民事法律行为不成立；意思表示不真实，民事法律行为不能有效。所谓意思表示真实，指行为人的意思表示为健全的意思表示。健全的意思表示要求效果意思与表示意思一致即意思与表示一致，并且是无瑕疵的，表意人的意思在形成中没有受到不正当的影响。意思表示不真实，也就是意思表示不健全。不健全的意思表示可分为以下两种情形：

其一，意思表示不一致，有的称为意思欠缺。包括有意的不一致和无意的不一致。

（1）有意的不一致。即表意人故意使其意思与表示不一致，包括真意保留、虚伪表示、隐藏行为等。①真意保留也有的称为虚假表示，是指表意人故意隐匿自己的真实意思而表示出与其真意不同的意思，或者说明知与表示行为相对应的效果意思不存在，而在不告知对方的情形下所为的意思表示。例如，甲提出要以50元购买乙的自行车，乙本无出卖自行车的意思，但碍于与甲的交情就说："你喜欢就拿去。"又如，甲见乙无电视机，欲出卖电视机给乙，又不想自己提出，就向乙表示将电视机柜卖与乙。真意保留的构成要求：一是须有意思表示；二是须意思与表示不一致；三是表意人明知其意思与表示不一致。真意保留的意思表示原则上发生效力，其理由主要是因为对方只能信赖意思表示，有必要保护这种信赖；而表意人自己故意做出与真意不同的表示，也就应当承受由此发生的不利益。但也有例外，即：如果相对人知道或者应当知道表意人的真意时，该意思表示无效，因为于此情形下，无保护相对人的信赖的必要。如戏言或玩笑话就不能有效，例如，甲购得一件新衣，乙见到甲的新衣说：真漂亮。甲说：喜欢吗？喜欢就送给你了。甲的这一表示显然是玩笑话，纯属戏言，不能有效。②虚伪表示，是指表意人与相对人通谋实施的没有真实意思的意思表示。与真意保留的相同之处在于没有与表示相对应的意思，不同之处在于是由表意人与相对人通谋实施的。如甲为避免其房产将来被执行，与乙商量先将房屋从形式上卖给乙，乙同意，甲将房屋卖给乙并办理过户登记手续。这种行为因没有真实意思，行为无效。但有例外，为保护交易安全，此无效不能对抗第三人，如上例中乙若将该房屋又出卖给丙，则乙丙间的买卖有效。③隐藏行为，是指表意人作虚伪的表示但其真意为发生另外的法律效果的意思表示。如欲赠与而为买卖的表示。虚伪的意思表示无效，其真实意思可否发生效力，应依该真实意思表示的相关法律规定确定。

（2）无意的意思表示不一致。包括错误和误传。错误是指因误认或不知而导致表示的意思与真实意思不一致。错误的构成要件为：一是须有意思表示；二是意思与表示不一致；三是这种不一致是因表意人自己的认识错误造成的。对于错误，有的区分为表示错误和动机错误。有的则从法律行为要素上将错误区分为当事人的错误、标的物的错误、行为性质的错误、行为内容的错误。错误的表意人可以撤销其意思表示，但若相对人为善意的，表意人应赔偿相对人的信赖损失。误传，是指因第三人的传达错误而使表示与意思不一致。传达人的错误在性质上一般视为表意人的错误。

其二，意思表示的不自由。这是指表意人的意思在形成中受到不正当干涉而不是自由形成的。这种意思表示虽意思与表示相一致，但其意思因受不当干涉而非其真实意思，因而也是有瑕疵的。受到干涉的不自由的意思表示主要包括：受欺诈的意思表示、受胁迫的意思表示、逆境中的意思表示。

（1）受欺诈的意思表示。受欺诈的意思表示，是指表意人因受到他人的欺诈而作出的违背其真实意思的意思表示。受欺诈意思表示的构成要件有三：一是须有他人的欺诈。所谓欺诈，是指故意告知虚假情况或者隐瞒真实情况，诱使他人作错误的决定。至于欺诈人为表意人的相对人还是第三人，则在所不问，但告知真实情况以有告知义务为前提，若无告知义务，则虽未告知真实情况也不为欺诈；二是须表意人因受欺诈而陷入错误。若表意人并不相信他人告知的情况，其对事物的判断并未受他人欺诈行为的影响，则不成立受欺诈的意思表示；三是须表意人因受欺诈而作出违背其真实意思的表示。若表意人虽受欺诈，但作出的意思表示不违背其真意的，也不构成受欺诈的意思表示。

（2）受胁迫的意思表示。受胁迫的意思表示，是指表意人因受他人的胁迫而作出的违背其真实意愿的意思表示。受胁迫的意思表示的构成须具备以下三个条件：（1）表意人受到胁迫。所谓胁迫，是指以给本人或其亲友的身体、健康、生命、自由、名誉、财产等造成损害相要挟，以使其产生恐惧。表意人未受他人胁迫的，不发生受胁迫的意思表示；（2）表意人因受胁迫而产生恐惧。若表意人虽受到胁迫，但其并未因此而产生恐惧，其仍可自由为意思表示,则不发生受胁迫的意思表示;(3)表意人因恐惧而作出违背真意的意思表示。若表意人作出的意思表示与受胁迫无关,则其意思表示不为受胁迫的意思表示。

(3)逆境中的意思表示。逆境中的意思表示,是指表意人于不利于自己的境况下作出的违背真实意愿的意思表示。逆境中的意思表示的构成条件为:(1)表意人处于逆境中。这里所谓的逆境是指双方处于不对等的境况,一方显然处于弱势。例如,表意人处于危难之中,表意人缺乏相应的判断能力等。(2)相对人知道表意人处于逆境并利用自己的优势;(3)表意人基于相对人对其逆境的利用而作出违背真意的意思表示。

3. 标的合法、可能、确定

民事法律行为的标的也就是民事法律行为的内容。所谓合法包括不违反法律、行政法规的强制性规定和不违背公序良俗。所谓可能,是指标的应为依法可以实现的。如依法不能实现,该民事法律行为也就不会有效。例如,约定断指一个,标的就为法律上不可能。所谓确定,包括可依法律规定来确定。例如,约定价格为 1000 元上下,或约定价格在多少之间,或随行就市,只要能够确定即可。但若无法确定,则该民事法律行为无法履行,不能有效。

民事法律行为虽成立,但不具备上述有效条件的,属于有瑕疵的法律行为,不为有效的民事法律行为。根据其缺乏的要件的情况不同,可分为无效、可撤销和效力未定三种,具体属于何种民事法律行为,取决于该民事法律行为所欠缺的生效要件的性质和严重程度:如所欠缺的要件涉及公共利益的,应为无效;如仅关系私人利益,属于可撤销;如仅属于程序性问题,属于效力未定，需由另外的民事法律行为予以补正。

三、无效民事法律行为

（一）无效民事法律行为的含义

无效民事法律行为是指因根本不具备民事法律行为的有效要件而自始确定的、当然的绝对完全不能发生法律效力的民事法律行为。这种行为严重欠缺民事法律行为的有效要件，且从外观上就可看到其不具备有效的条件，也不能予以补正。

（二）无效民事法律行为的种类

1. 无民事行为能力人实施的民事法律行为

第一百四十四条　无民事行为能力人实施的民事法律行为无效。

本条规定了无民事行为能力人实施的民事法律行为无效。

因为无民事行为能力人不具有实施民事法律行为的能力，因而其实施的民事法律行为应为无效。但确认无民事行为能力人实施的民事法律行为无效的目的是为了保护无民事行为能力人的利益。如果无民事行为能力人实施的民事法律行为对其并无不利，确认该民事法律行为无效对无民事行为能力人未必有利。例如，一个7周岁的未成年人购买了一本书或者乘坐公交车或者接受他人的赠与，认定行为有效更有利于保护其利益。

2. 限制民事行为能力人实施的不能独立实施的未经法定代理人同意的民事法律行为

第一百四十五条　限制民事行为能力人实施的纯获利益的民事法

律行为或者与其年龄、智力、精神健康状况相适应的民事法律行为有效；实施的其他民事法律行为经法定代理人同意或者追认后有效。

相对人可以催告法定代理人自收到通知之日起三十日内予以追认。法定代理人未作表示的，视为拒绝追认。民事法律行为被追认前，善意相对人有撤销的权利，撤销应当以通知的方式作出。

本条从反面规定了限制民事行为能力实施的不能独立实施的而又未得到法定代理人同意或者追认的民事法律行为无效。

对于单方民事法律行为不存在法定代理人同意问题，限制民事行为能力人所实施的单方民事法律行为，只要是其不能独立实施的，就是无效的。而对于双方民事法律行为，限制民事行为能力人可以独立实施与其年龄、智力、精神健康状况相适应的或者纯获利益的民事法律行为，其他民事法律行为须经法定代理人同意或追认后才能有效。如果法定代理人对于限制民事行为能力实施不能独立实施的民事法律行为不同意或者不追认，该民事法律行为就是无效的。

由于限制民事行为能力人实施的欠缺相应民事行为能力的民事法律行为于行为成立时是否有效实际上不能确定，因此，学者称此种行为属于效力未定的民事法律行为。效力未定民事法律行为又称效力待定民事法律行为，是指于民事法律行为成立时是否有效尚不能确定的民事法律行为。这种民事法律行为于成立时虽然缺乏一定的生效要件而不能确定有效，但其所缺的生效要件并非实质性要件而属于程序性要件，是可以通过辅助行为予以补正的。若通过辅助行为予以补正，则确定有效；若不能予以补正，则确定不发生效力。可见，效力未定民事法律行为既不同无效民事法律行为自成立时起就无效，也不同于可撤销的民事法律行为可由撤销权人予以撤销。效力未定民事法律行为最终是有效还是不生效，通常并不决定于行为人的意思，而是决定于第三人的意思。

限制民事行为能力人实施的欠缺相应民事行为能力的民事法律行为，若法定代理人追认，也就等于经法定代理人同意，就为有效，如未经法定代理人追认，则因未经法定代理人同意不能有效而无效。因为若法定代理人长期不作出是否追认的意思表示，该民事法律行为也就会长期处于效力不确定的状态，这既不利于经济关系的稳定，也不利于保护相对人的利益。因此，相对人享有催告权，可以催告法定代理人自收到通知之日起30日内予以追认，届期法定代理人未作表示的，视为拒绝追认，该民事法律行为也就不为有效；善意相对人还享有撤销权，在民事法律行为被追认前，可以撤销该民事法律行为，撤销应当以通知的方式作出。在民事法律行为被追认后，该民事法律行为即发生效力，善意相对人也不得撤销。

3. 虚伪的民事法律行为

第一百四十六条　行为人与相对人以虚假的意思表示实施的民事法律行为无效。

以虚假的意思表示隐藏的民事法律行为的效力，依照有关法律规定处理。

本条规定了虚伪的民事法律行为无效。

当事人双方所做出的意思表示是虚假的，这种民事法律行为称为虚伪的民事法律行为。因为虚伪民事法律行为的意思表示是虚假的，不真实的，因而，该种民事法律行为无效。有的虚伪的民事法律行为的当事人以虚假的意思表示掩盖着真实的意思表示，以一个虚假的民事法律行为隐藏着另一个真实的民事法律行为，虚假的民事法律行为因意思表示不真实而无效，而隐藏的民事法律行为能否有效，应依有关规定具体确定。例如，甲为避免其财产被用于偿债，就与乙订立一个虚假的买卖合同，将其财产出卖给乙。该民事法律行为自应无效。但若甲因欲将某物赠与乙而担心引起他人的误解就与乙订立一份虚假的买卖合同，则该虚假的买卖民事法律行为因意思表示虚假而无效，其所隐藏的赠与行为却可以是有效的。

4. 违反法律、行政法规的强制性规定和违背公序良俗的民事法律行为

第一百五十三条 违反法律、行政法规的强制性规定的民事法律行为无效。但是，该强制性规定不导致该民事法律行为无效的除外。

违背公序良俗的民事法律行为无效。

本条规定了违反强制性法律规范和违背公序良俗的民事法律行为无效。

法律规定有强制性规定与任意性规定之分。强制性规定包括禁止性规定，在文字表述上通常以"应当"、"必须"、"不得"等词语。因为强制性规定是行为人应当予以遵守的规定，因此违反强制性性规定的民事法律行为无效。但是强制性规定又不全属于效力性强制规定，有的仅属于管理性的强制性规定。管理性强制规范着重于违反行为的事实行为价值，以禁止其行为为目的，所以违反管理性强制规范的民事法律行为未必就无效，不能

仅以违反管理性、强制性规定而认定民事法律行为无效。而效力性强制规范着重于违反其规定民事法律行为的价值，以否认该民事法律行为的法律效力为目的，因此违反效力性规范的民事法律行为，应确认无效。如果民事法律行为违反的仅属于管理性的强制性规定，并不导致该民事法律行为无效。如何区分管理性禁止规范和效力性禁止规范呢？有不同的观点：有的主张，如果规范所禁止的是民事法律行为本身，该规范即属于效力性禁止规范；如果规范并非要禁止某种类型的行为，而是与当事人的"市场准入"资格有关，或者禁止的是合同履行中的某种履行途径或方式，则该规范就属于管理性强制性规范。对于违反管理性强制规范的应区别情况：如属于对主体从事特定类型行为的禁止，已经履行的可有效，对未履行的部分无效；若属于是对主体履行行为的禁止，一般不影响民事行为的效力。

公序良俗关系到公共利益、社会利益、国家利益，因此任何人不得违背。民事法律行为，凡违背公序良俗的，一律无效。至于何种行为属于违背公序良俗，须根据具体情况具体判断。

5. 恶意串通的民事法律行为

第一百五十四条 行为人与相对人恶意串通，损害他人合法权益的民事法律行为无效。

本条规定了恶意串通的民事法律行为无效。

所谓恶意串通，是指双方合谋损害他人合法权益。恶意串通的当事人双方都有损害他人利益的故意。对于恶意串通民事法律行为是否应规定为无效，有不同的观点。一种观点认为，恶意串通行为是否损害第三人的利益，只有第三人知道，他人难以从外观上确认，因此，恶意串通损害第三人利益的民事法律行为应当属于可由利益受损害的第三人主张撤销的民事法律行为,而不应属于绝对无效的民事法律行为,因为无效民事法律行为是任何人都可以主张无效,法官或仲裁员也可依职权确认其无效的。但是这种观点并未被立法者接受。《民法典》仍然沿用了《民法通则》、《合同法》的规定,确认恶意串通损害第三人利益的民事法律行为无效。①

四、可撤销的民事法律行为

(一)可撤销的民事法律行为的含义

可撤销的民事法律行为,是指因行为人意思表示有缺陷而不真实,当事人依法享有撤销权,可行使撤销权对已成立的行为予以撤销的民事法律行为。

可撤销民事法律行为也是欠缺民事法律行为有效要件的,但这种行为在外观上符合民事法律行为的有效条件。可撤销民事法律行为实质上是意思表示不健全即意思表示不真实的民事法律行为,而当事人的意思表示是否不健全,只有当事人自己才知道,他人很难从外观上确定。因此,只有当事人才可通过行使撤

---

① 据草拟条文者解释,民法总则中继续规定了恶意串通制度,主要考虑是:第一,行为人恶意串通损害他人合法权益的行为,多数情况下权益受损的人当时并不知情,如果不对这种行为科以无效后果,无法体现对其合法权益的有力保护。第二,民法通则、合同法规定恶意串通行为无效以来,为司法实践提供了明确的裁判指引,民法总则应当继续沿用这一规定。第三,虽然民法总则及其他民事法律对欺诈、无权处分等具体规则作了规定,但民事生活的复杂性决定了实践中仍有可能出现现有具体规则无法解决的情形。保留恶意串通的规定,可以在没有具体规则可提供适用时发挥规则填补的作用。见石宏主编:《中华人民共和国民法总则条文说明、立法理由及相关规定》,北京大学出版社2017年版,第367页。

销权来否定可撤销民事法律行为的效力。可撤销的民事法律行为不同于无效民事法律行为，无效民事法律行为是自行为成立时起就确定无效，并且任何人都可以主张无效，即使当事人主张有效，法院或仲裁机构也应依法确认其无效。而可撤销的民事法律行为于成立时起是有效的，只有享有撤销权的人可依法撤销该民事法律行为，该民事法律行为经撤销后才自始无效。除撤销权人外，其他任何人无权主张可撤销民事法律行为的无效。因此，有人称可撤销民事法律行为为相对无效的民事法律行为。

（二）可撤销民事法律行为的种类

1. 重大误解的民事法律行为

第一百四十七条　基于重大误解实施的民事法律行为，行为人有权请求人民法院或者仲裁机构予以撤销。

本条规定了重大误解的民事法律行为属于可撤销的民事法律行为。

重大误解的民事法律行为是基于重大误解实施的民事法律行为，因为一方是基于重大误解而作出意思表示的，其表示的意思与其真意即表示与意思之间无意地发生不一致，因此，当事人可以撤销该意思表示有瑕疵的民事法律行为。

基于重大误解实施的民事法律行为是因一方的错误认识而导致意思与表示无意不一致的行为，但并非任何因错误认识而导致意思与表示不一致的行为都是可以撤销的。依本条规定，只有基于重大误解实施的民事法律行为才是可以撤销的。何为重大误解？所谓重大误解应是对当事人间权利义务产生较大影响的事项产生错误认识。通常认为，对行为的性质，对方当事人，标的物的品种、质量、规格和数量等认识错误，使行为后果与自己的意思相悖，并造成较大损失的，可认定为重大误解。如果所产生的错误认识并不会给行为人造成较大损失，就不属于重大误解。例如，甲欲将某物赠与乙，错把丙当作乙而赠与，此属于对对方当事人的认识错误，因为在赠与中对方当事人有根本性意义，因此此种误解构成重大。但若甲欲将某物卖与乙，错把丙当作乙而卖与丙，虽也属于对对方当事人的认识错误，但因在买卖中将物出卖给何人对于出卖人并无重大利害关系，因此，此种对对方当事人的误解构不成重大误解。构成重大误解的民事法律行为不仅须有一方因重大误解而实施民事法律行为，且须行为人是基于重大误解而做出与其真意相悖的意思表示的。如果行为人虽有错误认识，但其作出的意思表示与错误认识间无因果关系，其意思表示并非基于错误认识而作出的，则该行为不构成重大误解的民事法律行为。

2. 受欺诈的民事法律行为

第一百四十八条　一方以欺诈手段，使对方在违背真实意思的情况下实施的民事法律行为，受欺诈方有权请求人民法院或者仲裁机构予以撤销。

第一百四十九条　第三人实施欺诈行为，使一方在违背真实意思的情况下实施的民事法律行为，对方知道或者应当知道该欺诈行为的，受欺诈方有权请求人民法院或者仲裁机构予以撤销。

　　这两条规定了受欺诈的民事法律行为是可撤销的民事法律行为。

　　所谓受欺诈的民事法律行为是指一方因受欺诈而实施的民事法律行为。在受欺诈的民事法律行为中，因受欺诈一方所做出的意思表示属于受欺诈的意思表示,并非其真实意思,此民事法律行为属于意思表示不健全的民事法律行为,因此受欺诈的民事法律行为属于可撤销的民事法律行为。

受欺诈民事法律行为中受欺诈一方是受到欺诈才做出违背其真实意思的意思表示的,这种欺诈一般来自相对方,但也可能是来自第三人。民事法律行为的当事人一方以欺诈手段实施的欺诈民事法律行为,受欺诈方享有撤销权,可以请求撤销该欺诈民事法律行为。欺诈行为是第三人实施的,受欺诈人则只有在对方知道或者应当知道的情况下才可请求法院或者仲裁机构予以撤销。如果对方不知道或者不应知道第三人实施了欺诈行为,其主观上不构成恶意,则受欺诈人无撤销权。这里的对方是指与受欺诈人实施民事法律行为的人。所谓的第三人应不包括对方的代理人、受雇人或使用人。①

3. 受胁迫的民事法律行为

第一百五十条 一方或者第三人以胁迫手段,使对方在违背真实意思的情况下实施的民事法律行为,受胁迫方有权请求人民法院或者仲裁机构予以撤销。

本条规定受胁迫的民事法律行为属于可撤销民事法律行为。

受胁迫的民事法律行为是一方在他人胁迫之下实施的,受胁迫方作出的意思表示是受胁迫的意思表示,是在意思表示不自由的情况做出的,非其真实意思表示。受胁迫的民事法律行为属于意思表示不健全的民事法律行为,当然,也就属于可撤销的民事法律行为。

---

① 郑冠宇:《民法总则》,承法数位文化有限公司2012年版,第317页。

4. 显失公平的民事法律行为

第一百五十一条 一方利用对方处于危困状态、缺乏判断能力等情形，致使民事法律行为成立时显失公平的，受损害方有权请求人民法院或者仲裁机构予以撤销。

本条规定了显失公平的民事法律行为属于可撤销的民事法律行为。

显失公平民事法律行为，又称暴利行为，是指于行为成立时双方当事人的权利与义务分担明显不公平的民事法律行为。《民法典》中规定的显失公平的民事法律行为不同于《民法通则》的规定。依《民法通则》的规定，显失公平的民事法律行为与乘人之危的民事法律行为是不同的两种民事法律行为，显失公平民事法律行为属于可撤销的民事法律行为，而乘人之危的民事法律行为为无效民事法律行为。因为这两种行为并无实质性区别，所以《民法典》采取了德国民法的做法，统称为显失公平的民事法律行为。显失公平民事法律行为的一方所做出的意思表示属于逆境中的意思表示，并非其真实意思，因而显失公平民事法律行为也属于意思表示不健全的民事法律行为。这种民事法律行为导致从行为成立时起双方的权利义务就严重失衡。基于公平考虑，显失公平民事法律行为属于可撤销的民事法律行为，受损害方有权请求撤销该民事法律行为。

（三）撤销权的享有、行使和消灭

1. 撤销权的享有和行使

撤销权是撤销权人以自己的意思撤销其实施的民事法律行为的权利。依《民法典》的规定，重大误解的民事法律行为的当事人双方都享有撤销权,而其他可撤销的民事法律行为的撤销权属于受损害的一方享有。

依我国法规定,撤销权的行使须依诉讼方式为之,即依诉讼方式作出撤销的意思表示。撤销权人应向法院或仲裁机构提起诉讼或者申请仲裁请求撤销所实施的民事法律行为,经人民法院或者仲裁机构裁决民事法律行为撤销的,该民事法律行为即被撤销。

撤销权可因法定事由而消灭,撤销权一经消灭,当事人就不再享有,可撤销民事法律行为也就成为确定有效的民事法律行为。

2. 撤销权的消灭理由

第一百五十二条 有下列情形之一的,撤销权消灭:(一)当事人自知道或者应当知道撤销事由之日起一年内、重大误解的当事人自知道或者应当知道撤销事由之日起九十日内没有行使撤销权;(二)当事人受胁迫,自胁迫行为终止之日起一年内没有行使撤销权;(三)当事人知道或者应当知道撤销事由后明确表示或者以自己的行为表明放弃撤销权。

当事人自民事法律行为发生之日起五年内没有行使撤销权的,撤销权消灭。

本条规定了撤销权消灭的事由。

撤销权消灭的事由有以下三项:

(1)撤销权行使期间届满。撤销权的行使期间因发生撤销权的民事法律行为的不同而不同。重大误解的民事法律行为的撤销权行使期间为90日,自当事人知道或者应当知道撤销事由之日起起算。受胁迫的民事法律行为的撤销权行使期间为1年,自胁迫行为终止之日起起算。其他可撤销民事法律行为的撤销权行使期间为1年，自撤销权人知道或者应当知道撤销事由之日起起算。

（2）撤销权人明确表示放弃或者以自己的行为放弃撤销权。撤销权为一项权利，权利可以放弃。撤销权人放弃撤销权的意思表示可以采明示方式，也可采默示方式。例如，撤销权人可以明确向对方表示确认民事法律行为有效，撤销权人也可以在知道撤销事由后仍做好履行民事法律行为的准备来表示放弃撤销权。撤销权一经放弃即消灭。这也是保护对方信赖利益的要求。

（3）自民事法律行为发生之日起满5年。因为可撤销民事法律行为在撤销权未行使前，民事法律行为的效力实际处于不确定的状态，因此，为稳定当事人之间的权利义务关系，使各方当事人有合理的预期，法律规定了撤销权行使的最长期间为5年，不论撤销权人是否知道撤销事由，只要自行为成立时起满5年未行使撤销权的，撤销权即消灭。

五、非有效的民事法律行为的法律后果

非有效的民事法律行为包括无效民事法律行为、被撤销民事法律行为，以及确定不发生效力的民事法律行为。这些民事法律行为会发生以下法律后果。

（一）民事法律行为无效为自始无效

第一百五十五条 无效的或者被撤销的民事法律行为自始没有法律约束力。

本条规定了无效民事法律行为的无效状态。

无效民事法律行为自始就是无效的,可撤销的民事法律行为一经被撤销也自始是无效。无效也就是无法律约束力,不能发生当事人预期的效果,不能履行,不得履行,已履行的要停止履行。因无效法律民事行为不利于交易,对于社会和当事人均无益处。因此,在实务中应避免过宽地确认无效民事法律行为,对某一民事法律行为可作无效解释也可作有效解释的,应解释为有效。

(二)民事法律行为部分无效的,其他部分可有效

第一百五十六条 民事法律行为部分无效,不影响其他部分效力的,其他部分仍然有效。

本条规定了民事法律行为部分无效的规则。

民事法律行为的无效有全部无效与部分无效之分。所谓民事法律行为部分无效,是指民事法律行为的内容部分不符合有效的规定而无效。例如,当事人设定质权的民事法律行为中规定,债务人不能清偿债务时质押物即归债权人所有,该部分内容因违反法律的规定无效,但当事人设立质权的民事法律行为的其他内容是有效的。为尊重当事人的意思,促成交易,民事法律行为部分无效,不影响其他部分效力的,其他部分仍然有效。当然,如果民事法律行为无效部分的内容影响到其他部分的效力,则民事法律行为也就全部无效。

(三)返还财产、折价补偿和赔偿损失

第一百五十七条 民事法律行为无效、被撤销或者确定不发生效力后,行为人因该行为取得的财产,应当予以返还;不能返还

或者没有必要返还的，应当折价补偿。有过错的一方应当赔偿对方由此所受到的损失；各方都有过错的，应当各自承担相应的责任。法律另有规定的，依照其规定。

本条规定了民事法律无效、被撤销或者确定不发生效力后发生的法律后果。

民事法律行为无效、被撤销或者确定不发生效力也就不发生法律拘束力，因而不能履行。因此，已经履行的，当事人应当恢复该民事法律行为实施以前的状态，因该行为取得财产的行为人应当将取得的财产返还给对方；不能返还（如该财产已经消费或者转让）或者没有返还必要（例如返还成本过高而相对方并不必需该财产）的，应当折价补偿。所谓折价补偿即是按照该财产的市价给相对人金钱以代替财产的返还。

因该民事法律行为的实施一方受有损失的，应由有过错的一方负责赔偿。所谓有过错是指在导致民事法律行为无效、被撤销或者确定不发生效力上有过错。如果实施该民事法律行为的各方都有过错，则各方应按各自的过错承担相应的民事责任。

法律对无效民事法律行为的后果另有规定的，应依照其规定来确定无效民事法律行为的后果。例如，当事人故意实施损害社会公共利益的民事法律行为的，故意一方交付的财产应当追缴归国家。

第四节　民事法律行为的附条件和附期限

一、附条件民事法律行为

第一百五十八条　民事法律行为可以附条件，但是根据其性质不得附条件的除外。附生效条件的民事法律行为，自条件成就时生效。附解除条件的民事法律行为，自条件成就时失效。

本条规定了附条件民事法律行为。

（一）附条件民事法律行为的含义

附条件的民事法律行为，是指行为人在民事法律行为中约定一定条件，以该条件的成就与否作为民事法律行为效力发生与消灭与否依据的民事法律行为。

民事法律行为可以附条件，但是按照其性质不得附条件的，不能附条件。不得附条件的民事法律行为主要有以下三种情形：（1）基于民事法律行为的流通性的性质不许附条件，如票据行为；（2）基于民事法律行为的公共利益的性质不允许附条件，如身份行为；（3）基于民事法律行为确立关系的稳定性的性质不允许附条件。例如，行使形成权的民事法律行为不得附条件。因为如果附条件，其效力处于不确定的状态，就会损害相对人的利益。

民事法律行为是以设立、变更、终止民事权利义务关系为目的以意思表示为要素的行为，原则上自成立时起即发生法律效力。也就是说已经成立的民事法律行为，只要符合法律规定的有效要件，就应当即发生法律效力。然而，行为人在实施民事法律行为时考虑到未来可能会出现某种客观情形，为更好地满足自己的利益需求，也可以将此种情形作为决定当事人权利义务效力状态的条件。因为这一内容并不决定权利义务的内容及履行等事项，仅是确定未来可能发生的客观情形对民事法律行为效力的影响，因而被称为民事法律行为的附款。有此附款的民事法律行为也就被称为附条件的民事法律行为。

附条件的民事法律行为实际上是行为人就民事法律行为成立后未来可能发生的风险预先在民事法律行为中做出安排，为民事法律行为效力的发生或者终止设置了前提条件。由于附条件民事法律行为所附的关于条件的约款，也是当事人协商一致的结果。因此，法律确认附条件的民事法律行为的效力受制于条件，是对当事人意思自由的尊重。这是私法自治原则的具体体现，也是最大化满足当事人预期利益的有力措施。

（二）附条件民事法律行为的效力状态

已经成立的民事法律行为的效力状态有有效与无效、可撤销之别。附条件的民事法律行为为有效民事法律行为，而不是无效民事法律行为或可撤销民事法律行为。因为，附条件的民事法律行为须具备民事法律行为有效的各种要件，而不能欠缺民事法律行为有效的要件。如果某一民事法律行为的内容中有限制民事法律行为效力的附款，但该民事法律行为并不完全具备民事法律行为的有效要件，则该民事法律行为不属于附条件的民事法律行为。附条件的民事法律行为也不同于效力未定民事法律行为。

效力未定民事法律行为是于民事法律行为成立时是否有效尚不能确定的民事法律行为，而附条件的民事法律行为于成立时就确定地有效。

（三）附条件民事法律行为的条件

1. 条件的含义与特征

附条件民事法律行为的条件，是指当事人在民事法律行为约定的用以限定民事法律行为效力的客观事实。也就是说，条件为民事法律行为的当事人约定的决定民事法律行为效力发生或消灭的一种客观事实。条件具有以下特征：

（1）须是当事人约定的决定当事人权利义务效力发生或消灭的事实。如果当事人约定的事实关涉权利义务的内容增减，则该事实并非条件。例如，附条件买卖中当事人约定的有关所有权转移的事实，虽也称为"条件"，但不属于附条件民事法律行为中的条件。[①] 条件也只能是当事人约定的决定民事法律行为效力发生或消灭的事实，法律规定的决定民事法律行为效力的事实，也不属于附条件民事法律行为中的条件。法律规定的条件通常被称为法定条件，而民事法律行为所附的条件只能是约定的。

（2）须是尚未发生的客观事实。条件须是当事人实施民事法律行为时尚未发生即并不存在的事实。在民事法律行为成立时已经发生的客观事实，通常称之为既成条件。因为既成条件已经成为当事人实施民事法律行为以设定权利义务的基础，自无再用以限制该民事法律行为效力的必要。

---

① 参见梁慧星：《民法总论》（第四版），法律出版社2011年版，第183页。

（3）须是将来发生与否不确定的事实。条件不仅须为于民事法律行为成立时尚未发生的客观事实，并且须为将来是否发生并不确定的客观事实。也就是说作为条件的客观事实是否发生是有或然性而非必然性的。如果当事人约定的客观事实是将来必然会发生的，则它不属于条件，而属于期限。当事人约定的作为条件的客观事实须是将来可能发生的，如根本是不可能发生的，也不能作为条件。如以不可能发生的事实作为民事法律行为生效条件的，视为当事人根本不希望民事法律行为成立；如以不可能发生的事实作为民事法律行为失效的条件，则视为根本未附条件。①

（4）须是合法的事实。条件是一种客观事实，可以是事件，也可以是行为。作为事件当然无合法、不法之分。但人的行为却有合法、不法之别。若当事人约定的事实是违法的，此条件为违法条件，不为附条件民事法律行为的条件。例如，甲乙约定：若乙将丙致伤，甲给予乙报酬若干。此民事法律行为中的条件即为违法条件。民事法律行为所附的条件违法的，该民事法律行为应为无效，如果关于条件的条款无效不影响其他部分的效力，则该民事法律行为的其他部分仍可有效。

（5）须是与民事法律行为的目的和内容不相矛盾的事实。条件是决定民事法律行为效力的事实，是民事法律行为内容的组成部分，因而，不能与民事法律行为的目的和内容相矛盾。民事法律行为所附的与其内容相矛盾的条件，被称为矛盾条件。关于所附条件为矛盾条件的民事法律行为的效力，有不同的观点。一种

---

① 参见王利明：《民法总则研究》（第二版），中国人民大学出版社2012年版，第583页。

观点认为，若"条件"与主要内容相矛盾，则该民事法律行为无效。另一种观点认为，如果该"条件"是决定民事法律行为效力发生的，则该民事法律行为无效；如果该"条件"是决定民事法律行为效力消灭的，则视为未附条件。①

民事法律行为所附的条件若为法定条件、既成条件、不能条件、不法条件、矛盾条件的，因这些"条件"不符合条件的要求，属于假象条件，这类民事法律行为不属于附条件的民事法律行为。

2. 条件的种类

（1）生效条件与解除条件

依条件在决定民事法律行为效力上的作用，条件可分为生效条件与解除条件。

生效条件是指决定民事法律行为效力发生的条件。附生效条件的民事法律行为，行为人在实施该民事法律行为时不希望民事法律行为于成立时即发生效力，因而在民事法律行为中约定，在某一客观事实出现时民事法律行为才发生效力。因此，附生效条件的民事法律行为于成立后当事人间的权利义务虽已经合法确定但并不能当即发生履行效力，其效力处于一种停止状态，该民事法律行为的效力一直延续到约定的客观事实出现才发生。也正因为如此，生效条件又被称为停止条件、延续条件。附生效条件的民事法律行为，如果约定的客观事实出现，则发生效力；如果约定的客观事实不出现，则不发生效力。例如，甲、乙约定：若乙考上研究生，甲赠与乙2万元。依该约款，乙考取研究生为

---

① 参见王利明：《民法总则研究》（第二版），中国人民大学出版社2012年版，第584页。

甲赠给乙2万元的前提条件，因而甲、乙之间的此赠与行为就为附生效条件的民事法律行为。于民事法律行为成立时虽然"甲赠与乙2万元、乙接受甲赠与2万元"的权利义务关系就已经确定，但该赠与关系并不发生效力，其是否发生效力决定于"乙考上研究生"这一事实是否出现。若乙考上研究生，则该赠与行为发生效力；反之，若乙未考取研究性，则该赠与行为不发生效力。

解除条件是指决定民事法律行为效力解除的条件。附解除条件的民事法律行为是自民事法律行为成立时起即已经发生效力的，但行为人附有若某一客观事实出现民事法律行为就解除的约款。因此，附解除条件的民事法律行为，自成立时起即发生法律效力，但在约定的客观事实出现时双方的权利义务关系就解除亦即民事法律行为的效力消灭；约定的客观事实不出现，民事法律行为的效力就不消灭而继续有效。因此，解除条件又称之为消灭条件。例如，甲、乙两公司之间成立施工机械租赁的民事法律行为。甲、乙双方约定：甲将其暂时闲置不用的施工器械出租给乙使用，于甲中标某工程项目时，乙即将所租赁的甲的器械返还给甲。该行为中约定的"甲中标某工程项目"就属于解除条件。甲乙间的该租赁行为就是附解除条件的民事法律行为。该租赁行为自行为成立时起就发生效力，但若甲中标某工程项目的事实出现，该租赁行为的效力即消灭；若未出现甲中标某项目的事实，该租赁行为就继续有效。

一个民事法律行为中既附有生效条件又附有解除条件的，则应分别确定其效力。

（2）积极条件与消极条件

依条件的内容，条件可分为积极条件与消极条件。

积极条件是指以某种事实的发生为内容的条件。某种事实的发生是对该事实的肯定,因而积极条件又被称为肯定条件。例如,前述例中,以乙考取研究生为甲赠与乙2万元的条件。这一条件是以考取研究生这一事实的发生为内容的,即为积极条件。

消极条件是指以某种事实的不发生为内容的条件。某种事实的不发生是对该事实的否定,因而消极条件又称为否定条件。例如,前述例中,若当事人双方约定乙考不取研究生,则甲赠与乙若干金钱创业。"乙考不上研究生",这一条件即属于消极条件。

(3) 随意条件、偶成条件与混合条件

依约定的决定民事法律行为效力的事实的发生是否决定于当事人的意思,条件可分为随意条件、偶成条件和混合条件。

随意条件,是指可由当事人意思决定是否发生约定事实的条件。随意条件又分为纯粹随意条件与非纯粹随意条件。纯粹随意条件是指完全仅由当事人自己的意思即可决定条件发生与否的条件。如,民事法律行为中约定:甲如愿意即赠与乙一笔学费。该赠与是否发生效力完全决定于赠与人的意思。这一民事法律行为属于附纯粹随意生效条件的民事法律行为。再如,甲将房屋出租给乙,双方约定:甲愿意收回房屋时租赁即终止。该租赁行为是否继续有效完全决定于甲的意思。这属于附纯粹随意解除条件的民事法律行为。关于附纯粹随意条件民事法律行为的效力,有不同的观点。一种观点认为,纯粹随意条件,因其发生没有不确定的问题，因此，附纯粹随意条件的，应当解释为没有附条件。①另一种观点认为，纯粹随意条件中，如属于仅取决于债务人一方意思的停止条件，则其法律行为不成立。但如仅取决于债务人一方意思的解除条件，则应有效。在纯粹随意条件中，如属于取决于债权人一方的意思，此类纯粹随意条件实际上等于未附条件，法律行为应有效。②还有一种观点认为，"当事人一方或第三人之意思决定，对法律行为之他方当事人而言，仍属于客观偶然之未来事实，其发生亦具不确定性，以其约定之条件作为决定法律行为效力生灭之依据，并不当然违反公序良俗，亦未必有害于相对人之利益。本于意思自由原则，认为附有此等不违反而又无害之附款，其法律行为（含所附条件），得为有效，并因其属性而分别适用停止条件或解除条件之规定。"③依此观点附纯粹随意停止条件的，即使仅属于债务人一方意思的，也属于附条件民事法律行为。我国台湾地区"民法"第384条立法理由："试验买卖者，关于买卖之标的物，以买受人承认为条件之买卖也。……为停止条件附之契约。"有学者以此作为主观任意条件得为条件之例证。④的确，试用买卖的效力完全决定于买受人一方的意思，而我国法也是承认试用买卖的效力的，但不能以此证明任何纯粹随意条件都是有效的。试用买卖中买受人于试用后以自己的意思决定是否购买，这属于民事法律行为成立问题，而不是民事法律行为成立后是否当即发生效力或者效力消灭问题。因此，上述第二种观

---

① 王利明：《民法总则研究》（第二版），中国人民大学出版社2012年版，第586页。
② 梁慧星：《民法总论》（第四版），法律出版社2011年版，第184—185页。
③ 邱聪智：《民法总则》（下），三民书局2011年版，第146页。
④ 参见邱聪智：《民法总则》（下），三民书局2011年版，第147页。

点的理解应属准确。

非纯粹随意条件是指虽与当事人的意思有关，但非仅取决于当事人的意思，还须有某种特定行为与之结合的条件。例如，约定：乙若考取研究生，则赠与若干款项。考取研究生尽管也决定于乙的意思，但仅有乙考取的意思还不够，还须有乙积极备考应考等行为。这种条件就属于非纯粹随意条件。

偶成条件是指非由当事人意思可以决定而是完全决定于客观事实的条件。例如，甲、乙双方约定：今年若不发生自然灾害，甲即出售给乙玉米若干吨。自然灾害是否发生与当事人双方的意思完全无关。此条件即属于偶成条件。又如甲、乙约定：若甲之子丙出国留学，甲就将房屋以月租金若干出租给乙。丙是否出国留学，也不是由甲乙双方意思决定的。此条件也属于偶成条件。

混合条件是指作为条件的事实是否出现决定于当事人的意思与第三人意思的结合。如，合同中约定：甲方若能从丙方取得某物，即出租给乙。甲能否取得某物不仅决定于甲的意思，也决定于丙的意思。此类条件即属于混合条件。

3. 条件的成就与不成就

（1）条件的成就

条件的成就，是指行为人约定的决定民事法律行为效力的客观事实发生即作为条件内容的事实实现。如约定：乙考取研究生，则赠与经费若干。考取研究生作为积极条件，如考取则为条件成就。如约定：乙考不上研究生，则赠与经费若干。考不上研究生为消极条件，如未考取则为条件成就。

条件成就决定附条件民事法律行为的法律效力发生或消灭。

附生效条件的民事法律行为,自条件成就时起即发生法律效力。附解除条件的民事法律行为,自条件成就时起效力即消灭。因条件成就而解除民事法律行为的,不同于民事法律行为的法定解除。其区别主要有二:其一,原因不同。法定解除须有法定解除事由,而附解除条件民事法律行为的解除是因条件成就;其二,程序不同。法定解除须经由解除权人行使解除权而解除,而附解除条件的民事法律行为一经条件成就即当然解除,无须解除权的行使。

条件成就的效力,自条件成就之时发生,以不溯及既往为原则。[1]但当事人以特别约定条件成就效力的时点的,其约定应属有效。[2]

(2) 条件的不成就

条件的不成就,是指行为人约定的决定民事法律行为效力的客观事实未发生即作为条件内容的事实未实现。例如,以考取研究生为条件的,此为积极条件,若未考取研究生即为条件不成就。以考不上研究生为条件的,此为消极条件,若考取研究生则为条件不成就。

条件不成就,决定附条件民事法律行为的法律效力不发生或不消灭。附生效条件的民事法律行为,条件不成就的,民事法律行为的效力确定地不发生。附解除条件的民事法律行为,条件不成就的,民事法律行为的效力确定地不消灭而继续有效。

(3) 条件成就与否未定前当事人的期待利益

所谓条件成就与否未定,是指条件是成就还是不成就并未确

---

[1] 梁慧星:《民法总论》(第四版),法律出版社2011年版,第186页。
[2] 参见邱聪智:《民法总则》(下),三民书局2011年版,第153、159页。

定。因条件是决定民事法律行为的法律效力发生或消灭的，条件成就与否未确定，附条件民事法律行为的法律效力是否发生或者消灭也就不能确定。因而，于此时附条件民事法律行为的效力也就处于一种不确定状态。然而，在条件成就与否未定前，附条件民事法律行为对于当事人仍然具有法律拘束力，双方当事人不能随意变更或者解除。[1] 因为附条件民事法律行为本来就是当事人基于未来风险的利益考虑而做出的安排。当事人期望于条件成就或者不成就时能取得相应的利益。如果条件成就或者不成就，当事人也就确定地取得相应的利益。而在条件成就与否未定前，当事人期望条件成就或不成就会得到的利益仍然只能是预期的期望得到的利益，也只是一种可以得到的利益，而非确定得到的利益。当事人于此时享有的因尚未具备全部条件而得到的利益，通常称之为期待权。附条件民事法律行为的期待权因所附条件的作用不同而有不同。在附生效条件的民事法律行为，当事人一方或双方希望在条件成就时取得权利，或得到一定利益，学者称当事人的这种期待为"希望权"。在附解除条件的民事法律行为中，因条件成就法律行为的效力即消灭，权利将复归原权利人，有学者称此种期待为"复归权"。[2] 关于附条件法律行为当事人享有的期待权是否为一种独立的权利类型，学者中有不同的观点。附条件民事法律行为在条件成就与否前，当事人所处的受法律保护的地位，并不属于期待权。期待权是与既得权相对应的概念。

---

[1] 参见胡康生主编：《中华人民共和国合同法释义》，法律出版社1999年版，第78页。

[2] 参见郭明瑞、房绍坤主编：《合同法学》（第二版），复旦大学出版社2009年版，第78页。王利明：《民法总则研究》（第二版），中国人民大学出版社2012年版，第587—588页。

期待权是已经具备一定条件且于条件完全具备时即可取得的权利。而附条件民事法律行为当事人已经取得基于行为所设立的权利，只不过在附生效条件民事法律行为，权利人能否行使权利不能确定；在附解除条件的民事法律行为，是否解除对权利的限制或者免除义务不能确定。实际上，附条件民事法律行为在条件成就与否未定前其效力处于一种不确定状态，当事人期待的是这种状态结束时将会得到权利的这种利益。与其称此种利益为期待权，不如直称为期待利益。

（四）妨碍条件成否不当行为的禁止

第一百五十九条　附条件的民事法律行为，当事人为自己的利益不正当地阻止条件成就的，视为条件已经成就；不正当地促使条件成就的，视为条件不成就。

本条规定了对妨碍条件成就与否不当行为的禁止。

附条件民事法律行为，在条件成就与否不能确定前，当事人享有期待利益。由于条件成就与否决定着当事人期待利益是否实现，因此，条件成就与否应是发展的自然结果，而不能是一方采取不当正手段的结果。为排除附条件民事法律行为的当事人一方对另一方期待利益的妨碍，保障当事人期待利益的实现，法律禁止附条件民事法律行为当事人实施不当妨碍条件成否的行为。

1. 妨碍期待利益的构成要件

当事人一方妨碍另一方期待利益实现的，须具备以下要件：

（1）当事人于条件成就与否未定前实施妨碍条件成否的行为。如果条件已经确定成就或者不成就，也就谈不上妨碍条件成否问题。

(2)当事人实施行为的目的是为了自己的利益。当事人不是为了相对方利益,而是为了自己的利益行为,以促成或者阻碍条件成就的,也就会妨碍对方期待利益的实现,从而损害相对方的利益。如果当事人的行为是为了相对方的利益,或者既为相对方的利益也使自己受有利益,则因行为的后果对相对方并无不利,也就不会妨碍期待利益的实现。

(3)当事人的行为手段是不正当的。当事人的行为目的虽为自己的利益,但其实施行为的手段是正当的,其行为也就具有正当性、合法性,不能构成妨碍行为。只有行为人采取的手段不具有正当性时,其行为才会构成妨碍。所谓不正当是指无正当理由,并非指违反法律强行性规定或者违反公序良俗。例如,甲乙双方约定:乙方若能在10月1日前完成某一工程任务,甲给予奖金若干。乙为得到此笔奖金,精心组织,合理调配,以保证在10月1日前完工,乙的行为目的虽为自己利益,但其行为具有正当性而非不正当的,不能构成对甲方期待利益的妨碍。但若乙为在10月1日前完成任务,组织人员偷工减料赶进度,则其手段是不正当的,可构成对期待利益的妨碍。

(4)须有促成或者阻碍条件成就的后果。当事人的行为只有促成或者阻碍条件成就的,才构成对期待利益的妨碍。如果行为人虽为自己的利益实施不正当行为,但该行为对条件的成就与否并无影响,也就不构成对期待利益的妨碍。

2. 条件成就与否的拟制

附条件民事法律行为中的条件是否成就,决定着民事法律行为效力是否发生或者是否消灭,因此也就事关双方当事人的利益。条件的成就与否应是客观情形自然发展的结果,这样客观情形发展的结果才会与当事人双方约定条件时利益的考量相一致。由于尽管民事法律行为的当事人各方一般具有互惠性,但在具体事项上,对一方的利益也就会是对另一方的不利益。因此,发生妨碍期待利益实现的事实时,一方为自己利益的不正当行为促使条件成就或者阻碍条件成就的,定会对自己有利而对对方不利。相反,若条件自然成就或者不成就的,可能就会对实施不当行为的一方不利。因为,任何不正当的行为都不应使行为人得到利益,而由此不当行为造成的不利益应由行为人自己承受。因此,为保护附条件的民事法律行为当事人的期待利益,法律规定了条件成就与否的拟制制度,以使由不当行为人承受妨碍期待利益行为的不利后果。

条件成就与否的拟制,包括条件成就的拟制和条件不成就的拟制。条件成就的拟制,是指当事人为自己的利益不正当阻止条件成就的,视为条件成就。条件不成就的拟制,是指当事人为自己的利益不正当地促成条件成就的,视为条件不成就。无论是视为条件成就还是视为条件不成就,均发生条件成就或者条件不成就的相应的法律后果。以前述提前完工取得奖金的合同为例。若乙为自己利益采取不正当手段促成条件成就,即使其于10月1日前提前完成任务,也视为条件不成就,关于奖金的约定不发生效力。如果甲为使自己不发奖金,以不正当手段阻止条件成就,使乙未能在10月1日前完成任务,也视为条件成就,关于奖金的约定也就发生法律效力。

二、附期限的民事法律行为

第一百六十条 民事法律行为可以附期限,但是根据其性质不得附期限的除外。附生效期限的民事法律行为，自期限届至时生效。附终止期限的民事法律行为，自期限届满时失效。

本条规定了附期限民事法律行为。

（一）附期限民事法律行为的含义

附期限的民事法律行为，是指附以将来确定发生的事实来限制民事法律行为效力的附款的民事法律行为。例如，甲、乙双方实施租赁行为。双方约定：本租赁自某年某月某日始生效。某年某月某日这一事实是确定会发生的，当事人以这一事实来限定民事法律行为效力发生的时间。这一租赁行为就为附期限民事法律行为。

附期限的民事法律行为与附条件的民事法律行为，都是以将来的某一客观事实来限制民事法律行为的法律效力的，都属于当事人于民事法律行为成立时对未来的风险做出的安排。民事法律行为所附的无论是关于条件还是关于期限的约定，都是当事人的真实的意思表示，因此，法律确认附期限的民事法律行为的效力受制于期限，与法律确认附条件的民事法律行为的效力受制于条件，具有同样重要的意义。

附期限的民事法律行为与附条件的民事法律行为在以将来发生的客观事实来决定民事法律行为的效力上，具有相同性。正因为如此，《民法通则》第62条仅规定了附条件的法律行为，将附期限包含在附条件中。但是，条件是将来发生与否不确定的客观事实，而期限是将来必定会发生的客观事实。因此，附期限民事法律行为与附条件的民事法律行为是有不同特点的。《民法典》沿用了《合同法》将附条件合同与附期限合同分别规定的做法,单独规定了附期限的民事法律行为。民事法律行为是否可以附期限,如同是否可附条件一样,受制于民事法律行为的性质。若民事法律行为根据其性质不得附期限,则不得附期限。一般来说,身份行为不能附期限。

附期限的民事法律行为也可以同时附有限制民事法律行为效力的条件。于此情形下,民事法律行为既附有期限又附有条件,应分别适用关于附期限民事法律行为和附条件民事法律行为的规定。

(二)附期限的民事法律行为的效力状态

附期限的民事法律行为是有效的民事法律行为,不同于无效民事法律行为、可撤销民事法律行为,以及效力未定民事法律行为。因为,附期限的民事法律行为是符合民事法律行为有效要件的,不存在民事法律行为无效的事由。附期限的民事法律行为的意思表示是当事人的真实意思表示,不存在任何人可行使撤销权的问题。附期限的民事法律行为自成立时起就确定地有效,而非不能确定是否有效。附期限民事法律行为的当事人,自行为成立时起任何一方都不得擅自变更、解除民事法律行为。

附期限的民事法律行为虽然是有效的,但其法律效力又是受未来必定发生的事实限制的。依当事人的约定,附期限的民事法律行为,或是自某一事实发生时始发生效力,或是于成立时起即发生效力而于某一特定事实发生时效力即消灭。

(三)附期限民事法律行为所附的期限

1. 民事法律行为所附的期限的含义

附期限民事法律行为所附的期限，定是指当事人约定的用以限定民事法律行为效力的将来确定发生的事实。当事人关于期限的约定为民事法律行为的附款，该附款虽不决定民事法律行为当事人权利义务的内容和范围，但却决定民事法律行为效力的发生或消灭。

民事法律行为所附的期限的根本特点，就在于它是将来确定发生的客观事实。不过，有的事实发生的具体时间不能确定，有的发生的具体时间就已经确定。但无论如何，作为期限的客观事实必定是会发生的。若当事人约定的客观事实是发生与否不能确定的，则该客观事实不为期限，而只能为条件。有此条款的民事法律行为也就不属于附期限的民事法律行为，而可为附条件的民事法律行为。

附期限民事法律行为所附的期限不同于民事法律行为的履行期限。对附期限的民事法律行为中所附期限与民事法律行为的履行期限是否一致曾有不同意见，一种意见认为，附期限民事法律行为中的期限实质上就是民事法律行为的履行期限，二者没有区别的必要；另一种意见认为，附期限民事法律行为所附的期限与履行期限是完全不同的，不可混淆。[①] 履行期限，是对当事人所负义务的履行时间的限制。民事法律行为规定履行期限的，债务人须于履行期限内履行义务，在履行期限前债务人可不履行义务，但履行期限届至债务人必须履行，否则应承担违约责任。并且，法律除特殊情况外，并没有绝对禁止债务人提前履行，债权人接受履行的，也是正当权利。但是在所附生效期限的民事法

[①] 参见胡康生主编：《中华人民共和国合同法释义》，法律出版社1999年版，第79—80页。

律行为中所附生效期限到来之前，当事人根本就没有债务，只有期限到来后民事法律行为中约定的债务才产生。①

2. 期限的种类

以期限在决定民事法律行为效力上的作用，期限可分为生效期限与终止期限。

生效期限是决定民事法律行为效力发生的期限。因附生效期限的民事法律行为，于成立时起并不生效，一直延续到所附期限届至时民事法律行为才开始生效。因此，生效期限又称为始期。例如，甲乙在实施的租赁行为中约定：本租赁自"十一假期"届满后生效。该期限即为生效期限。甲乙间的租赁关系本应自行为成立时起生效，但因当事人的这一特约，租赁关系就须等到"十一假期"届满时起才开始生效。于此前该租赁行为不发生效力。

终止期限是决定民事法律行为效力消灭的期限。附终止期限的民事法律行为自成立时就发生效力，于期限届至时民事法律行为的效力即终止。因附终止期限的民事法律行为效力延续至期限届至，因此，终止期限又称为终期。如甲乙实施的租赁行为中约定：本租赁至本年底终止。这一期限即为终止期限。甲乙间的租赁行为自成立时起即发生效力，但到年底租赁行为的效力就消灭。

当事人可以在民事法律行为既约定生效期限又约定终止期限。民事法律行为既附有生效期限又附有终止期限的，应分别适用关于生效期限与终止期限的规定。

---

① 参见胡康生主编：《中华人民共和国合同法释义》，法律出版社1999年版，第80页。

3. 期限的效力

(1) 期限届至的效力

期限届至,又称为期限到来,也就是当事人约定的必定发生的事实发生。期限届至的效力依所附期限的作用不同而不同。

附生效期限的民事法律行为,自期限届至时生效。也就是说,附生效期限的民事法律行为于期限到来时开始发生法律效力,当事人依约定取得权利和负担义务。附生效期限的民事法律行为也只能于期限到来时起发生效力,当事人不得以特约另行规定民事法律行为生效的时间。

附终止期限的民事法律行为,自期限届至时失效。也就是说,附终止期限的民事法律行为,于期限到来时即失去效力,当事人双方的权利义务关系消灭。此时的民事法律行为效力的终止,仅对未来发生效力,不能溯及期限届至前的权利义务。附终止期限的民事法律行为只能于期限届至时终止,当事人不得以特约另行规定民事法律行为效力消灭的时点。

(2) 期限未到前的效力

附期限的民事法律行为在所附期限到来前,对当事人也是有法律拘束力的,任何一方不得擅自变更或解除。附生效期限的民事法律行为,虽有效成立,但尚未发生效力。附终止期限的民事法律行为,自成立时起即发生效力,于期限到来前双方一直享受权利、负担义务。

(3) 附期限民事法律行为当事人期待利益的保护

如同附条件的民事法律行为的当事人在条件成就与否未定前一样,附期限民事法律行为当事人对于期限到来后也享有期待利益。附生效期限的民事法律行为的当事人期待期限届至后依约定享受权利负担义务；附终止期限的民事法律行为当事人期待期限届至时免除负担、消灭权利。不过，在附条件的民事法律行为，因条件成就与否有或然性，当事人的期待利益未必会实现。而在附期限的民事法律行为，因期限是必会到来的，因此，当事人的期待利益是必会实现的。附条件民事法律行为的当事人的期待利益尚且受法律保护，对于附期限民事法律行为当事人的期待利益，"实更有强力保护之必要。"①

附期限民事法律行为的当事人任何一方，在所附的期限到来前，不得为有损于对方期待利益的行为。若当事人一方于期限届到前实施有损对方期待利益的行为，应负损害赔偿责任。②

附期限民事法律行为所附期限为不确定期限的，若一方当事人以不正当行为阻止或者促成期限届至的，应视期限届至或期限未到。此为所谓的期限届至与否的拟制。③

---

① 邱聪智：《民法总则》（下），三民书局2011年版，第168页。
② 梁慧星：《民法总论》（第四版），法律出版社2011年版，第190页。
③ 同①，第169页。

第七章 代理

第一节 一般规定

一、代理的适用范围

第一百六十一条 民事主体可以通过代理人实施民事法律行为。

依照法律规定、当事人约定或者民事法律行为的性质，应当由本人亲自实施的民事法律行为，不得代理。

本条规定了代理的适用范围。

代理有广义与狭义之分。广义的代理，是指代理人在授权范围之内代本人为某种行为，其后果由本人承担的制度。狭义的代理是指代理人在代理权限内，以被代理人的名义进行民事活动，由本人直接承受其法律后果的制度。《民法通则》中规定的代理为狭义的代理。狭义的代理即直接代理，又称显名代理。广义的代理还包括间接代理。间接代理又称为隐名代理，是指代理人在代理权限内以自己的名义与第三人为民事法律行为，其行为后果为本人承受。在大陆法国家，代理一般仅指直接代理，而间接代理属于行纪关系。代理制度是随社会发展而发展的。在现代社会，由于交易的范围、种类以及规模的扩张，民事主体受到地域、知识、能力等各方面的限制，往往不能亲自实施民事法律行为，而需要通过代理人实施民事法律行为。代理制度确认了民事主体可以通过代理人实施民事法律行为，其意义在于：一是可以扩大民事主体实施民事法律行为的空间。因为民事主体由于受条件的限制，难以亲自实施自己需要实施的所有民事法律行为。有了代理制度，民事主体就可以通过代理人实现自己实施民事法律行为的意愿，以满足其利益需要；二是可以补充某些民事主体资格的不足。因为民事主体实施民事法律行为，须有相应的民事行为能力，而无民事行为能力人、限制民事行为能力人会因不具备相应的民事行为能力，而不能实施所需要的民事法律行为。有了代理制度，无民事行为能力人和限制民事行为能力人可以通过法定代理人代理实施其不能实施的民事法律行为。从这一意义上说，代理制度可以弥补主体资格的不足。

民事主体不仅可以通过代理人实施民事法律行为，而且也可以通过代理人实施其他一些有法律意义的行为。例如，民事主体可以通过代理人办理产权登记等事宜。但是，下列民事法律行为，不适用代理：

其一，法律规定应由本人亲自实施的民事法律行为。例如，立遗嘱只能由遗嘱人亲自为之，不得由他人代理。再如，结婚、收养也不能代理。

其二，当事人约定不得代理的民事法律行为。例如，甲委托乙代购某物，双方约定只能由乙亲自办理购买事宜。购买某物的民事法律行为就只能由乙本人实施，而不得由他人代理。

其三，民事法律行为的性质决定不适用代理的民事法律行为。例如，特邀请某演员演出，因该演出行为带有人身性质，因此,这一民事法律行为的性质决定了不适用代理。一般来说,凡是义务的履行与特定人的身份有关的民事法律行为都不适用代理。

二、代理的含义

第一百六十二条 代理人在代理权限内,以被代理人名义实施的民事法律行为,对被代理人发生效力。

本条规定了代理的概念。

代理是代理人在代理权限内,以被代理人名义实施民事法律行为,对被代理人发生效力的法律制度。从代理的概念可以看出,代理是一种法律关系体系。代理至少有三方面当事人参与,由三方面法律关系组成。三方面的当事人为代理人、被代理人(又称本人)和与代理人实施民事法律行为的相对人(又称第三人)。三方面的法律关系为:代理人与被代理人之间的关系,这是代理的基础关系;代理人与相对人之间的关系,这是代理人与相对人实施民事法律行为即代理行为关系;相对人与被代理人间之间的关系,这是代理行为所形成的法律关系即代理的法律后果。代理规制的主要是代理人与相对人之间的关系,即代理行为。代理行为是民事法律行为,适用法律关于民事法律行为的有关规定。

如上所说,《民法通则》规定的代理仅为直接代理即显名代理,但我国《合同法》中不仅规定了行纪合同,还规定了隐名代理。依《合同法》第402条规定,受托人以自己的名义,在委托人的授权范围内与第三人订立的合同,第三人在订立合同时知道受托人与委托人之间的代理关系的,该合同直接约束委托人和第三人,但有确切证据证明该合同只约束受托人和第三人的除外。《合同法》第403条规定,"受托人以自己的名义与第三人订立合同时,第三人不知道受托人与委托人之间的代理关系的,受托人因第三人的原因对委托人不履行义务,受托人应当向委托人披露第三人,委托人因此可以行使受托人对第三人的权利,但第三人与受托人订立合同时如果知道该委托人就不会订立合同的除外。""受托人因委托人的原因对第三人不履行义务,受托人应当向第三人披露委托人,第三人因此可以选择受托人或者委托人作为相对人主张权利。"在《民法总则》制定过程中,对于民法总则是否规定隐名代理有不同的意见。一种观点主张,民法总则中仅需规定显名代理;一种观点主张,民法总则规定的代理应包括显名代理与隐名代理。民法总则草案中曾采取后一种意见,既规定了显名代理也规定了隐名代理。但最终通过的《民法总则》删除了隐名代理的规定,沿用了《民法通则》的做法,代理仅指显名代理。《民法典》仍在代理中仅规定显名代理,同时也在合同编规定了隐名代理。

代理具有以下法律特征:

1. 代理人以被代理人的名义实施民事法律行为

代理人是否以被代理人的名义实施民事法律行为,是显名代理与其他代理的重要区别。代理人不同于行纪人,行纪人为委托人办理交易事务是以自己的名义而不是以委托人的名义,因此行纪人所为的行为只能属于间接代理,而不属于民法总则规定的代理。代理人不是以被代理人名义而以自己名义为代理行为的,属于隐名代理。隐名代理发生何种法律后果,决定于法律的特别规定。代理人以被代理人名义，即显示代理关系，这是发生代理效力的基本条件。代理人实施民事法律行为是否是以被代理人的名义，有的需要明确说明，有的也可通过事实状况说明，如商店售货员的出售行为，售货员不必明确说明是以被代理人的名义售货的。

2. 代理人独立与相对人实施民事法律行为

代理人代理实施的是能够发生民事权利义务的有法律意义的民事活动，因此，法律上的代理不同于现实中无法律意义的代理。例如，现实生活中代理接待朋友，这并非法律上的代理。代理人进行代理，是独立地实施民事法律行为的，即独立地向相对人作意思表示或接受相对人的意思表示。因此，代理人不同于传达人、居间人。传达人只是传达他人的意思表示，居间人只是为当事人双方实施民事法律行为起媒介作用，而不能参与双方意思表示达成一致的过程。

代理人与相对人实施的民事法律行为须符合民事法律行为有效的条件。若代理人与相对人实施的民事法律行为不符合民事法律行为有效条件，也不能发生代理的效力。

3. 代理人须在代理权限之内为代理活动

代理人只能在代理权限内实施代理行为，而不能在代理权限之外进行代理活动。代理人在代理权限外所为的代理行为，属于无权代理，而不能发生代理的法律后果。可见，代理人须有代理权，是代理行为发生效力的又一基本条件。关于代理权的性质，有否定说、权力说、权利说、资格说等不同的观点。否定说认为，代理不过是基础关系的外部效力，应受规律这一基础关系的规定的支配；权力说认为，代理权为权力，是法律上之力；权利说认为，代理权为一种权利，是代理人实施代理行为之权；资格说认为，代理权不是一种权利，而是一种资格或地位。资格说为多数人主张。代理权是代理人可以以被代理人的名义实施民事法律行为的资格，它不是为代理人的利益而存在的，也不是为代理人取得权利义务的资格。代理人基于代理权这一资格，既有权利也有义务为被代理人实施民事法律行为，并由被代理人承受其法律后果。"权限"并不是对权利或权力的限制或对能力、资格的限制，权限有职责、职分之意。代理权限反映的是代理人的权利、义务、责任，是代理人的法律地位。

4. 代理行为直接对被代理人发生效力

代理人在代理权限内所为的有效民事法律行为，相当于被代理人自己实施的民事法律行为，直接由被代理人承受代理行为的法律后果，即代理行为所设立的权利为被代理人享有、所设立的义务由被代理人负担。正因为代理的后果直接由被代理人承受，因此代理人实施民事法律行为所为的独立的意思表示不得与被代理人的利益相悖，应在代理权限内。

三、代理的类型

第一百六十三条 代理包括委托代理和法定代理。

委托代理人按照被代理人的委托行使代理权。法定代理人依照法律的规定行使代理权。

本条规定了代理的类型。

代理根据不同的标准，可以有不同的分类。《民法典》第163

条根据代理权行使的根据将代理分为委托代理和法定代理两种类型。

(一) 委托代理

委托代理是委托代理人按照被代理人的委托行使代理权的代理。委托代理人的代理权来自于委托人的委托授权，所以委托代理又称为授权代理。委托代理的代理人是由被代理人的意思确定的，所以委托代理又称为意定代理。

委托代理的代理人之所以被授权代理实施民事法律行为，是因为代理人与被代理人之间存在着一定的基础法律关系。这种基础法律关系可以是委托关系，也可以是劳动关系，还可以是合伙关系等。

(二) 法定代理

法定代理是法定代理人依照法律的规定行使代理权的代理。法定代理人的代理权来自于法律的直接规定，而不是由被代理人授予的。

在《民法通则》中代理分为委托代理、法定代理与指定代理。指定代理是代理人按照人民法院或者指定单位的指定行使代理权的代理。在《民法总则》制定中对于是否规定指定代理有不同的观点。一种观点认为，指定代理不同于法定代理，应为单独一种类型；另一种意见则认为，指定代理也属于法定代理，而不是独立于法定代理的一种类型。《民法总则》最终采取了第二种意见，未将指定代理作为独立一种类型规定。指定代理可以说是法定代理中的一种特别情形，其特殊性主要是指定代理人须经特定程序由特定机关予以指定，指定代理人的代理权也是来自于法律的直接规定，而非被代理人的授权。

法定代理主要是为保护无民事行为能力人和限制民事行为能力人而设的制度，法定代理人通常与被代理人之间有特别的关系，如监护关系。但是法定代理也包括在紧急情况下法律特别授权的代理。例如，在某些紧急情况下，船长、承运人、保管人依照法律规定有紧急代理权，可作为货主的代理人而行使权利。法定代理还包括家事代理和财产代管人的代管。所谓家事代理是指夫妻对于夫妻以及未成年子女共同生活日常所需的物品以及医疗保健等事项，可互为代理人。所谓财产代管人的代管，是指失踪人的财产代管人作为代理人代失踪人管理财产。

四、代理人不履行职责的民事责任

第一百六十四条 代理人不履行或者不完全履行职责，造成被代理人损害的，应当承担民事责任。

代理人和相对人恶意串通，损害被代理人合法权益的，代理人和相对人应当承担连带责任。

本条规定了代理人不履行代理职责的民事责任。

代理人享有代被代理人实施民事法律行为的代理权。代理权是代理人得为代理的一种资格，既是权利也是义务。积极行使代理权是代理人的职责。代理人履行代理职责应符合代理的目的要求：一是在代理权限内积极行使代理权，即认真履行代理职责；二是应维护被代理人的利益，也就是应为本人的利益，而不得为自己的利益计算；三是应亲自依诚实信用原则行使代理权,不得擅自转托;四是不得滥用代理权。滥用代理权主要有四种情形:其一是以本人的名义与自己为民事法律行为;其二是同时代理双方为同一民事法律行为;其三是与相对人恶意串通;其四是其他违背诚实信用原则的行为,例如,泄露被代理人的商业秘密,不以高于授权出卖的价格订立合同出卖等。代理人行使代理权是为了被代理人利益,而不是为了自己的利益。因此无论是法定代理人还是委托代理人,都应当在代理权限内积极行使代理权。代理人在代理实施民事法律行为时,应从被代理人的利益计算,维护被代理人的利益,避免给被代理人造成不利。代理人消极地怠于行使代理权,属于不履行代理职责;代理人在行使代理权中未尽必要注意义务,而损害被代理人利益的,属于不完全履行代理职责。代理人不论是不履行代理职责还是不完全履行代理职责的,只要给被代理人造成损害,就应承担民事责任。

代理人行使代理权,须与相对人实施民事法律行为。若代理人不完全履行代理职责造成被代理人损害,代理人应承担民事责任。如果代理人与相对人恶意串通损害被代理人利益,则代理人与相对人构成共同侵权行为人,应对被代理人承担连带责任。

第二节　委托代理

一、委托代理的授权书

第一百六十五条　委托代理授权采用书面形式的，授权委托书应当载明代理人的姓名或者名称、代理事项、权限和期限，并由被代理人签名或者盖章。

本条规定了委托代理授权书。

在委托代理中，代理权是由被代理人即本人直接授予的。本人授权给代理人以代理权的行为称为授权行为。授权行为是民事法律行为。依《民法典》第135条规定，民事法律行为可以采用书面形式、口头形式或者其他形式。授权行为采用书面形式的，就是制作委托授权书。

关于授权行为的性质，有契约说与单方行为说两种观点。单方行为说为通说。授权行为是以代理人取得代理权为目的的单方法律行为。委托人何以能以自己的单方意思表示而让代理人取得代理权呢？这是因为委托代理是以存在一定的基础关系为前提的。关于授权行为与基础关系的关系有有因说、无因说和折衷说等不同观点。有因说认为，授权行为以其基础关系为原因，基础关系无效或者被撤销的，授权行为也就不能有效。无因说认为，授权行为与基础关系是相互独立的，基础关系是其内部关系，因此基础关系无效或被撤销的，授权行为仍有效。折衷说主张,授权行为原则上应为无因行为,若本人在授权行为中明确表示其授权受基础法律关系影响的,则其意思表示为有效,授权行为应受基础法律关系的影响,但若本人在授权的意思表示中没作如此明确意思表示的,则授权行为不应受基础法律关系的影响,这是保护第三人利益的需要。

委托代理授权的内容应齐全。授权委托书中不仅应载明代理人的姓名或名称、代理事项,还应载明代理权限和期限。代理权限决定着代理人是为一般代理还是特别代理。特别代理的代理人就特别事项有代理权,代理的范围仅仅限于一定范围内的特别事项,或特定事项的特定部分。特别代理须有特别授权,需在代理权限中注明,如无特别授权,代理人只能为一般代理。一般代理即概括代理。一般代理虽有利于代理人进行代理活动,但法律规定某些事项须有特别授权的,须有特别授权,代理人才有代理权。不能认为,一般代理的代理权限较特别代理的代理权限广。相反,一般代理意味着代理人在特别事项上没有代理权。代理期限也是决定代理权限的,因此应当载明,以使相对人能够明了代理人是否在代理期间内行使代理权。被代理人在委托书中的签名或者盖章是表明该授权是被代理人意思表示的根据,应为授权委托书必要的载明事项。

二、共同代理

第一百六十六条 数人为同一代理事项的代理人的,应当共同行使代理权,但是当事人另有约定的除外。

本条规定了共同代理。

共同代理是相对于单独代理而言。根据代理人的人数,代理可分为单独代理与共同代理。单独代理也称独立代理,代理人仅为一人。共同代理是指代理人为数人,即数人共同享有一个代理权。若数个代理人分别享有代理权,则属于单独代理而不属于共同代理。共同代理与单独代理的根本区别就在于数人如何行使代理权上。

关于共同代理的代理权行使,有不同的立法例。一种立法例规定,共同代理人有同等的代理权,每个代理人均有权行使全部代理权。例如,《意大利民法典》第1716条中规定,"委托没有申明各受托人联合进行活动的,每个受托人均可以完成该事项。在该情形下,被告知结果的委托人可以立即通知其他受托人;未立即通知的,委托人应当承担因疏忽或迟延而导致的损害赔偿责任。"[1]二是规定共同代理人应共同代理。如我国台湾地区"民法"第168条规定,代理人有数人者,其代理行为应共同为之。但法律另有规定或者本人另有意思表示者,不在此限。我国《民法通则》中未规定共同代理。《民法典》关于共同代理采取了第二种立法例。在数人为同一事项代理人时,除当事人另有约定外,数个代理人应共同行使代理权。在司法实务中,共同代理人中的一人或数人未与其他人协商,其实施的代理行为属于自己的行为,侵害被代理人权益的,由实施行为的代理人承担民事责任。当然,当事人对于代理权的行使另有约定的,则依其约定。

---

[1] 费安玲等译:《意大利民法典》(2004年),中国政法大学出版社2004年版,第409页。

三、代理违法事项的民事责任

第一百六十七条 代理人知道或者应当知道代理事项违法仍然实施代理行为,或者被代理人知道或者应当知道代理人的代理行为违法未作反对表示的,被代理人和代理人应当承担连带责任。

本条规定了代理人代理违法事项的民事责任。

违法事项不适用代理,因为任何人不能让他人代理自己实施违法行为,任何人也不能代理他人实施违法行为。委托代理人根据被代理人的委托实施代理行为,但代理人对于被代理人委托代理的事项应有注意义务,若被代理人委托实施的代理事项违法,代理人不知道而为代理行为的,由此造成损害的,由被代理人承担责任。但是,代理人知道或者应当知道代理事项违法,应当予以拒绝而未拒绝,仍然实施代理行为的,对于代理违法事项造成的损害,代理人与被代理人负连带责任。对于代理人以被代理人名义实施的代理行为,被代理人也有义务注意代理人是否是在代理权限内实施合法行为,尽管委托代理的事项不违法,但代理人实施的代理行为违法的,被代理人也应予以反对。被代理人知道或者应当知道代理人的代理行为违法予以反对的,则该违法行为应由代理人自己承担责任。但被代理人未尽注意义务,知道或者应当知道代理人的代理行为违法而未表示反对的,则对于该违法行为的实施,代理人与被代理人之间也为存在共同过错,对于由此而造成他人的损害,应负连带责任。

四、代理权行使的法定限制

第一百六十八条 代理人不得以被代理人的名义与自己实施民事法律行为,但是被代理人同意或者追认的除外。

代理人不得以被代理人的名义与自己同时代理的其他人实施民事法律行为,但是被代理的双方同意或者追认的除外。

本条规定了委托代理权行使的法定限制。

委托代理人的代理权来自于被代理人的授权。被代理人于授权以后,也可对代理人的代理权限予以一定限制。代理人于授权范围内行使代理权的,也应维护被代理人的利益,而不能滥用代理权。为防止代理权的滥用,法律对于代理权的行使予以一定限制。这表现为法律禁止自己代理和双方代理。

自己代理又称对己代理,是指代理人以被代理人的名义与自己实施民事法律行为。例如,甲授权乙代理销售电视机,乙以甲的名义将电视机卖与自己;甲授权乙购买住房,乙以甲的名义购买了自己的房屋。在自己代理中,交易双方实际上只有代理人一个人的意思表示。并且,代理人往往会仅从自己利益考虑而实施代理行为,会损害被代理人的利益。因此,法律限制自己代理。关于代理人实施自己代理行为的效力,有不同的观点。一种观点认为,自己代理属于代理人滥用代理权,应为无效。另一种观点认为,自己代理应属于可撤销的民事法律行为,被代理人有撤销权,被代理人行使撤销权予以撤销的,该民事法律行为自始无效,否则即为有效。因为法律限制自己代理的目的,仍在于维护被代理人的利益。尽管自己代理易损害被代理人的利益,但并非一定损害被代理人利益。自己代理是否损害被代理人利益或者被代理人是否愿意承担自己代理对其的不利后果，应由被代理人自己决定。因此，依本条规定，对于自己代理，被代理人同意或者追认的，代理行为有效，对于被代理人发生效力。反之，若被代理人事先未同意且事后也未追认的，代理行为无效，对于被代理人不发生效力。

双方代理是指代理人同时代理双方实施同一民事法律行为。例如，甲委托乙代理出卖其电视机，丙委托乙代理购买一台电视机。乙代理甲将电视机出卖给丙，又代理丙购买甲的电视机。在双方代理中，一个双方实施的民事法律行为实际上只有代理人一个人的意思表示，谈不上双方的合意。同时，双方代理中代理人一手托两家，难以"一碗水端平"，往往会损害一方的利益。因此，为保护被代理人和相对人的利益，法律禁止双方代理。但是如同自己代理一样，法律禁止双方代理也并不是基于维护公共利益，而是维护被代理人与相对人的利益，而双方代理是否不利于被代理人与相对人，或者被代理人与相对人是否愿意承受双方代理的不利益，应由被代理人与相对人自行决定，法律无加以干涉的必要。因此，在被代理的双方同意或者追认的情形下，代理人可以以被代理人的名义与自己同时代理的其他人实施民事法律行为。也就是说，对于双方代理行为，若经被代理的双方当事人认许，则是有效的，对被代理的双方发生效力；若未经被代理的双方当事人认许，则是无效的，对被代理的双方不发生效力。

五、再代理

第一百六十九条 代理人需要转委托第三人代理的，应当取得被代理人的同意或者追认。

转委托代理经被代理人同意或者追认的，被代理人可以就代理事务直接指示转委托的第三人，代理人仅就第三人的选任以及对第三人的指示承担责任。

转委托代理未经被代理人同意或者追认的，代理人应当对转委托的第三人的行为承担责任；但是，在紧急情况下代理人为了维护被代理人的利益需要转委托第三人代理的除外。

本条规定了再代理。

再代理，又称复代理、转代理，是指委托代理人为被代理人的利益将其所享有的代理权转托第三人而产生的代理。基于代理人的转委托而取得代理权的人即为再代理人（复代理人）。再代理是相对于本代理而言的。再代理与本代理的区分标准是代理权是否由本人直接授予。代理权是被代理人本人直接授与的，为本代理；代理权是由转托授与的，为再代理。无再代理也就无所谓本代理。广义的本代理又称原代理，不仅包括由被代理人直接选任委托代理人的代理，也包括法定代理人的代理。

再代理的特征在于：（1）再代理人是代理人以自己的名义选任的；（2）再代理人的代理权是由原代理人转托的，以原代理人的代理权限为限，而不是由被代理人直接授与的；（3）再代理人是以被代理人的名义实施民事法律行为的，其实施代理行为的后果是直接归属被代理人而不是直接归属原代理人。

委托代理人原则上不得将代理权转托他人。只有在符合法律规定的条件下，再代理才能成立和有效。

再代理的成立须具备以下条件：(1)须由代理人授权。这是再代理成立的首要条件。只有在代理人转委托的情形下，才能成立再代理。若代理人的代理权是被代理人直接授予的，则成立本代理，而不是成立再代理。(2)须为被代理人的利益而为转委托。被代理人是基于对委托代理人的信任，才授权代理人实施民事法律行为的，代理人应亲自办理受委托的事务。但是，为了被代理人的利益，代理人需要将代理事项转委托第三人的，也可以转委托第三人，发生再代理。但是，代理人为了自己的利益需要将其代理事项转委托第三人的，则其将代理权转授给第三人，也不成立再代理。(3)须经被代理人即本人同意。代理人转托第三人代理的，须事先经被代理人同意或者事后及时报告给被代理人并经被代理人追认。被代理人不同意或者不予追认转委托的，不能成立再代理。只有在紧急情况下，为了维护被代理人利益而需要转委托的，虽然被代理人不同意或者不追认，也可以成立再代理。所谓紧急情况，是指由于急病、通讯联络中断等特殊原因，委托代理人自己不能办理受托事务又不能与被代理人及时取得联系，如果不及时转委托第三人代理，就会给被代理人的利益造成或者扩大损失的情况。

再代理具备成立条件而成立的，被代理人可以就代理事务直接指示再代理人，原代理人仅就再代理人的选任及对再代理人的指示承担责任。如果因原代理人的选任错误而给被代理人造成损失的，原代理人应承担责任；如果原代理人对再代理人的指示错误而造成被代理人损失的，则原代理人也应承担责任。但是若原代理人选任没有错误，对再代理人的指示也没有错误，因再代理人的过错行为造成损失的，则只能由再代理人承担责任，原代理人不承担责任。

代理人转委托第三人却不具备再代理成立条件的，则代理人应对转委托的第三人的行为承担责任。

六、职务代理

第一百七十条 执行法人或者非法人组织工作任务的人员，就其职权范围内的事项，以法人或者非法人组织的名义实施的民事法律行为，对法人或者非法人组织发生效力。

法人或者非法人组织对执行其工作任务的人员职权范围的限制，不得对抗善意相对人。

本条规定了职务代理。

所谓职务代理，是指代理人根据所担任的职务实施代理行为的代理。关于职务代理是否属于委托代理，有不同的观点。一种观点认为，职务代理应归入法定代理的范畴，其理由是职务代理人的代理权是来自于法律的规定；另一种观点认为，职务代理应属于与法定代理、委托代理不同的一种独立的代理类型，其理由是职务代理的代理权的根据既不是法律的直接规定，也不是委托授权，而是职务关系；还有一种观点认为，职务代理属于委托代理的范畴，因为职务代理具有委托代理的本质特点，只不过职务代理的基础关系是职务关系。职务代理实质上是委托代理的特殊形式。《民法典》采取了最后一种观点。

职务代理具有以下特殊性：

其一,职务代理的被代理人是法人或者非法人组织。法人或者非法人组织作为民事主体,须以自己的名义实施民事法律行为,但是,其需要从事的民事活动又不可能均由其法定代表人去实施,而需要由代理人去实施。作为法人或者非法人组织的代理人可以是其组织外的所聘请的人员,更重要的还是其内部的工作人员。只有在法人或者非法人组织内才有其工作人员的职务分工,也才会发生职务代理。

其二,职务代理的代理人是执行法人或者非法人组织工作任务的工作人员。职务代理的代理人只能是被代理人的工作人员。不是被代理人的工作人员的人以被代理人名义实施民事法律行为的,只属于一般委托代理,而不属于职务代理。

其三,职务代理人代理的事务限于职权范围内的事项。职务代理人的代理权是基于职务产生的,因此,职务代理人代理的事务限定在职权范围之内,代理人实施职权范围内的代理事务无须法人或者非法人组织另行授权。职务代理人在职权范围内以被代理人名义实施的民事法律行为对被代理人当然发生效力。职务代理人超出其职权范围内实施代理行为,不属于有权代理而为无权代理。但是,法人或者非法人组织对执行其工作任务人员职权范围的限制,不得对抗善意第三人。因为这种限制仅具有内部效力,不具有对抗善意第三人的效力。这也是维护交易安全和保护第三人的合理信赖利益的要求。

其四,职务代理的代理人与被代理之间的基础关系是劳动关系。职务代理的代理人为被代理人的内部工作人员。基于劳动关系,职务代理人在特定的职务岗位上执行工作任务,只要这种劳动关系没有改变,其职务没有改变,就具有相应的代理权限。

七、无权代理

第一百七十一条　行为人没有代理权、超越代理权或者代理权终止后，仍然实施代理行为，未经被代理人追认的，对被代理人不发生效力。

相对人可以催告被代理人收到通知之日起三十日内予以追认。被代理人未作表示的，视为拒绝追认。行为人实施的行为被追认前，善意相对人有撤销的权利。撤销应当以通知的方式作出。

行为人实施的行为未被追认的，善意相对人有权请求行为人履行债务或者就其受到的损害请求行为人赔偿。但是，赔偿的范围不得超过被代理人追认时所能获得的利益。

相对人知道或者应当知道行为人无权代理的，相对人和行为人按照各自的过错承担责任。

本条规定了无权代理。

（一）无权代理的含义

无权代理是指行为人没有代理权而以被代理人（本人）的名义实施代理行为。无权代理的无权包括三种情形：一是行为人自始根本就没有代理权；二是行为人有代理权但其实施的代理行为超越了代理权限；三是行为人原有代理权但代理权已经终止。代理人的代理行为之所以对被代理人发生发效力，是因为代理人有代理权。因此行为人没有代理权所实施的代理行为对被代理人是不能发生效力的。

无权代理有广义与狭义之分，广义无权代理包括表见代理，狭义无权代理不包括表见代理。狭义无权代理的构成条件有三：一是存在代理的形式，即行为人以本人的名义与第三人为民事法律行为；二是行为人无代理权也无使他人相信其有代理权的事实，若行为人有使他人相信其有代理权的事实，则会构成表见代理；三是行为人和相对人所实施的民事法律行为的内容和目的不违法。若行为人和相对人所实施的民事法律行为的内容和目的违法，也不发生无权代理的后果。

无权代理是行为人没有权利而处理他人事务的行为，与无权处分、无因管理有相似之处，但根本不同。无权代理与无权处分的区别主要在于：第一，无权处分是行为人以自己的名义实施的行为，而无权代理是以他人名义实施行为的；第二，无权处分的行为人实施的是移转所有权等的处分行为，而无权代理实施的可以是负担行为。无权代理与无因管理的区别主要在于：其一，无因管理的管理人不必以本人的名义实施行为，而无权代理必是以本人的名义；第二，无因管理人所实施的无因管理行为属于事实行为，不以管理人有民事行为能力为限；而无权代理实施的是民事法律行为，行为人须有民事行为能力；第三，无因管理不发生本人的追认，而无权代理发生本人的追认；第四，无因管理的管理人不一定与第三人发生关系且管理的后果应有利于本人，而无权代理人必与第三人发生关系，行为后果不一定有利于本人。

（二）无权代理的法律后果

无权代理行为属于效力未定的民事法律行为，其成立后所发生的法律后果可从三方面看：

1. 从本人即被代理人与第三人即相对人之间看，本人享有追认权，相对人有催告权和撤销权。本人的追认权为形成权，追认权的行使是一种单方民事法律行为，只要有本人承认的意思表示即可成立追认，追认不仅可采用明示方式，也可采用默示方式。在司法实务中，无权代理人以被代理人名义订立合同，被代理人已经开始履行合同义务的，视为对合同的追认。相对人的催告权，是指相对人催告本人对行为人的无权代理行为追认的权利。相对人的催告权应于追认前行使，本人已经予以追认的，也就无催告权行使之必要。相对人催告本人追认，可限本人自收到催告通知之日起30日内追认，届期本人未作追认的明确表示的，视为拒绝追认。善意相对人享有撤销权，可以撤销其与无权代理人实施的民事法律行为。所谓善意相对人是指不知道也不应知道与之实施民事法律行为的行为人无代理权的相对人。善意相对人的撤销权的行使须由相对人将其撤销的意思通知行为人，也须于本人追认前行使，本人对行为人的无权代理行为已经追认的，相对人不得予以撤销。

2. 从行为人与相对人之间看，行为人实施的行为未经本人追认的，善意相对人未行使撤销权予以撤销的，行为人与相对人实施的民事法律行为对行为人发生效力，善意相对人有权请求行为人履行该行为设定的债务。善意相对人行使撤销权的，有权就其受到的损害请求行为人承担赔偿责任。行为人此时承担的为何种赔偿责任？有不同的观点。因为这是在民事法律行为被撤销后发生的赔偿责任，因此应属于民事法律行为被撤销后的赔偿责任，属于缔约过失责任。因此，行为人的赔偿范围只能以履行利益为限，不得超过被代理人追认时相对人所能获得的利益。如果相对人不属于善意相对人,即其知道或者应当知道行为人无权代理的,则对于无权代理行为的实施,行为人和相对人都有过错,对于由此造成的损害,应由相对人和行为人按照各自的过错承担责任。

3. 从行为人与本人之间的关系看,若本人追认,按代理的内部关系处理;若本人不追认,给本人造成损害的,行为人应向本人负赔偿责任。在行为人行为有利于本人时,行为人也可依无因管理的规定主张权利。例如,甲为防止乙的房屋倒塌,以乙的名义雇丙为乙修缮房屋,乙对此不予追认的,甲可依无因管理的规定向乙主张权利。

八、表见代理

第一百七十二条 行为人没有代理权、超越代理权或者代理权终止后,仍然实施代理行为,相对人有理由相信行为人有代理权的,代理行为有效。

本条规定了表见代理。

表见代理,是指行为人以被代理人的名义与相对人实施民事法律行为,行为人虽无代理权但有足以使相对人相信其有代理权的事实和理由,善意相对人与之实施民事法律行为,该行为后果应由被代理人承担。表见代理为广义无权代理的一种,但属于有效代理。

表见代理的构成须具备以下条件:

其一,行为人无代理权而以被代理人的名义为代理行为。若行为人有代理权,则当然为有效代理。正因为行为人无代理权却以被代理人的名义进行民事活动,所以才属于无权代理的范畴。

其二,客观上有足以使相对人相信行为人有代理权的事实。行为人虽无代理权,客观上却表现出行为人是有代理权的,正因为如此,表见代理又被称为表现代理。

其三,相对人为善意,主观上无过错。相对人主观上"有理由相信",是指相对人善意无过失地相信行为人有代理权。如果相对人知道或者应当知道相对人实际上是无代理权的,则相对人为有过错,也就没有对其信赖利益保护的必要。相对人主张构成表见代理的,应证明自己为善意且无过失地相信行为人有代理权。最高人民法院在《关于当前形势下审理民商事合同纠纷若干问题的指导意见》中指出,人民法院在判断相对人主观上是否属于善意无过失时,应当结合合同缔结与履行过程中的各种因素综合判断相对人是否尽到合理注意义务,此外还要考虑合同的出具时间,以谁的名义签字,是否盖有相关印章及印章真伪,标的物的交付方式与地点、购买的材料、租赁的器材、所借款项的用途、建设单位是否知道项目经理的行为,是否参与合同履行等各种因素,作出综合分析判断。[①]

其四,行为人与相对人所实施的民事法律行为为有效。若相对人与行为人实施的民事法律行为无效,也就不存在是否对被代理人发生效力的问题。

表见代理的构成是否应以本人即被代理人有过错为条件呢?有不同的观点。一种观点认为,本人有过错,应为表见代理的构成条件,本人没有过错而让其承担行为人无权代理的后果,

---

① 周强主编:《最高人民法院司法解释汇编(1949—2013)》(中),人民法院出版社2014年版,第1764页。

对本人是不公平的。另一种观点则认为，本人是否有过错，不影响表见代理的构成。因为表见代理制度的目的是维护交易安全，保护相对人的信赖利益。立法者采取了第二种观点。一般来说，表见代理的发生是因本人的过错造成的，但本人的过错不属于表见代理的构成要件。

表见代理为有效代理。相对人主张表见代理成立的，由被代理人承担行为的后果，被代理人在承担有效代理行为所产生的责任后，可以向无权代理人追偿因其代理行为而使自己遭受的损失。但是表见代理毕竟属于无权代理，相对人也可以主张无权代理而撤销与行为人实施的民事法律行为，直接向无权代理的行为人追究民事责任。

第三节 代理终止

一、代理终止的含义

代理终止亦即代理权消灭。代理权的消灭，有的分为部分消灭与全部消灭。代理权的部分消灭，是指对代理权的限制和一部撤回。这实质属于代理权限的范围问题。代理权的全部消灭，是代理关系的终止，这才属于代理权的消灭问题。代理权的取得原因不同，代理权消灭的原因也就有所不同。

二、委托代理终止的原因

第一百七十三条 有下列情形之一的，委托代理终止：（一）代理期限届满或者代理事务完成；（二）被代理人取消委托或者代理人辞去委托；（三）代理人丧失民事行为能力；（四）代理人或者被代理人死亡；（五）作为代理人或者法定代理人的法人、非法人组织终止。

本条规定了委托代理终止的原因。

委托代理终止的原因包括以下五项：

1. 代理期间届满或代理事务完成。代理权授予有期限的，该期限届满，代理权因期限届满而消灭。代理事务完成的，委托代理人的代理权也就消灭，代理当然终止。

2. 被代理人取消委托或者代理人辞去委托。委托代理是以被代理人与代理人的双方信任为存在基础的,双方任何一方失去对对方的信任,代理的基础也就丧失,因此,被代理人取消委托或者代理人辞去委托的,代理终止。如果双方事先约定任何一方解除委托关系时均应赔偿的,该约定是否有效呢?对此有不同的观点。一种观点认为,这种约定是无效的,因为双方有任意解除权,该权利是法律直接赋予的,不能以约定限制当事人享有的法定解除权。另一种观点认为,这种约定是有效的。因为尽管双方得任意解除委托关系,但任何一方解除委托关系给他方造成损失的,也应承担相应的民事责任。这种约定实际上是对解除委托关系所造成损失的预定赔偿金。

3. 代理人丧失民事行为能力。代理人丧失民事行为能力也就不具备实施相应的民事法律行为的资格,当然也就不能代理他人实施民事法律行为,因此,代理终止。

4. 代理人死亡和被代理人死亡。代理人死亡,其民事行为能力终止,当然不可能作为代理人进行民事活动,代理只能终止。被代理人死亡的,其民事主体资格消灭,不能承受代理行为的后果,因此,代理也应终止。但是因为被代理人死亡的,其财产权利义务可由他人承受,而且代理人也可能在不知情的情形下,仍实施代理行为。因此,被代理人死亡的,代理并非一定终止,在某些情形下,代理人实施的代理行为仍然有效。

5. 作为被代理人或者代理人的法人、非法人组织终止。法人、非法人组织终止的,其民事主体资格消灭,相当于自然人死亡,代理也就终止。

三、委托代理被代理人死亡的代理行为效力

第一百七十四条 被代理人死亡后,有下列情形之一的,代理人实施的代理行为有效:(一)代理人不知道并且不应当知道被代理人死亡;(二)被代理人的继承人予以承认;(三)授权中明确代理权在代理事务完成时终止;(四)被代理人死亡前已经实施,为了被代理人的继承人的利益继续代理。

作为被代理人的法人、非法人组织终止的,参照适用前款规定。

本条规定了被代理人死亡后代理行为的效力。

被代理人死亡的,因代理关系的一方主体消灭,代理关系也就终止。但是,被代理人死亡的,代理人实施民事法律行为的后果是可以由他人承受的,因此,被代理人死亡后,代理关系并非当即当然终止,代理人实施的代理行为在下列情形下仍有效:(1)代理人不知道并且不应当知道被代理人死亡的。因为于此情形下代理人没有过错,其实施代理行为为履行自己的职责;(2)被代理人的继承人予以承认的。于此情形下相当于被代理人的继承人授权给代理人;(3)授权中明确代理权在代理事务完成时终止。于此情形下代理人的代理行为仍在授权范围内;(4)被代理人死亡前已经实施,为了被代理人的继承人的利益继续代理。于此情形,承认代理有效,有利于维护被代理人的继承人的利益。

被代理人为法人、非法人组织的,在其终止时代理行为的效力参照适用关于被代理人死亡的代理行为效力的规定。

四、法定代理终止的原因

第一百七十五条 有下列情形之一的,法定代理终止:(一)被代理人取得或者恢复完全民事行为能力;(二)代理人丧失民事行为能力;(三)代理人或者被代理人死亡;(四)法律规定的其他情形。

本条规定了法定代理终止的原因。

法定代理终止的原因有以下四项:

1. 被代理人取得或者恢复完全民事行为能力。被代理人不具备完全民事行为能力是法定代理发生的主要原因。被代理人取得或者恢复完全民事行为能力,无存在法定代理的根据,法定代理当然终止。

2. 代理人丧失民事行为能力。代理人丧失民事行为能力,不具有实施相应的民事法律行为的资格,也就失去作为代理人的资格,代理只能终止。

3. 代理人或者被代理人死亡。代理人或者被代理人死亡,其主体资格消灭,也就不能发生法定代理关系,代理终止。

4. 法律规定的其他情形。除上述情形外,法律规定的其他情形也是法定代理的终止原因。例如,监护人资格被取消的,以其为法定代理人的法定代理终止。再如失踪人的财产代管人变更的,其与失踪人的法定代理终止。另如,夫妻离婚的,基于婚姻关系的日常家事法定代理也就终止。

第八章　民事责任

一、民事责任的含义和承担依据

第一百七十六条　民事主体依照法律规定或者按照当事人约定，履行民事义务，承担民事责任。

本条规定了承担民事责任的依据。

何为民事责任？法律上无明确定义。学者中的解释也不一致。从《民法通则》的规定看，民事责任有两种含义：一是指民事主体在民事活动中，依法对自己或他人的行为应承担的法律后果，如"合伙负责人和其他人员的经营活动，由全体合伙人承担民事责任。"二是指民事主体在民事活动中因违反民事义务而应承担的民事法律后果，如"公民、法人违反合同或者不履行其他义务的，应当承担民事责任。"民事责任通常是就后一种含义而言。《民法典》第176条规定，民事主体是依照法律规定或者按照当事人的约定，履行民事义务，承担民事责任。也就是说民事主体承担民事责任的依据为法律规定或者当事人的约定。民事主体之所以依照法律规定和当事人约定承担民事责任，是因为民事主体没有依照法律规定和当事人约定履行民事义务。可见民事责任是民事主体因违反民事义务而应承担的民事法律后果。

民事责任具有以下主要特征：

1. 民事责任是违反民事义务的法律后果，以民事义务为前提

在罗马法上不区分民事责任与民事义务，但日耳曼法上区分民事责任和民事义务。民事责任与民事义务是相联系又不同的概念。民事责任以民事义务为前提，有民事义务而又不履行义务的，才发生民事责任。无民事义务即无民事责任。因此确定民事主体有无责任承担先要看有无义务负担。义务有法定义务与约定义务之分。民事主体依照法律规定负担的义务为法定义务，与法定义务相对应的一般为绝对权。民事主体按照当事人约定负担的义务为约定义务，与约定义务相对应的一般为相对权。法定义务与约定义务的履行和违反的形态有所不同。法定义务一般不需要民事主体实施积极的行为履行，违反法定义务多表现为积极行为，但也有例外，如违反安全保护义务就是以消极不作为违反义务的。约定义务一般需要民事主体实施积极行为履行，违反约定义务多表现为消极行为，但也有例外，如约定义务的瑕疵履行就是以作为违反义务的。

2. 民事责任是一方民事主体向另一方承担的不利法律后果

民事责任是一种法律责任，但它不同于行政责任、刑事责任。民事责任是民事主体之间一方向另一方承担的不利法律后果，而不是民事主体向国家承担的不利法律后果。民事责任是法律对不履行民事义务的民事主体的一种制裁，但民事责任不同于民事制裁，民事制裁是国家对民事主体的一种强制措施，并不全属于民事责任。

3. 民事责任具有强制性，但当事人之间可以协商

民事责任作为一种法律责任，当然具有强制性。这种强制

性表现在可以以国家强制力强制违反民事义务的民事主体承担民事责任。但民事责任的强制性不同于其他法律责任的强制性。民事责任可由当事人自愿承担,对于违反约定义务的民事责任,当事人得以事先约定;对于违反法定义务的民事责任,当事人尽管不能事先约定,但于事后可以协商。

4. 民事责任是以恢复被侵害的民事合法权益为目的,一般不具有惩罚性

民法作为权利法,以保护民事权利为己任。保护民事权利,广义上包括确认权利;狭义上仅指权利受到侵害时的救济方法,亦即权利救济。民法上救济民事权利的方法就是由侵害权利的民事主体承担民事责任。权利的实现以义务的履行为条件,而义务的履行是以民事责任为保障的。权利—义务—责任是贯穿民法各项制度的逻辑关系。民事责任从权利人方面说,是权利救济的手段,它是保护性法律关系的要素。在发生民事责任时,一方的权利为救济性的请求权,义务人则承担的为民事责任(有学者称之为第二性的义务)。之所以让违反义务的义务人承担民事责任就是为了恢复被侵害的合法权益。正因为如此,民事责任的补偿功能一直被视为民事责任的主要功能。在现代社会,民事责任的预防功能逐步成为首要功能,但补偿功能的价值并未降低。从补偿功能上说,民事责任的范围与违反义务所造成的后果应相一致,民事责任一般不具有惩罚性。当然为惩罚故意损害他人权益的严重不法行为,法律对于某些不法行为也规定了惩罚性赔偿,但这仅是例外。

二、民事责任的分类

根据不同的标准,民事责任可有不同的分类。从法律规定和学理上看,民事责任常有以下分类:

(一)按份责任与连带责任、补充责任

承担民事责任的主体人数有一人与多人之分。仅由一个主体承担的民事责任为一人责任,由多个人共同承担的民事责任为多人责任。根据多人责任中各责任人承担责任的方式,民事责任可区分为按份责任、连带责任和补充责任。

1. 按份责任

第一百七十七条 二人以上依法承担按份责任,能够确定责任大小的,各自承担相应的责任;难以确定责任大小的,平均承担责任。

本条规定了按份责任。

按份责任是共同责任的各个责任人对同一债务的债权人按照一定的比例份额分别承担责任,相互间无连带关系。按份责任的每个责任人仅对自己承担的责任份额承担责任,权利人也只能要求每个责任人承担其应承担的责任份额,每个责任人承担完自己承担的责任份额,其责任即消灭。至于各个责任人承担的份额,能够确定的,则依照确定的份额;不能确定的,则按平均份额确定。凡按份之债的债务人,承担的都是按份责任。

2. 连带责任

第一百七十八条 二人以上依法承担连带责任的,权利人有权请

求部分或者全部连带责任人承担责任。

连带责任人的责任份额根据各自责任大小确定；难以确定责任大小的，平均承担责任。实际承担责任超过自己责任份额的连带责任人，有权向其他连带责任人追偿。

连带责任，由法律规定或者当事人约定。

本条规定了连带责任。

连带责任是各个责任人间有连带关系，每个责任人对同一债务都负有全部清偿责任的多人责任。连带责任的权利人有权请求部分或者全部的责任人承担责任，任何一个连带责任人在连带责任未全部清偿前，都负有清偿责任。

连带责任人对外即在向权利人承担责任上是连带的，但其内部每个责任人是按照一定份额承担责任的。各责任人的责任份额根据各自的责任大水确定；难以确定责任大小的，则平均承担责任。因各责任人只有在向权利人清偿全部责任后才能免责，因此有的连带责任人实际承担的责任会超过自己应承担的责任份额。实际承担责任超过其应承担份额的连带责任人，有权就其超过应承担份额的部分向其他连带责任人追偿。

连带责任是加重责任，因此，只有在法律明确规定或者当事人约定承担连带责任的情形下，才发生连带责任。例如，连带之债的债务人承担的是连带责任，合伙人对合伙债务承担连带责任，共有人对因共有财产发生的责任对外也为连带责任。依《民法典》第1168条规定，二人以上共同实施侵权行为，造成他人损害的，应当承担连带责任。

3. 补充责任

补充责任，是指责任人在他责任人的财产不足以承担责任时而承担的民事责任。民法典总则编中未规定补充责任，但在其他部分有规定。例如，《民法典》第1198条第2款中规定，"因第三人的行为造成损害的，由第三人承担侵权责任；管理人或者组织者未尽到安全保障义务的，承担相应的补充责任。"又如，一般保证中保证人所承担的责任实际上也是一种补充责任。补充责任有以下特征：

（1）责任主体为二人以上。在发生补充责任时，总是会有两个以上的责任主体的，仅为一个主体应承担责任时不存在补充责任。二人以上共同承担责任的情形属于共同责任，共同责任中才会发生各责任主体之间如何承担责任问题。如果仅有一个责任主体，则不发生各责任人之间如何承担责任问题，也就无所谓补充责任。

（2）多个责任主体承担责任有先后之分。在补充责任，有的责任人须先承担责任，这一责任主体可称为先责任人或者第一顺序责任人；有的责任人是在先责任主体不能或者无能力承担责任时才承担责任，此可称为后责任人或者第二顺序责任人。如果前一顺序责任人已经承担了全部责任，则后一顺序责任人就不必承担责任。正是在这一意义上，后一顺序责任主体应承担的责任被称为补充责任。也正因为如此，有学者指出，补充责任具有次位性。[①] 如果各责任人间在承担责任上无先后顺序，则谈不上所谓"补充"。可见，补充责任是对主要责任人所承担责任的一种补充。

补充责任属于何种责任形态？学者中有不同的观点。例如，

[①] 参见王利明、周友军、高圣平：《中国侵权责任法教程》，人民法院出版社2010年版，第36页。

有的认为,补充责任为连带责任之一种;有的认为补充责任是一种独立的责任形态。补充责任与连带责任确有相同之处,这表现在这两种责任形态中的责任人都为二人以上,且责任人不是按照一定份额承担责任。但是,补充责任与连带责任是不同的。就连带责任而言,其根本特点在于责任主体之间承担责任并无先后之分,权利人可以请求部分或者全部连带责任人承担责任,并且任何一个责任人在承担责任以后,都可发生对于他责任人应承担部分的追偿。而补充责任不具有这一根本特征。在责任主体为二人以上,各责任人承担责任有先后顺序时,后顺序责任人承担的责任才为补充责任,在权利人未要求前顺序责任人承担责任或者前顺序责任人未承担责任时,承担补充责任的责任人是不应承担责任的,其可以要求由先顺序责任人先承担责任。补充责任中"补充的含义包括以下两个要点:一是补充责任的顺序是第二位的;二是补充责任的赔偿范围是补充性的"。[①]

(二)债务不履行的民事责任和侵权的民事责任

根据民事责任的发生根据,民事责任可分为债务不履行的民事责任和侵权的民事责任。债务不履行的民事责任,是指民事主体违反合同义务或者不履行其他债务应当承担的民事责任。侵权民事责任,是指民事主体因实施侵害他人财产、人身权益的侵权行为应当承担的民事责任。

《民法通则》中将民事责任分为违反合同的民事责任和侵权的民事责任,学者也常将民事责任分为合同责任和侵权责任或者

[①] 参见杨立新:《侵权责任法》,法律出版社2010年版,第283—284页。

违反约定义务的民事责任和违反法定义务的民事责任。此种分法有合理性，也存在一定问题，主要有二：一是合同责任应以合同债务为前提，然而合同成立前和消灭后都发生义务，合同后义务的违反一般按违约责任处理，而合同前义务的违反则属于缔约过失责任，不按侵权责任处理；二是除合同债务外，还有其他的债务不履行问题，如不当得利之债、无因管理之债、受益人向受害人的补偿之债，这些债务不履行的责任与侵权责任不同，当事人违反的也不是约定义务，不能归入合同责任。

债务不履行的民事责任与侵权民事责任的区别主要在于：第一，债务不履行的民事责任是先有债务，后有责任，债务为因责任为果；而侵权的民事责任，责任为因，债务为果。第二，债务不履行民事责任的行为人违反的一般为积极义务，而侵权责任的行为人违反的一般为消极义务。第三，债务不履行民事责任是以财产为内容的财产责任；而侵权责任可以为财产责任，也可以是非财产责任。就违约责任与侵权责任而言，依我国法的规定，违反合同的责任以无过错责任为原则，以过错责任为例外，即只有在规定有过错才承担民事责任的情形下，才以过错为要件；而侵权责任以过错责任为原则，以无过错责任为例外，即只有在特别规定不以过错为要件的情形下，才发生无过错责任。侵权责任适用精神损害赔偿，而对于违约责任中是否包括精神损害赔偿，有不同的观点。《民法典》第 996 条规定，因当事人一方的违约行为，损害对方人格权并造成严重精神损害，受损害方选择请求其承担违约责任的，不影响受损害方请求精神损害赔偿。

（三）履行责任、返还责任和赔偿责任

根据民事责任的内容，民事责任可以分为履行责任、返还责任和赔偿责任。

履行责任是指民事主体承担的应履行自己原承担的义务的责任。如民事主体不履行合同的，应继续履行和采取其他的补救措施；民事主体实施侵权行为的，应停止侵害、排除妨害，消除影响、恢复名誉等。这些责任都属于履行责任。

返还责任是指民事主体承担的以返还利益为内容的责任。如侵占他人之物的行为人承担的返还原物责任即属于返还责任。

赔偿责任是民事主体承担的以赔偿对方损害为内容的责任，如支付违约金、赔偿损失等。赔偿损失，既可以是赔偿履行利益的损失，也可以是赔偿信赖利益的损失。如违约责任的赔偿是赔偿履行利益的损失，缔约过失责任的赔偿是赔偿信赖利益的损失。侵权损害赔偿所赔偿的损失，既包括实际损失，也包括可得利益损失；既包括财产损害，也包括精神损害。适用赔偿责任应贯彻完全赔偿规则。所谓完全赔偿也是指行为人仅对自己的应负责的行为造成的损害负完全赔偿责任。因此，在确定损失时应适用与有过失规则、损益相抵规则。

（四）单方责任与双方责任

根据民事责任是由一方承担还是由双方承担，民事责任可分为单方责任和双方责任。

单方责任，是指仅由当事人一方承担的责任。单方责任发生单一民事法律关系。双方责任是指由双方当事人承担的责任，发

生复合民事法律关系。在双方责任的确定上，一是根据双方的过错；二是根据双方行为的原因力。如《民法典》第157条规定，民事法律行为无效、被撤销或者确定不发生效力后，"各方都有过错的，应当各自承担相应的责任。"在许多情形下，双方责任适用的是与有过失规则。如《民法典》第1173条规定，被侵权人对损害的发生也有过错的，可以减轻侵权人的责任。

双方违约或者双方均侵权的，是否为双方责任呢？对此，有不同观点。一种观点认为，这也属于双方责任；另一种观点认为，这不属于双方责任问题。双方违约或者双方均侵权的，会发生两个不同的损害，而双方责任是就同一损害事实应由双方承担责任而言的。

（五）财产责任与非财产责任

根据民事责任的内容是否具有财产性，民事责任可分为财产责任和非财产责任。

财产责任是指直接具有一定的财产内容的民事责任。财产责任的责任人须承担不利的财产后果，应使权益受侵害的一方得到财产利益的补偿。

非财产责任是指不直接具有财产内容的民事责任。非财产责任的责任人承担的不是不利的财产后果，其责任的承担应使受害人遭受的非财产利益得到恢复。非财产责任适用于侵害人身权的场合，但对人身权的侵害也发生财产责任。

（六）过错责任与无过错责任

根据民事责任的归责原则，民事责任可分为过错责任与无过错责任。

过错责任是以过错为归责原则的民事责任,无过错即无责任。原告要求被告承担责任,应证明被告是有过错的。由于过错责任按照谁主张谁举证的原则,原告不能证明被告的过错,被告就不承担责任,但在一些情形下,原告难以证明被告的过错,为保护受害人的利益,法律规定了过错推定,即受害人证明损害是由被告行为造成的,就推定被告有过错,只有被告能证明自己没有过错,才可不承担责任。过错推定责任仍以被告的主观过错为责任要件和归责的最终要件,但实行举证责任倒置。因此,也可以说,过错推定责任是过错责任与无过错责任的中间状态。

无过错责任是不以行为人主观过错为归责要件的责任,即只要行为人的行为造成损害,不论其主观上有无过错均应依法承担民事责任。这种责任有的称为严格责任,但严格责任也包括过错推定责任。对于无过错责任,在确定行为人的责任时,并不考虑行为人的过错,受害人也不负证明行为人有过错的证明责任,行为人也不能以证明自己没有过错而免责。无过错责任不同于结果责任、绝对责任。无过错责任中被告也可以证明自己具有法定免责事由而免责,仅是不能以证明自己没有过错而免责。无过错责任的适用范围有严格的限制,只有在法律有特别规定的情形下才适用。

无过错责任不以过错为归责要件,与公平责任相似。但公平责任不同于无过错责任。公平责任是法律没有规定适用无过错责任,双方都没有过错,适用过错会显失公平的情形下,由双方分担损害。公平责任不能适用于法律特别规定无过错责任的情形,仅适用于应适用过错责任但适用过错责任又不合理、不公平的场合。适用公平责任，是由法院根据当事人受损害的程度以及双方的经济状况，公平确定各方应分担的损失。公平责任不同于受益人的补偿。受益人的补偿只具补充性，是在受害人不能从侵害人得到足够补偿情形下发生的，其补偿范围是以受益为限。

三、民事责任的承担方式

第一百七十九条　承担民事责任的方式主要有：（一）停止侵害；（二）排除妨碍；（三）消除危险；（四）返还财产；（五）恢复原状；（六）修理、重作、更换；（七）继续履行；（八）赔偿损失；（九）支付违约金；（十）消除影响、恢复名誉；（十一）赔礼道歉。

法律规定惩罚性赔偿的，依照其规定。

本条规定的承担民事责任的方式，可以单独适用，也可以合并适用。

本条规定了民事责任的承担方式。

民事责任的承担方式，也称为民事责任的形式，是指责任人承担的民事责任形态。承担民事责任的方式主要有以下 11 种。

1. 停止侵害

停止侵害是指要求行为人停止正在实施的侵害行为。适用停止侵害责任的前提是侵害行为正在进行中，若侵害行为已经停止，则不能适用停止侵害责任。承担停止侵害的责任方式，不以侵害人的过错为要件，也不论侵害发生时间的长短。这种责任方式对于及时制止侵害，防止侵害后果的扩大，有重要意义。

2. 排除妨碍

排除妨碍又称排除妨害,是指要求行为人排除其造成他人不能正常享有和行使民事权益的障碍。行为人承担排除妨碍的条件是妨碍他人权益行使的障碍是现实存在的、不正当的,不论其是否有过错,也不论障碍存在时间长短。但对于非现实存在的障碍,不存在排除问题;对于妨碍权益行使的正当障碍,则不得排除。

3. 消除危险

消除危险是指要求行为人清除会对他人权益造成损害或会扩大损害的危险。适用消除危险责任的前提是存在造成他人合法权益损害的现实危险性,这种危险性不仅仅是有潜在的发生损害的可能性,而是有发生损害的现实可能性。行为人承担消除危险责任,是为了防止损害的发生或损害后果的扩大。因此,这种责任方式具有极强的损害预防性。

4. 返还财产

返还财产是指行为人将非法侵占的财产返还给合法占有人。返还财产的责任人是财产的不法占有人。合法占有人占有财产是有合法根据的,当然不承担返还财产的责任。承担返还财产责任的条件是有返还财产的可能。若行为人占有的财产已不存在,并无返还的可能,则行为人不能承担返还财产的责任,而应承担其他形式的民事责任。

5. 恢复原状

恢复原状是指将损坏的财物修复,以恢复到原来的可用状态。适用恢复原状的责任方式须具备两个条件:一是有修复的可能，若财产已经损坏到不能修复的程度，则不适用恢复原状责任；二是有修复的必要。若修复没有经济合理性，则也不应适用恢复原状的责任方式。

6. 修理、重作、更换

修理、重作、更换，是违约一方当事人交付的标的物不符合要求而承担的违约责任方式。修理，是指将标的物瑕疵去除；重作，是指重新制作应制作的标的物；更换是指以合格的标的物换回已经交付的不合格的标的物。

7. 继续履行

继续履行是不履行合同义务的违约方承担的继续履行约定义务的民事责任。承担继续履行责任的条件是有继续履行的可能和必要。若违约方已经不可能继续履行的，如应交付的标的物全部灭失，则不承担继续履行的责任。若守约方不要求继续履行，违约方没有继续履行的必要，则也不承担继续履行的责任。

8. 赔偿损失

赔偿损失是指行为人以支付一定的金钱补偿其行为所造成的损失的民事责任。赔偿损失的民事责任适用最为广泛。因为金钱是一般等价物，在行为人行为造成损害而又不能适用其他民事责任方式时，都可适用赔偿损失责任。

赔偿损失以补偿损害为原则，不具有惩罚性。但是，法律规定惩罚性赔偿的，对造成损害的行为人可以依照法律规定适用惩罚性赔偿。

9. 支付违约金

支付违约金是指违反合同的违约一方依照其约定或者法律

的规定向对方支付一定数额的金钱。支付违约金是违反合同的民事责任方式。违约金有法定违约金与约定违约金之分。法定违约金，是由法律直接规定的违约金，违约一方的违约行为符合法律规定的应支付违约金的情形的，违约方即应支付违约金。约定违约金是由双方约定的违约金，只有双方的约定有效，且违约方的行为是应依其约定支付违约金的情形时，违约方才承担支付违约金的责任。约定违约金具有预定赔偿金的性质。

10. 消除影响、恢复名誉

消除影响、恢复名誉，是指责令侵害他人名誉的行为人采取措施，在因名誉受侵害而产生不良影响的范围内消除对他人名誉的不良影响，以使受侵害的名誉得到恢复。一般来说，在什么范围内造成不良影响，就应在什么范围内消除影响。消除影响、恢复名誉责任属于非财产责任，仅适用于侵害名誉权等人身权益的场合，但不适用于侵害隐私权。

11. 赔礼道歉

赔礼道歉，是指以各种方式公开向受害人认错、致歉。这种责任方式也属于非财产责任，主要适用于侵害人身权益。

以上11种承担民事责任主要方式，可以单独适用，也可以合并适用。在责任方式的适用上应注意以下几点：

其一，对于不同性质的民事义务违反行为，应适用不同的责任方式。民事责任与行政责任、刑事责任属于不同的法律责任，可以并用，而不能互相代替。但违约行为与侵权行为所发生的同为民事责任，责任的目的相同，二者不能并用。违约责任与侵权责任的承担方式也不同。例如，修理、重作、更换，一般仅适用于违约责任，而恢复原状则属于侵权责任的承担方式。

其二，各种责任方式的适用条件不同。例如，承担支付违约金的责任须有违约金的法律规定或者当事人约定；而承担赔偿损失的责任，不论在违约责任还是侵权责任，都须有损失的存在。

其三，民事责任承担方式并用时有一定的逻辑关系，不具备合并适用的逻辑关系的不能并用。例如，赔偿损失可以同返还财产和恢复原状并用，停止侵害与排除妨碍就不能并用。

其四，除上述承担民事责任的主要方式外，还有其他的承担民事责任方式。如定金罚则的适用也是承担民事责任的一种方式。

其五，人民法院审理民事案件，除依法追究当事人的民事责任外，还可以采取民事制裁措施，即予以训诫、责令具结悔过、收缴进行非法活动的财物和非法所得，并可以依照法律规定处以罚款、拘留。

四、不承担民事责任的事由

不承担民事责任的事由，又称民事责任的免责事由，是指在造成损害的情形下行为人可以不承担民事责任的情形。任何民事责任的承担都须具备一定条件，这些条件被称为民事责任的构成要件。而在具备一定条件下行为人可以不承担民事责任，这些条件被称为民事责任的免责事由。民事责任的免责事由，有的适用于各种责任，称为一般免责事由；有的仅适用于某种责任，称为特别免责事由。这里所说的，不承担民事责任的事由是指民事责任的一般免责事由。一般免责事由主要有以下情形：

（一）不可抗力

第一百八十条 因不可抗力不能履行民事义务的，不承担民事责任。法律另有规定的，依照其规定。

不可抗力是指不能预见、不能避免且不能克服的客观情况。

本条规定了不可抗力为民事责任的免责事由。

何为不可抗力？理论上有不同的观点，有采主观说的，有采客观说的，也有采折衷说的。主观说认为，判断是否为不可抗力以当事人的预见力和预见能力为标准，凡当事人尽最大努力仍不能防止其发生的，即为不可抗力。客观说认为，判断不可抗力的标准以事件的性质和外部特征为标准，凡属一般人无法抵御的外部力量，都为不可抗力。折衷说主张，判断是否为不可抗力，应主客观标准相结合，凡属当事人以最大谨慎和最大努力仍不能防止的事件，都属不可抗力。本条规定了不可抗力的概念，持折衷说。不可抗力首先是不能预见的，这意味着当事人主观上没有过错；其次是不能避免且不能克服的，这表明因不可抗力不能履行义务的行为人即使其尽了最大的努力，也无法避免和克服不履行义务的损害后果。不可抗力是客观的、外在的现象，但客观现象并非都构成不可抗力。判断导致行为人不能履行义务的客观情形是否构成不可抗力，须根据当时的科技水平进行分析。不可抗力既包括自然现象，如地震；也包括社会现象，如战争。但不论是自然现象还是社会现象，只有在不可抗力为行为人不能履行义务的唯一原因时，行为人才可不承担民事责任。在发生不可抗力的情况下，如果行为人对于义务的不履行也有过错，则行为人仍应按照其过错承担相应的民事责任，而不能完全不承担民事责任。

不可抗力为民事责任的一般免责事由,但是,法律规定因不可抗力造成损害也应承担民事责任的,则应依照法律的特别规定由责任人承担责任,而不能免责。例如,依《民法典》第1237条规定,民用核设施发生核事故造成损害的,能够证明损害是因战争、武装冲突、暴乱等情形或者受害人故意造成的,不承担责任。而因自然灾害造成损害的,不能免除民事核设施经营者的责任。

(二)正当防卫

第一百八十一条　因正当防卫造成损害的,不承担民事责任。

正当防卫超过必要的限度,造成不应有的损害的,正当防卫人应当承担适当的民事责任。

本条规定了正当防卫为一般免责事由。

正当防卫是指在公共利益、本人或者他人的人身或者其他合法权益受到现时的不法侵害时,为制止损害的发生或者防止损害的扩大而对不法侵害人所采取的防卫措施。因此,正当防卫的成立须具备以下条件:(1)须针对正在发生的不法侵害行为实施。不法侵害的对象可以是人身也可以是财产,但侵害行为须是不法的、现实存在的、正在进行的。对于合法行为不能防卫,此属当然。对于已经发生过的或者尚未发生但有发生可能的不法侵害也不能实施防卫,否则会构成侵权。(2)须针对不法侵害人实施。正当防卫只能针对实施不法行为的行为人实施,而不能针对与其有关的他人实施。(3)须为保护合法权益而实施。实施正当防卫的目的是为了保护公共利益、本人或者他人的合法权益,不是为了避免合法权益的损害而是为了报复的目的而实施的行为,不构成正当防卫。(4)须在必要的限度内。何为防卫的必要限度？有不同的观点。一般地说，防卫是否在必要的限度内，应从防卫的目的考虑，以是否足以制止不法侵害而使合法权益免受损害为标准，而不能仅以防卫手段、方式、强度是否与不法侵害行为相当为标准。

正当防卫是民事主体保护合法权益的自卫行为，也是民事主体为维护社会秩序应尽的社会义务，具有法律上的正当性，因此，因正当防卫造成损害的，防卫人不承担民事责任。但是，行为人采取的防卫措施超过必要限度的，即防卫过当的，行为人应承担适当的民事责任。所谓"适当"的民事责任，是指行为人承担的民事责任应与防卫过当所造成的不应有的损害相当，而不是对其行为造成的全部损害承担民事责任。

(三) 紧急避险

第一百八十二条 因紧急避险造成损害的，由引起险情发生的人承担民事责任。

危险是由自然原因引起的，紧急避险人不承担民事责任，可以给予适当补偿。

紧急避险采取措施不当或者超过必要的限度，造成不应有的损害的，紧急避险人应当承担适当的民事责任。

本条规定了紧急避险为一般免责事由。

紧急避险，是指为了使公共利益、本人或者他人的人身或者财产免受正在发生的危险，不得已而紧急采取的躲避行为。构成紧急避险的行为，须具备以下条件：(1)须有损害社会公共利益、本人或者他人的人身、财产损害的紧急危险的现实存在。行为人躲避的危险必须是现实的正在发生的，不采取紧急躲避措施就会造成更大损害。(2) 须为不得已采取的措施。若行为人可以采取其他措施避免危险，则其所采取的措施并非不得不采取的，不构成紧急避险行为。(3) 须避险措施得当和在必要的限度内。所谓措施得当，是指避险行为措施在当时情形下是可以采取的损害最少的措施。若所采取的措施超过避险所需的范围，则为措施不得当。所谓在必要的限度内，是指避险所损害的利益小于所保全的利益。因为避险是以损害较小利益保护较大利益的，如果避险所损害的利益大于所保全的利益，则避险超过了必要的限度。

紧急避险也是民事主体保护合法民事权益的自卫措施，因此，如同正当防卫一样具有法律上的正当性，实施紧急避险的行为人对紧急避险所造成的损害不承担民事责任。但是紧急避险与正当防卫不同，正当防卫是对不法侵害人造成损害，而紧急避险并非给不法侵害人造成损害，且引起避险的险情既可能是自然原因，也可能是不法行为。因此，紧急避险的后果与正当防卫的后果不同。因行为人避险造成损害的，应区分以下情形确定责任：(1) 危险是人为造成的，由引起险情发生的人对紧急避险造成的损害承担民事责任。(2) 危险是由自然原因引起的，紧急避险人不承担民事责任。但是在避险人因实施避险行为而受益的情况下，避险人可以给受害人适当补偿。所谓适当补偿应根据避险人和受害人双方的具体情况确定，但以避险人的受益范围为限。(3) 因紧急避险采取措施不当或者超过必要限度的，避险人应承担适当的民事责任。这里的适当民事责任，是指避险人承担的责任范围应与措施不当或超过必要限度造成的不应有的损害范围一致，而不是对全部损害承担民事责任。当然，如果因紧急避险受到损害的受害人不能从侵害人得到赔偿或者不能得到完全赔偿的，可以由因紧急避险而受益的受益人给予适当补偿。

（四）见义勇为行为

第一百八十三条 因保护他人民事权益使自己受到损害的，由侵权人承担民事责任，受益人可以给予补偿。没有侵权人、侵权人逃逸或者无力承担民事责任，受害人请求补偿的，受益人应当给予适当补偿。

本条规定了见义勇为受到损害的责任承担。

见义勇为，是指为保护他人的合法权益免受或不受来自人为的或自然的损害的行为。见义勇为行为可构成正当防卫或紧急避险，因此，因见义勇为行为而给他人造成损害的，行为人不承担民事责任。见义勇为的行为人往往因实施保护他人合法权益的行为而使自己受到损害。见义勇为的行为人受到的损害是由侵权行为造成的，当然应由侵权人承担民事责任。在没有侵权人、侵权人逃逸或者无力承担民事责任，受害人请求补偿的，受益人应当给予补偿。这是因为受益人从见义勇为行为中受益，若没有见义勇为行为的实施，其会受到损害。法律之所以赋予受益人补偿义务，是基于公平观念和发扬社会正能量的需要。见义勇为是应受社会鼓励的行为，行为人因此而受到的损害理应得到救济，其不能从侵权人得到赔偿的，应由受益人补偿和得到社会的救助。在受益人的补偿义务承担上有两点须特别注意：一是须经受害人请求。只有在受害人请求补偿时，受益人才有给予受害人补偿的义务，受害人不请求补偿的，受益人无补偿的义务。至于一般情况下，受益人会给受害人一定"奖赏"，这是受益人出于道德义务的自愿行为,而不是履行补偿义务;二是受益人的补偿义务的范围,应根据受害人与受益人双方的具体情况而定,但不能大于受害人所受损害和受益人的受益范围。

(五)紧急救助行为

第一百八十四条　因自愿实施紧急救助行为造成受助人损害的,救助人不承担民事责任。

本条规定了紧急救助行为为免责事由。

紧急救助行为,也是一种见义勇为的行为。但本条规定与前条规定不同。前条是指在他人合法民事权益受到人为或自然的侵害时采取救助措施,而本条规定是在他人因自身的原因处于危急状态下的救助行为。前条赋予见义勇为行为人以补偿请求权,而本条是赋予紧急救助人以免责请求权。

构成紧急救助免责请求权,应具备以下条件:(1)受助人处于危难状态,如突发疾病,需要他人救助。(2)行为人自愿实施救助行为。所谓自愿实施救助,是指行为人并非具有专业知识或负有救助职责而自发的采取救助措施;(3)受助人受有损害;(4)受助人的损害与行为人的救助行为间有因果关系,若非此救助行为就不会造成此损害后果。

自愿实施救助行为因救助人不具有专业知识和专业技能,会因措施不当而使受助人受到损害。但是,这种行为又会使受助人免受损害,体现了社会成员间的相互扶助精神,是社会应大力提倡的行为。特别是针对社会现实中有一些道德低下者利用"碰瓷"谋财,导致有的救助者"好心不得好报",也引发了是否应救助的争论,因此,如何从民法上规定救助人与受助人间的权利义务，是体现民法提倡什么、反对什么的现实问题。在立法讨论中，有人主张，为鼓励自愿者的救助行为又顾及受助人的利益，应规定救助人免责，但有重大过失的除外。为弘扬社会正气，《民法典》规定自愿实施救助行为造成受助人损害的，不承担民事责任，而不论救助人有无过错或有何程度的过错。

（六）自助行为

自助行为，是指权利人为保护自己的权利，对他人的人身自由予以拘束或者对他人的财产予以扣押或毁损的行为。自助行为也是民事权利的私力救济方式，民法典总则编中未作规定，但实务中认可。《民法典》第1177条作了规定。

自助行为有限制他人权利和自由的一面，因此其适用有严格的限制条件。一般来说，自助行为的构成须符合以下要件：（1）目的要件。即是为了保护自己的权利。自助行为是在自己的权利受侵害而来不及请求公力救济的情形下采取的，只能为保护自己权利而为之；如果是为了保护公共利益或者他人的利益而采取私力救济，不属于自助行为。为保护自己权利，还须权利人的权利是可通过诉讼得到国家保护的；对于不受保护的利益，不能采取自助行为救济，如赌债。（2）情势要件。自助行为须在情势紧迫来不及请求国家机关公力救济的情形下才可采用。如果在当时的情况下不采取必要的自助措施，其权利就会难以实施，则属于情势紧迫；否则，则不符合情势要件。（3）对象和手段要件，即采用的手段适当，行为对象正确。自助行为只能就债务人的财产或人身实施，而不能以他人的人身或财产为对象。如债务人要逃匿而扣押其亲属即为对象错误；手段适当指采取的措施是为保护权利所必需的，不得超过权利保护的必要限度。如扣押财产即可保障权利实现的，不得拘束人身自由；扣押某一财物即可满足的，不得再扣押其他财物。(4) 事后及时请求国家机关处理。

五、侵害英烈人格利益的民事责任

第一百八十五条 侵害英雄烈士等的姓名、肖像、名誉、荣誉，损害社会公共利益的，应当承担民事责任。

本条规定了侵害英烈人格利益的民事责任。

本条是在第十二届全国人民代表大会第五次会议审议《民法总则》（草案）后增加的一条规定，是有的代表针对社会上当时有诋毁英烈名誉等现象而提出的。这一条实际上是关于侵害死者名誉等人格利益的责任规定。《民法典》未作改动。本条这里所说的英雄是指已经死亡的英雄，如果英雄人物尚在人世，侵害其名誉等，属于侵害其人格权，当然应承担民事责任。英雄烈士已经不在人世，因而侵害其名誉、姓名、荣誉、肖像等人格利益，也就构不成侵害人格权。但是因为英烈的人格利益承载着社会的历史记忆，体现着一种社会精神力量和社会价值观念，因此，侵害英烈等的人格利益，也就损害社会利益，侵害人应承担民事责任。而且，对侵害人提起侵权诉讼，应属于公益诉讼的范畴。

六、违约责任与侵权责任的竞合

第一百八十六条 因当事人一方的违约行为，损害对方人身权益、财产权益的，受损害方有权选择请求其承担违约责任或者侵权责任。

本条规定了违约责任与侵权责任的竞合。

违约责任是实施违约行为应承担的民事责任,侵权责任是因实施侵害他人人身权益、财产权益应承担的民事责任。在同一行为既构成违约行为,又构成侵权行为时,行为人既应承担违约责任,又应承担侵权责任,也就发生违约责任与侵权责任的竞合。从受害人来说,既可要求行为人承担违约责任,又可要求行为人承担侵权责任,也就发生所说的请求权竞合。在发生违约责任与侵权责任竞合时,因为这两种责任属于同一性质的民事责任,因此,行为人不能同时承担违约责任和侵权责任,而只能承担一种民事责任。从受损害方来说,不能同时行使两种请求权,而只能选择行使一种请求权,或者请求行为人承担违约责任,或者请求行为人承担侵权责任。受损害方选择行使某种请求权,请求行为人承担了违约责任或者侵权责任的,则行为人也就不再承担其他民事责任。

七、民事责任与其他法律责任的竞合

第一百八十七条 民事主体因同一行为应当承担民事责任、行政责任和刑事责任的,承担行政责任或者刑事责任不影响承担民事责任;民事主体的财产不足以支付的,优先用于承担民事责任。

本条规定了民事责任与行政责任、刑事责任的竞合。

民事责任与行政责任、刑事责任的竞合,是指行为人因同一行为而应承担民事责任和行政责任、刑事责任。因为民事责任与行政责任、刑事责任是不同性质的法律责任,互相不能代替,行为人须依法承担应承担的各种法律责任，因此，民事责任与行政责任、刑事责任的竞合，又称为责任并存。

由于民事责任与行政责任、刑事责任不能相互代替，在行为人须以财产承担责任时，就会出现赔偿损失、罚款、罚金这三种责任并存。若行为人的财产足以承担这三种责任，则行为人依法按规定承担责任即可。但若行为人的财产不足以支付赔偿金、罚款、罚金的，则发生三种责任的冲突。依本条规定，在这种情形下，责任人的财产优先用于承担民事责任。这也就确立了民事责任的优先规则。民事责任优先规则体现了法律重视对民事主体权益的保护和对市场秩序和交易安全的维护。

第九章 诉讼时效

一、时效的概念和立法例

时效，也就是时间的效力，是指一定的事实状态持续存在一定期间即发生一定法律后果的法律制度。时效的含义包括三方面内容：一是有一定的事实状态的存在，如占有他人的财产，权利受侵害而不行使请求保护的权利；二是该事实状态持续存在一定期间，如持续占有20年，持续5年不行使保护其权利的请求权；三是发生一定的法律后果，如占有人取得占有物的所有权，法律不强制侵害权利者承担民事责任。这种法律后果是使法律状态与事实状态相一致。可见，时效是将一定事实状态经过一定期间的事实与发生一定的法律后果联系在一起，一定事实状态持续存在一定的期间即为时效期间，时效期间为一种法律事实。这一事实引发的法律后果，也就是时效的法律效力。

时效可分为取得时效或占有时效与消灭时效或诉讼时效两种。从历史上看，在罗马法上是先有取得时效而后有消灭时效的。现代大陆法系国家关于时效制度立法有三种体例：一是统一制，即在民法总则中统一规定时效（包括取得时效和消灭时效）；二是分别制，即分别规定取得时效和消灭时效，在物权法中规定取得时效，在总则中规定消灭时效；三是单一制，即仅规定消灭时效，而不规定取得时效。我国《民法通则》中仅规定了诉讼时效，诉讼时效亦即他国法上的消灭时效，因而我国传统上是采单一制的，即仅规定诉讼时效而不规定取得时效。在《民法总则》立法中对于应如何规定时效制度，也有三种不同的观点。《民法典》最终采单一制的立法例，仅规定了诉讼时效制度。

二、诉讼时效的概念和期间

第一百八十八条一款 向人民法院请求保护民事权利的诉讼时效期间为三年。法律另有规定的，依照其规定。

本条款规定了诉讼时效的概念和一般诉讼时效期间。

何为诉讼时效？学者中的表述不同。依本条规定，诉讼时效期间是指权利人向人民法院请求保护民事权利的法定期间。权利是受法律保护的，权利受到侵害时，权利人应及时请求人民法院予以保护。权利人于法律规定的一定期间内不行使请求法院保护其民事权利，就丧失该请求权的法律制度，就是诉讼时效制度。可见，诉讼时效并非诉讼上的时效，而属于消灭时效的范畴。因为，其一，诉讼时效是以权利人不行使保护其权利的事实状态为前提的；其二，从时效完成后果看，权利人丧失的并非是向法院起诉的权利。诉讼时效期间实际上是权利人请求法院保护其民事权利的法定期间。

诉讼时效期间分为普通诉讼时效期间与特别诉讼时效期间。普通诉讼时效期间适用于法律没有特别规定的各种民事关系。普通诉讼时效期间是普通法上规定的，不由特别法规定，在适用上有一般意义。所以又称为一般诉讼时效期间。《民法典》是普通法，《民法典》规定的适用于没有特别规定的诉讼时效期间即为普通诉讼时效期间。依本条款规定，普通诉讼时效期间为3年。这改变了《民法通则》关于普通诉讼时效期间为2年的规定。特别诉讼时效期间是由民法或者单行法规定的仅适用于法律特殊规定的民事关系的诉讼时效期间。特别诉讼时效期间是法律特别规定的，适用上有特别性和优先性，即法律关于诉讼时效期间另有规定的，优先适用法律另外的规定，法律没有另外规定的就适用3年的诉讼时效期间的规定。但特别诉讼时效期间可长于一般诉讼时效期间，也可短于一般时效期间。如《民法典》第129条规定：因国际货物买卖合同和技术进出口合同争议提起诉讼或者申请仲裁的期限为4年。该期间就长于普通诉讼时效期间。如《海商法》规定，就海上货物运输向承运人要求赔偿的请求权等，时效期间为1年。该期间即短于普通诉讼时效期间。

三、诉讼时效期间的起算

（一）诉讼时效期间起算的一般规定

第一百八十八条二款 诉讼时效期间自权利人知道或者应当知道权利受到损害以及义务人之日起计算。法律另有规定的，依照其规定。但是，自权利受到损害之日起超过二十年的，人民法院不予保护，有特殊情况的，人民法院可以根据权利人的申请决定延长。

本条款规定了诉讼时效期间的一般起算时间。

诉讼时效期间从何时开始计算？是从请求权发生之日起算还是从请求权能够行使时起计算？对此曾有不同的观点。《民法总则》采取从请求权能够行使时起算的观点，即权利人知道或者应当知道权利受损害和义务人之时起计算。权利人仅知道或者应当知道权利受损害但不知义务人的，仍无法行使请求法院保护其权利的请求权。权利受损害的情形不同，权利人能够行使请求权的情形不同，诉讼时效期间的具体起算时间也就不同。一般说来，有履行期限的债，自履行期限届满时起计算；附解除条件的债，自条件成就之日起计算；未定履行期限的债，依法可以确定履行期限的，自确定的履行期限届满之日起计算，不能确定履行期限的，诉讼时效期间从债权人要求债务人履行义务的宽限期届满之日起计算，但债务人在债权人第一次向其主张权利之时明确表示不履行义务的，诉讼时效期间自债务人明确表示不履行义务之日起计算；以不作为为标的的债，自违反不作为义务之日起计算；违约损害赔偿请求权，自违约之日起计算；合同被撤销的，返还财产、赔偿损失请求权的诉讼时效期间从合同被撤销之日起计算；返还不当得利请求权的诉讼时效期间，从当事人一方知道或者应当知道不当得利事实及对方当事人之日起计算；无因管理中，管理人给付必要管理费用、赔偿损失请求权的诉讼时效期间从无因管理行为结束并且管理人知道或者应当知道本人之日起计算；本人因不当无因管理行为产生的赔偿损失请求权的诉讼时效期间，从其知道或者应当知道管理人及损害事实之日起计算；因侵权行为发生的请求权，自知道或应当知道损害事实和侵害人之日起计算，如侵害身体健康损害赔偿请求权的诉讼时效期间，从受害人知道或者应当知道侵权人及损害之日起计算。

但是，自权利受损害之日起超过20年的，不论权利人是否知道权利受损害以及义务人，人民法院对权利人的权利不再予以保护，只有在有特殊情况时，人民法院才可以根据权利人的申请决定延长保护期间。这里的 20 年是否为诉讼时效期间呢？对此有不同的观点，有主张为最长诉讼时效期间的；也有主张该期间为法律规定的权利的最长保护期间，而不属于诉讼时效期间，因为该期间不适用中止、中断的规定。

（二）诉讼时效期间起算的特别规定

关于诉讼时效期间的起算，法律另有规定的，依照法律的另外规定。《民法典》规定了以下三种例外。

1. 分期履行的债

第一百八十九条 当事人约定同一债务分期履行的，诉讼时效期间自最后一期履行期限届满之日起计算。

本条规定了分期履行的债的诉讼时效期间的起算。

分期履行的债，是义务人分期分批履行的债，义务人应按期限履行其各期应履行的义务。在每一期义务人未按要求履行时，权利人就知道权利受到损害以及义务人，但诉讼时效期间不是从此时起计算，而是自最后一期履行期限届满时计算。

2. 无完全民事行为能力人对其法定代理人的请求权

第一百九十条 无民事行为能力人或者限制民事行为能力人对其法定代理人的请求权的诉讼时效期间，自该法定代理终止之日起计算。

本条规定了无完全民事行为能力人对其法定代理人的请求权的诉讼时效期间的起算。

无民事行为能力人或者限制民事行为能力人的权利受到其

法定代理人损害的,其当然有权请求保护。但是,因为即使其知道权利受损害以及义务人,但因其行为能力的限制以及法定代理关系的存在,无法行使请求权,因此,法律规定无民事行为能力人或者限制民事行为能力人对其法定代理人的请求权的诉讼时效期间,自该法定代理终止之日起算。

3. 未成年人遭受性侵害的损害赔偿请求权

第一百九十一条 未成年人遭受性侵害的损害赔偿请求权的诉讼时效期间,自受害人年满十八周岁之日起计算。

本条规定了未成年人受性侵害的损害赔偿请求权的诉讼时效期间的起算。

未成年人遭受性侵害的,自受侵害之日起就知道或者应当知道权利受损害以及义务人,但是因其未成年,不能行使损害赔偿请求权,而只能由法定代理人代为行使。但若其法定代理人没有代理向法院行使该请求权,则受害人自可于具有完全民事行为能力时主张请求损害赔偿的权利。因此,遭受性侵害的未成年人请求损害赔偿的请求权的诉讼时效期间,自其成年即年满18周岁时起计算。

四、诉讼时效期间届满的法律后果

第一百九十二条 诉讼时效期间届满的,义务人可以提出不履行义务的抗辩。

诉讼时效期间届满后,义务人同意履行的,不得以诉讼时效期间届满为由抗辩;义务人已自愿履行的,不得请求返还。

本条规定了诉讼时效期间届满的法律后果。

诉讼时效期间届满后的法律后果,又称为诉讼时效完成后的后果,也有的称为诉讼时效的效力。关于时效期间届满后的法律后果,有不同的学说和立法例,主要有以下四种:一是实体权利消灭说。依此说,诉讼时效期间届满后,权利人的权利即消灭。《日本民法》即采此说。如《日本民法》第167条规定,"①债权因十年间不行使而消灭。②债权或所有权以外的财产权,因二十年间不行使而消灭";二是抗辩权发生说。依此说,诉讼时效期间届满后,义务人取得拒绝履行的抗辩权。《德国民法典》即采此说,如《德国民法典》第222条中规定,"时效完成后,义务人有权拒绝给付";三是诉权消灭说。依此说诉讼时效期间届满后,实体权利义务仍存在,但权利人诉权消灭。《法国民法典》采此说,如《法国民法典》第2262条规定,"一切诉讼,无论是对物诉讼还是对人诉讼,时效期间均为30年,援用此时效期间的人无需提出某种证书,他人亦不得提出该人系出于恶意而为抗辩";四是胜诉权消灭说。该说主张,时效期间届满后,权利丧失的不是程序法上起诉的权利,而是实体法上胜诉的权利。我国《民法通则》施行后,学者多主张我国立法采取的为胜诉权消灭说。① 但是,最高人民法院《关于审理民事案件适用诉讼时效制度若干问题的规定》(以下简称《关于诉讼时效的规定》)第3条规定,"当事人在一审期间未提出诉讼时效抗辩,在二审期间提出的,人民法院不予支持,但其基于新的证据能够证明对方当事人的请求权已过诉讼时效期间的情形除外。""当事人未按照前款规定提出诉讼时效抗辩,以诉讼时效期间届满为由申请再审或者提出再审抗辩的,人民法院不予支持。"学者普遍认为,我国司

---

① 参见《民法通则讲话》编写组:《民法通则讲话》,经济科学出版社1986年版,第317页;马俊驹、余延满:《民法原论》(第四版),法律出版社2011年版,第245页。

法实务中采取抗辩权发生说。《民法典》采取了抗辩权发生说，明确规定，"诉讼时效期间届满的，义务人可以提出不履行义务的抗辩。"义务人未行使不履行义务的抗辩权的，则其仍应履行义务。义务人行使抗辩权，须明确提出。诉讼时效期间届满后，义务人同意履行的，则其为放弃抗辩权，不得再以诉讼时效期间届满为由抗辩。义务人已经自愿履行的，则其履行有效，不得请求返还。因为即使诉讼时效期间届满，权利人也仍有权接受义务人的履行。诉讼时效期间届满后的法律后果，从权利人方面看，权利人的请求权会因义务人拒绝履行的抗辩而消灭，但其受领权存在，有权接受义务人的履行，其接受履行不会构成不当得利；从义务人方面说，其责任消灭，法院不强制其履行，但其义务存在，其自愿履行的，也就不能要求返还。

诉讼时效期间届满后，当事人达成还款协议，事后债务人又反悔的，是否允许？法院可否强制债务人履行？对此曾有不同的观点。这涉及《民法通则》中规定的自愿履行是包括承认债务还是仅限于实际履行。从理论上说，双方达成协议，尽管未实际履行，但债务人承认了债务，等于双方在原债权债务关系上成立新的债权债务关系，因此债务人应履行达成协议。最高人民法院（法复［1997］4号）《关于超过诉讼时效期间当事人达成的还款协议是否应当受法律保护问题的批复》规定，对超过诉讼时效期间，当事人双方就原债务达成还款协议的，应当依法予以保护。《关于诉讼时效的规定》第19条明确规定：诉讼时效期间届满，当事人一方向对方当事人作出同意履行义务的意思表示或者自愿履行义务后，又以诉讼时效期间届满为由进行抗辩的，人民法院不予支持。当事人双方就原债务达成新的协议，债权人主张债务人放弃时效抗辩权的,人民法院应予支持。《民法典》认可司法实务的做法,明确规定"诉讼时效期间届满后,义务人同意履行的,不得以诉讼时效期间届满为由抗辩。"

诉讼时效期间届满后的效力范围即主债权诉讼时效的经过是否涉及从权利?也就是说,从权利的义务人是否可以主张主权利诉讼时效期间届满的抗辩?通说认为,依"从随主"规则,主权利消灭的,从权利也消灭。时效完成后,主权利不受保护,其从权利也随之丧失法律保护。因为后者是从属性的,不能脱离主权利而独立存在。① 因此,在主权利诉讼时效期间届满后,从权利的义务人也可主张诉讼时效期间届满的抗辩。依《民法典》第701条的规定,保证人享有主债务人的抗辩权,即使主债务人放弃该抗辩权的,保证人仍得以援引。《民法典》第419条中对于抵押权规定,"抵押权人应当在主债权诉讼时效期间行使抵押权;未行使的,人民法院不予保护。"有学者认为,根据此规定抵押人得以援引主债权诉讼时效期间届满予以抗辩。

但是,对于抵押人是否得以援引主债权诉讼时效期间届满的抗辩,学者有争议。《担保法解释》第12条中曾规定:担保物权所担保的债权的诉讼时效结束后,担保权人在诉讼时效结束后的2年内行使担保物权的,人民法院应当予以支持。依此解释,主债权诉讼时效完成后,担保物权的设定人不能援引主债权诉讼时效期间届满的抗辩,但担保物权人应于此后2年内行使担保物权。此2年的期间为何性质呢?有主张为担保物权存续期间的,也有主张为诉讼时效期间的,还有主张为除斥期间的。《物权

---

① 佟柔主编:《中国民法学·民法总则》,中国人民公安大学出版社1990年版,第318页。

法》改变了《担保法解释》第 12 条的规定。《民法典》沿用了《物权法》的规定，对于物权法和民法典规定的抵押权行使期间的性质，学者仍有不同的观点。问题在于抵押权人在主债权诉讼时效期间未行使抵押权的，将发生何种法律后果呢？抵押人可否主张注销抵押权登记呢？对此，实务上有采肯定说的实例。[①]

五、法院主动适用诉讼时效规定的禁止

第一百九十三条　人民法院不得主动适用诉讼时效的规定。

本条规定了禁止法院主动适用诉讼时效的规定。

在《民法通则》施行后，对于法院可否主动援用诉讼时效的规定，曾有两种不同的观点和做法。曾有一种观点认为，法院可以依职权主动援用诉讼时效的规定，在当事人未援引诉讼时效的

---

① 参见《法定期限内未主张，担保物权被判消灭》，载《人民法院报》2008年7月7日第3版。该案案情为：2000年12月5日张某作为抵押人，花某作为借款人，与某信用社签订《抵押担保借款合同》一份。其中约定：信用社向花某发放贷款4万元，期限自2000年12月5日至2001年6月30日止。合同也约定了有关抵押担保的内容：张某以自己自有房屋作为抵押物。次日张某与某信用社到房地产管理部门办理抵押登记，将张某的《房屋所有权证》交房管局，领取《房地产他项权证书》。该证书作为花某的借款抵押担保凭证存放于抵押权人信用社。贷款到期后，花某未偿还贷款本金、利息，某信用社一直未向张某主张行使抵押权。2008年3月17日，张某向法院起诉，要求确认被告信用社丧失抵押权，宣告抵押权消灭，并判令信用社立即归还原告的房产证。法院审理认为，原告张某与被告信用社签订的抵押合同的内容，是双方真实意思表示，且到房地产管理部门办理抵押登记，该抵押担保合同依法成立并生效，对双方当事人均有约束力。被告信用社与借款人花某之间签订的借款合同约定了归还贷款期限。该贷款合同的诉讼时效期间为二年，即自2001年7月1日至2003年6月30日。而被告未向法院提交证据证明其在此期间内已向借款人主张权利或借款人履行还款义务，该债权债务关系的诉讼时效没有发生中断的情形，故诉讼时效期间至2003年6月30日结束。而根据相关法律，担保物权所担保的债权的诉讼时效结束后，担保权人在诉讼时效结束后的二年内行使担保物权的，人民法院应当予以支持。被告某信用社在上述法律规定的期限内未向法院主张其担保物权，应视为放弃该项权利，故其依法享有的担保物权已消灭。原告张某的诉讼请求合法。

规定时，法院应对当事人予以释明。其主要理由是，时效制度有维护社会经济秩序，保证社会稳定等功能，并不仅仅关涉当事人的利益。如有学者指出，诉讼时效期间届满后，权利人仍有权起诉，法院应受理，法院受理后，对诉讼时效的问题，应以职权进行调查，不应等当事人自己提出，这和资本主义国家不同。① 另一种观点则主张，法院不能主动援用诉讼时效的规定，也不应有释明权。因为诉讼时效制度虽有维护社会经济秩序和社会安定等功能，但诉讼时效规定的适用，仅是关系到当事人利益的，法院如行使释明权，则有偏袒一方之嫌。最高人民法院《关于诉讼时效的规定》第2条明确指出：当事人未提出诉讼时效抗辩，人民法院不应对诉讼时效问题进行释明。可见，实务和理论上均采后一种观点。《民法典》明确规定，法院不得主动适用诉讼时效的制度。这也充分体现对当事人意思自治的尊重，与他国和地区的民法典规定一致。

　　虽然大陆法系国家的民法典都规定，时效仅能为当事人援用而法官不得主动适用，但在说明理由上却有不同，大致有效果确定与辩论主义说和不确定效果及良心说。前说认为，时效的援用是以时效的完成为基础要求裁判的行为。在要求裁判前因时效的完成所发生的权利消灭或者取得这种效果虽然已经确定，但如果当事人不援用，则法院不得依时效进行裁判。要求这种援用，是民事诉讼法上的辩论主义——"构成裁判基础的事实的提出属于当事人的责任"——的体现。后说认为，权利的取得或者消灭这种效果即使时效完成也不发生，如果被援用，才始发生。时效

---

① 最高人民法院《民法通则》培训班：《民法通则讲座》，北京市文化局出版处登记号（内部书刊）京文出版字第86-033号，1986年9月印刷，第282页。

只能由当事人援用的理由是：因时效而取得权利或者免除义务，是违反道德的。所以，把是否享有这种时效利益交由当事人的良心决定。①

六、诉讼时效的中止

第一百九十四条 在诉讼时效期间的最后六个月内，因下列障碍，不能行使请求权的，诉讼时效中止：（一）不可抗力；（二）无民事行为能力人或者限制民事行为能力人没有法定代理人，或者法定代理人死亡、丧失民事行为能力、丧失代理权；（三）继承开始后未确定继承人或者遗产管理人；（四）权利人被义务人或者其他人控制；（五）其他导致权利人不能行使请求权的障碍。

自中止时效的原因消除之日起满六个月，诉讼时效期间届满。

本条规定了诉讼时效的中止。

诉讼时效中止，是指在诉讼时效期间的最后6个月内因发生法定事由而停止计算诉讼时效期间的制度。诉讼时效中止的法定事由是在时效的最后6个月期间内发生使权利人不能行使请求权的障碍，包括以下五种：

（1）不可抗力。不可抗力，是权利人不能预见、不能避免并不能克服的客观情况，因此，因不可抗力使权利人不能行使请求权时，诉讼时效中止。

（2）无民事行为能力人或者限制民事行为能力人没有法定代理人，或者法定代理人死亡、丧失民事行为能力、丧失代理权。

---

① 参见江平主编：《民法学》，中国政法大学出版社2007年版，第249—250页。

因为无民事行为能力人或者限制民事行为能力人由其法定代理人代理行使请求权。而在其法定代理人缺位的情形下，其也就无法行使请求权。法定代理人的缺位也是权利人无法控制的客观障碍。

（3）继承开始后未确定继承人或者遗产管理人。继承开始后，被继承人的权利人只能向继承人或者遗产管理人主张权利，未确定继承人或者遗产管理人时，权利人也就不能行使请求权，因此，诉讼时效应中止。

（4）权利人被义务人或者其他人控制。权利人被义务人或者其他人控制，如将其非法拘禁，权利人也就无法主张权利。这种障碍也是权利人主观上不能决定的客观情况。

（5）其他导致权利人不能行使请求权的障碍。除上述事由外，其他导致权利人不能行使请求权的客观情况，都为诉讼时效中止的事由。例如，当事人双方处于婚姻关系状态；当事人处于战争状态等。

诉讼时效中止的效力是暂停计算诉讼时效期间，在中止事由消除后，诉讼时效期间将继续计算。但在诉讼时效期间何时届满上，有不同的立法例。一种做法是将中止的时间扣除即时效中止前后合并计算诉讼时效期间；另一种做法是在中止事由消除后，将诉讼时效期间延长为6个月，即自中止时效的事由消除之日起再经过6个月，诉讼时效期间届满。《民法通则》采用前一做法，而《民法典》采取了后一做法。

七、诉讼时效的中断

第一百九十五条 有下列情形之一的，诉讼时效中断，从中断、有关程序终结时起，诉讼时效期间重新计算：（一）权利人向义务人提出履行请求；（二）义务人同意履行义务；（三）权利人提起诉讼或者申请仲裁；（四）与提起诉讼或者仲裁具有同等效力的其他情形。

本条规定了诉讼时效的中断。

诉讼时效的中断，是指在诉讼时效进行中因发生法定事由致使已经进行的诉讼时效期间全归无效，待中断事由消除后，重新计算诉讼时效期间。

诉讼时效中断的法定事由包括以下四种：

1. 权利人向义务人提出履行请求。权利人向义务人提出履行请求，表明权利人主张权利、积极行使权利，而不是怠于行使权利，因此诉讼时效应中断。权利人向义务人提出履行的请求是于诉讼外向义务人作出的要求其履行义务的意思表示。该意思表示的内容可以是主张行使抵销权，也可以是催促义务人履行义务。依最高人民法院《关于诉讼时效的规定》第8条规定，具有下列情形之一的，可以认定为"权利人向义务人提出履行请求"，产生诉讼时效中断的效力：（1）当事人一方直接向对方当事人送交主张权利文书，对方当事人在文书上签字、盖章、按指印或者虽未签字\盖章、按指印但能够以其他方式证明该文书到达对方当事人的；对方当事人为法人或者其他组织的，签收人可以是其法定代表人、主要负责人、负责收发信件的部门或者被授权主体；对方为自然人的，签收人可以是自然人本人、同住的具有完全行为能力的亲属或者被授权主体；(2)当事人一方以发送信件或者数据电文方式主张权利，信件或者数据电文到达或者应当到达对方当事人的；(3)当事人一方为金融机构，依照法律规定或者当事人约定从对方当事人账户中扣收欠款本息的(这应当属于作为债权人的银行在行使抵销权，也就表明债权人主张权利)；(4)当事人一方下落不明，对方当事人在国家级或者下落不明一方所在地的省级有影响的媒体上刊登具有主张权利内容的公告的，但法律和司法解释另有特别规定的，适用其规定。

2. 义务人同意履行义务。义务人同意履行义务，表明义务人一方承认义务。于此情形下，双方的权利义务关系确定，权利人也就不存在怠于行使权利的情形，诉讼时效也发生中断。义务人同意履行的意思表示的内容也可有多种。如依最高人民法院《关于诉讼时效的规定》第14条规定，义务人作出分期履行、部分履行、提供担保、请求延期履行、制定清偿债务计划等承诺或者行为的，应当认定为当事人一方"同意履行义务"。第17条规定，债权转让的，应当认定诉讼时效从债权转让通知到达债务人之日起中断。债务承担情形下，构成原债务人对债务承认的，应当认定诉讼时效从债务承担意思表示到达债权人之日起中断。

3. 权利人提起诉讼或者申请仲裁。权利人提起诉讼或者申请仲裁，表明权利人积极行使权利，诉讼时效当然应中断。权利人是向法院起诉的，诉讼时效何时中断呢？对此有不同的观点。一种观点认为，权利人起诉只有在法院受理时才中断，起诉如未被法院受理，则不发生中断。另一种观点认为，起诉被裁定不予受理是否导致诉讼时效中断需要具体分析。还有一种观点认为，只要权利人起诉，就表明其行使权利、主张权利，因此就发生诉讼时效的中断，自提起诉讼时，发生中断，而不论起诉诉状是否送达义务人。最高人民法院《关于诉讼时效的规定》采取最后一种观点，依该规定第 10 条规定，当事人一方向人民法院提交诉状或者口头起诉的，诉讼时效从提交诉状或者口头起诉之日起中断。该规定第 16 条还规定，债权人提起代位权诉讼的，应当认定对债权人的债权和债务人的债务均发生诉讼时效中断的效力。权利人起诉后又撤诉的，是否发生诉讼时效中断呢？对此也有不同观点。一种观点认为，起诉后又撤诉的，视为未起诉，不发生时效中断；另一种观点则认为，只要起诉，就发生中断，而不论起诉后是否撤诉。

4. 与提起诉讼或者申请仲裁具有同等效力的其他情形。有与提起诉讼或者申请仲裁具有同行效力的其他情形，表明权利人积极行使权利，诉讼时效也就应中断。哪些情形与提起诉讼或者申请仲裁具有同等效力呢？依最高人民法院《关于诉讼时效的规定》第 11 条规定，下列事项之一，与提起诉讼具有同等诉讼时效中断的效力：(1) 申请支付令；(2) 申请破产、申报破产债权；(3) 为主张权利而申请宣告义务人失踪或死亡；(4) 申请诉前财产保全、诉前临时禁令等诉前措施；(5) 申请强制执行；(6) 申请追加当事人或者被通知参加诉讼；(7) 在诉讼中主张抵销；(8) 其他与提起诉讼具有同等诉讼时效中断的事项。权利人向调解委员会以及依法有权解决相关民事纠纷的国家机关、事业单位、社会团体等社会组织提出保护相应民事权利的请求，诉讼时效从提出请求之日起中断。权利人向公安机关、检察机关、法院报案或者控告，请求保护其民事权利的，诉讼时效从其报案或者控告之日起中断。

诉讼时效中断的效力是使已经进行的诉讼时效期间全归无效，重新计算诉讼时效期间。诉讼时效中断后，诉讼时效期间从何时重新计算呢？一般说来，因起诉或者申请仲裁中断的，自诉讼终结或者法院或仲裁作出裁决之日起重新计算；权利人申请执行的，自执行程序完毕时起算；向调解委员会、向有关单位提出请求的，经调解达不成协议的，自调处失败之日计算，如达成协议，义务人未履行的，从协议规定的履行期间届满时起算。向司法机关报案、控告的，司法机关决定不立案、撤销案件、不起诉的，诉讼时效期间从权利人知道或者应当知道不立案、撤销案件、不起诉之日起重新计算，刑事案件进入审理阶段，诉讼时效期间从刑事裁判文书生效之日起重新计算；因权利人提出请求或义务人同意履行中断的，自意思表示到达对方时重新计算。

依最高人民法院《关于诉讼时效的规定》第15条规定，对于连带债权人中的一人发生诉讼时效中断的事由，对于其他连带债权人也发生诉讼时效中断的效力；对于连带债务人中一人发生诉讼时效中断效力的事由，对于其他连带债务人也发生诉讼时效中断的效力。

八、诉讼时效的适用范围

第一百九十六条　下列请求权不适用诉讼时效的规定：（一）请求停止侵害、排除妨碍、消除危险；（二）不动产物权和登记的动产物权的权利人请求返还财产；（三）请求支付抚养费、赡养费或者扶养费；（四）依法不适用诉讼时效的其他请求权。

本条规定了诉讼时效的适用范围。

诉讼时效的适用范围，又称为诉讼时效的客体范围，是指诉讼时效适用于哪些权利和不适用于哪些权利。诉讼时效期间为权利人请求法律保护的法定期间，因此诉讼时效仅适用于请求权，对于支配权、形成权和抗辩权不适用诉讼时效。但是，并非各种请求权都适用诉讼时效，下列请求权不适用诉讼时效的规定：

1. 请求停止侵害、排除妨碍、消除危险的请求权。此三项请求权，针对的是正在发生的侵害行为，其本质上不可能适用诉讼时效，从实务角度讲，妨碍和危险具有持续性，侵害有持续性的才适用停止侵害责任，确定其起算点有一定难度。①

2. 不动产物权和登记的动产物权的权利人请求返还财产的请求权。对于返还财产请求权是否适用诉讼时效的规定，学者中曾有不同的观点。《民法典》最终规定，不动产物权和登记的动产物权的权利人的返还财产请求权不适用诉讼时效的规定，依该条反面解释，其他的返还财产请求权则适用诉讼时效的规定。

3. 请求支付抚养费、赡养费或者扶养费的请求权。该项请求权是基于亲属关系之间的抚养、赡养或扶养义务而发生的，如适用诉讼时效的规定，则会导致权利人失去基本生活保障。因此，这种基于身份关系产生的请求权不适用诉讼时效的规定。

4. 依法不适用诉讼时效的其他请求权。一般说来，凡涉及公共利益的请求权，涉及人格权益保护的请求权，都不应适用诉讼时效的规定。例如，依《民法典》第995条规定，受害人请

---

① 魏振瀛主编：《民法》（第六版），北京大学出版社、高等教育出版社2016年版，第198页。

求停止侵害、排除妨碍、消除危险、消除影响、恢复名誉、赔礼道歉，不适用诉讼时效的规定；请求业主支付物业费，不应适用诉讼时效的规定。依最高人民法院《关于诉讼时效的规定》第1条规定，当事人可以对债权请求权提出诉讼时效抗辩，但对下列债权请求权提出诉讼时效抗辩的，人民法院不予支持：（1）支付存款本金及利息请求权；（2）兑付国债、金融债券及向不特定对象发行的企业债券本息请求权；（3）基于投资关系产生的缴付出资请求权；（4）其他依法不适用诉讼时效规定的债权请求权。

《民法典》第462条第2款规定，占有人返还原物的请求权，自侵占发生之日起一年内未行使的，该请求权消灭。此占有人请求返还原物的请求权期间为何性质呢？对此有不同的观点。有的主张是诉讼时效期间，有的认为是除斥期间，也有的主张为失权期间。因为该制度的目的在于维持新的占有关系，因此，此期间并非诉讼时效期间。

九、诉讼时效的性质

第一百九十七条 诉讼时效的期间、计算方法，以及中止、中断的事由由法律规定，当事人约定无效。

当事人对诉讼时效利益的预先放弃无效。

本条规定了诉讼时效的法定性和强行性的性质。

诉讼时效具有法定性、强行性与普遍性。所谓诉讼时效的法定性，指的是诉讼时效制度的内容包括诉讼时效期间、计算方法、中止、中断的事由及效力，是由法律直接规定的，而不能由当事人约定。所谓诉讼时效的强行性，指的是法律关于诉讼时效的规定属于强制性规定，当事人不得以其意思排除诉讼时效规定的适用，也不得以协议变更诉讼时效期间，不得预先抛弃时效利益。因当事人预先放弃诉讼时效利益的无效，因此，即使当事人预先明确表示放弃诉讼时效利益，于诉讼时效期间届满后，其仍得以诉讼时效期间届满为抗辩。但是，在诉讼时效期间届满后，当事人放弃诉讼时效利益的，则该放弃有效，当事人于放弃后不得翻悔。所谓诉讼时效的普遍性，是指诉讼时效适用于法律另有规定外的各种民事法律关系。

十、诉讼时效在仲裁中的适用

第一百九十八条 法律对仲裁时效有规定的，依照其规定；没有规定的，适用诉讼时效的规定。

本条规定了诉讼时效在仲裁中的适用。

仲裁包括民商事仲裁、劳动仲裁和农村土地承包经营纠纷仲裁等。当事人申请仲裁的，受仲裁时效的限制。法律对仲裁时效有规定的，适用法律关于仲裁时效的规定。例如，《劳动争议调解仲裁法》对劳动争议仲裁的时效期间、仲裁时效的中断、中止以及仲裁时效适用的排除有规定。再如，《农村土地承包经营纠纷调解仲裁法》对农村土地承包经营纠纷申请仲裁的时效期间作了规定。但是，法律并未对所有的仲裁都规定仲裁时效。法律没有规定仲裁时效的，仲裁时效适用诉讼时效的规定。

十一、除斥期间

第一百九十九条 法律规定或者当事人约定的撤销权、解除权等权利的存续期间，除法律另有规定外，自权利人知道或者应当知道权利产生之日起计算，不适用有关诉讼时效中止、中断和延长的规定。存续期间届满，撤销权、解除权等权利消灭。

本条规定了除斥期间。

除斥期间，又称为预定期间，是指法律规定的或者当事人约定的某项权利的预定存续期间。权利人于该期间内不行使其权利的，则丧失该权利。

除斥期间与诉讼时效期间一样，于期间届满后也会发生权利人丧失权利的法律后果。因此，除斥期间与诉讼时效制度相似，但二者不同，其主要区别在于以下几点：

1. 二者的性质不同。诉讼时效期间是法律规定的权利人请求法院保护其民事权益的法定期间，诉讼时效期间届满后权利人会丧失的请求权，是只有在其权益受侵害时才能发生的权利。而除斥期间是法律规定的或者当事人约定的权利存续期间，于该期间届满后，权利人会丧失的权利并非是只在权益受侵害时才发生的。

2. 二者的作用不同。诉讼时效的作用在于维护新的法律关系而否定原来的权利义务关系，因为在诉讼时效期间届满后，义务人可以拒绝履行其义务。而除斥期间的作用在于维护原来的法律关系，因为除斥期间届满后，权利人的权利消灭，不能再行使。

3. 二者的适用范围不同。诉讼时效的客体，亦即诉讼时效的适用对象，是基于原权产生的救济请求权。而除斥期间的适用对象为形成权等权利。在传统民法上，一般认为，除斥期间适用于形成权。但现代也有扩大除斥期间适用范围的主张。① 民法中涉及权利存续、权利行使的期间，有三种情形：一是救济请求权；二是形成权；三是其他请求权。第一种是诉讼时效的适用对象，第二种为传统除斥期间的适用对象，而对于第三种的期间为何期间，则有不同的观点。例如，保证期间，权利人未在保证期间内行使请求保证人承担保证义务（责任）的，于保证期间届满后则失去该请求权。对于该期间，有的主张为权利失效期间，也有的主张为或有期间。② 而这也都是以除斥期间适用于形成权为前提的。《民法典》没有单独规定权利失效期间（或有期间），而仅规定了诉讼时效期间和除斥期间，且也未规定除斥期间仅适用于形成权，而是规定适用于撤销权、解除权等权利。因此可见，这里所说的除斥期间是指除救济请求权外的权利的存续期间。

4. 二者的计算方式不同。诉讼时效期间除法律另有规定外，自权利人知道或者应当知道权利受到损害以及义务人之日起算。并且，在诉讼时效期间开始计算后，因发生法定事由诉讼时效可中止、中断。特别情况下，诉讼时效期间还可延长。正是在这一意义上，诉讼时效期间称为可变期间。而除斥期间的起算点，既可为法律规定的，也可由当事人约定，一般自权利人知道或者应当知道权利成立之日起算，但除斥期间不论从何时起算，

---

① 参见耿林：《论除斥期间》，载《中外法学》2016年第3期，第613—645页。
② 参见郭明瑞：《关于民法总则中时效制度立法的思考》，载《法学论坛》2017年第1期，第7页。

都不发生中止、中断，正是从这一意义说，除斥期间属于不变期间。

5．二者的表述不同。对于诉讼时效，法律条文中一般表述为"时效"或者为某项请求权于多长期间不行使而不受保护。而对于除斥期间，法律条文中一般表述为某项权利的存续期间为多长或者因多长时间不行使而消灭或者应于何期间内行使。

第十章 期间计算

一、期间的含义与分类

期间是指从某一时刻到另一时刻所经过的特定时间，它与期日一样是重要的法律事实，只不过期日是指不可分的特定时间而已。期间与期日同属于期限。

期间可根据不同标准进行不同的分类，常见的分类主要有以下几种：

1. 任意性期间与强行性期间。这是根据期间是否具有强行性区分的。任意性期间是指法律允许当事人自行约定的期间，如履行期间，民事法律行为所附期间；强行性期间是指法律直接规定的当事人不得约定也不得改变的期间，如诉讼时效期间。

2. 确定期间、相对确定期间与不确定期间。这是根据期间的确定性区分的。确定期间是指以日历上的某段时间确定的期间，如某年某月某日至某年某月某日；相对确定期间，是指以某一事件或某行为的发生时间为时点的期间，如双方约定，自工程完工后两个月内结算。这里的两个月期间就是相对确定的；不确定期间是指完全由当事人一方自行决定的期间，如双方约定买受人于收到货后应及时支付货款。这一付款期间就是不确定的。

3. 连续期间与不连续期间。这是根据期间的计算是否有连续性区分的。连续期间是指于开始计算后，中间不会因任何情形而发生中断计算的期间，如除斥期间。不连续期间是指于开始计算后，中间会发生某段时间不计入的期间。如双方约定，施工工期为两年，但不能施工的时间不计入。该施工工期就为不连续期间。

4. 法定期间、指定期间与意定期间。这是根据期间的确定根据区分的。法定期间是指法律直接规定的期间，如诉讼时效期间，推定失踪人失踪的期间。指定期间，是指由法院或仲裁机构的裁决所确定的期间，如法院判决债务人履行债务的期间。意定期间，是指由当事人的意思决定的期间，如民事法律行为所附的期间。

5. 普通期间与特别期间。这是根据期间的适用范围区分的。普通期间，是指适用于法律另有规定外的各种或某类民事法律关系的期间，如一般诉讼时效期间。特别期间是指仅适用于法律特别规定的或者当事人特别约定的民事法律关系的期间，如特殊诉讼时效期间。

二、期间的计算单位

第二百条 民法所称的期间按照公历年、月、日、小时计算。

本条规定了期间的计算单位。

期间的计算方法有历法计算法与自然计算法。历法计算法是以日历所定之年、月、日来计算的。自然计算法是以固定的时间长度来计算的。例如，以日历上的月计算的，每个月的天数不完全相同，而按照自然计算法，则均以30日为1个月。在民间习俗上,也有采用农历来计算期间的,在计算单位上也有以星期(周)、季度(季)为单位的。《民法典》明确规定民法所称期间的计算单位为公历年、月、日、小时,既不是以农历上的年、月为计算单位,也不是以星期、季度为计算单位。

三、期间的起算

第二百零一条 按照年、月、日计算期间的,开始的当天不计入,自下一日开始计算。

按照小时计算期间的,自法律规定或者当事人约定的时间开始计算。

本条规定的期间的起算时间。

期间的起算时间是开始计算期间的时点。因为何时开始计算期间,对当事人有直接的利害关系,因此,需由法律作出规定。期间的起算依计算单位的不同而不同。以年、月、日为单位的期间,开始的当日不计入,而自次日开始计算。如权利人于3月2日知道权利受侵害和义务人的,诉讼时效期间自3月3日开始计算。以小时为计算单位的,则自法律规定或者当事人约定的时间开始计算。例如规定期间为8个小时,自8时开始计算,则该期间从8时就开始计算,至16时期间届满。

四、期间的最后日的确定

第二百零二条 按照年、月计算期间的,到期月的对应日为期间的最后一日;没有对应日的,月末日为期间的最后一日。

本条规定了期间最后一日的确定方法。

期间按照年、月连续计算的，如何确定最后的一日，则有不同的做法。期间的起算日为月、年第一天的，一般以月、年的末日为最后一日，而在期间的始日并非月、年的第一天时，一种做法是以始日对应的前一日或月末日为最后一日，一种做法是以始日对应日当日或者末日为最后一日。《民法典》则区分了两种情形，规定了最后一日的不同确定方法。

1. 到期月的始期有对应日的，以对应日为期间的最后一日。例如，期间自 3 月 1 日开始计算，期间为 2 个月的，5 月 1 日即为期间的最后一天。

2. 到期日的始期没有对应日的，月末日为最后一日。例如，期间自 1 月 31 日开始计算，期间为 5 个月，期间的最后一天为 6 月 30 日。

对于不连续期间，不能依上述方法计算。不连续期间，按月计的，1 个月为 30 日；按年计的，1 年为 365 日。

五、期间届满的时点

第二百零三条　期间的最后一日是法定休假日的，以法定休假日结束的次日为期间的最后一日。
期间的最后一日的截止时间为二十四时；有业务时间的，停止业务活动的时间为截止时间。

本条规定了确定期间届满的时间。

期间于何时届满，于当事人的利益有重大影响。在确定期间届满的时间上，应注意以下两点：首先，期间的最后一日是法定休假日的，以法定休假日结束的次日为期间的最后一日。法定休假日仅限于法律、行政法规规定的休假日。其次，期间的最后一日的 24 时为期间届满的时点，但有业务时间的，期间于停止业务时间时届满。

六、期间的其他计算方法

第二百零四条 期间的计算方法依照本法的规定，但是法律另有规定或者当事人另有约定的除外。

本条规定了期间的其他计算方法。

除了《民法典》第 200 条至 203 条规定的期间计算方法外，期间也可依其他方法计算。这包括两种情形：一是法律另有规定的，依法律另行规定的方法计算；二是当事人另有约定的，依当事人另行约定的方法计算。这也就是说，只有在法律没有另外的规定或者当事人也没有另外约定的情形下，才依照民法总则规定的期间计算方法计算。

另，依《民法典》第 1259 条规定，民法上所称的"以上""以下""以内""届满"包括本数；"不满""超过""以外"不包括本数。如"30 日以内"包括 30 日；不满 1 年，不包括 1 年。

附　录

中华人民共和国民法典（节选）

2020年5月28日第十三届全国人民代表大会第三次会议通过

第一编　总则

第一章　基本规定

第一条　为了保护民事主体的合法权益，调整民事关系，维护社会和经济秩序，适应中国特色社会主义发展要求，弘扬社会主义核心价值观，根据宪法，制定本法。

第二条　民法调整平等主体的自然人、法人和非法人组织之间的人身关系和财产关系。

第三条　民事主体的人身权利、财产权利以及其他合法权益受法律保护，任何组织或者个人不得侵犯。

第四条　民事主体在民事活动中的法律地位一律平等。

第五条　民事主体从事民事活动,应当遵循自愿原则,按照自己的意思设立、变更、终止民事法律关系。

第六条　民事主体从事民事活动,应当遵循公平原则,合理确定各方的权利和义务。

第七条　民事主体从事民事活动,应当遵循诚信原则,秉持诚实,恪守承诺。

第八条　民事主体从事民事活动,不得违反法律,不得违背公序良俗。

第九条　民事主体从事民事活动,应当有利于节约资源、保护生态环境。

第十条　处理民事纠纷,应当依照法律;法律没有规定的,可以适用习惯,但是不得违背公序良俗。

第十一条　其他法律对民事关系有特别规定的,依照其规定。

第十二条　中华人民共和国领域内的民事活动,适用中华人民共和国法律。法律另有规定的,依照其规定。

第二章　自然人

第一节　民事权利能力和民事行为能力

第十三条　自然人从出生时起到死亡时止,具有民事权利能力,依法享有民事权利,承担民事义务。

第十四条　自然人的民事权利能力一律平等。

第十五条　自然人的出生时间和死亡时间,以出生证明、死亡证明记载的时间为准;没有出生证明、死亡证明的,以户籍登记或者其他有效身份登记记载的时间为准。有其他证据足以推翻以上记载时间的,以该证据证明的时间为准。

第十六条　涉及遗产继承、接受赠与等胎儿利益保护的，胎儿视为具有民事权利能力。但是，胎儿娩出时为死体的，其民事权利能力自始不存在。

第十七条　十八周岁以上的自然人为成年人。不满十八周岁的自然人为未成年人。

第十八条　成年人为完全民事行为能力人，可以独立实施民事法律行为。

十六周岁以上的未成年人，以自己的劳动收入为主要生活来源的，视为完全民事行为能力人。

第十九条　八周岁以上的未成年人为限制民事行为能力人，实施民事法律行为由其法定代理人代理或者经其法定代理人同意、追认；但是，可以独立实施纯获利益的民事法律行为或者与其年龄、智力相适应的民事法律行为。

第二十条　不满八周岁的未成年人为无民事行为能力人，由其法定代理人代理实施民事法律行为。

第二十一条　不能辨认自己行为的成年人为无民事行为能力人，由其法定代理人代理实施民事法律行为。

八周岁以上的未成年人不能辨认自己行为的，适用前款规定。

第二十二条　不能完全辨认自己行为的成年人为限制民事行为能力人，实施民事法律行为由其法定代理人代理或者经其法定代理人同意、追认；但是，可以独立实施纯属获利益的民事法律行为或者与其智力、精神健康状况相适应的民事法律行为。

第二十三条　无民事行为能力人、限制民事行为能力人的监护人是其法定代理人。

第二十四条　不能辨认或者不能完全辨认自己行为的成年人，其利害关系人或者有关组织，可以向人民法院申请认定该成年人为无民事行为能力人或者限制民事行为能力人。

被人民法院认定为无民事行为能力人或者限制民事行为能力人的，经本人、利害关系人或者有关组织申请，人民法院可以根据其智力、精神健康恢复的状况，认定该成年人恢复为限制民事行为能力人或者完全民事行为能力人。

本条规定的有关组织包括：居民委员会、村民委员会、学校、医疗机构、妇女联合会、残疾人联合会、依法设立的老年人组织、民政部门等。

第二十五条　自然人以户籍登记或者其他有效身份登记记载的居所为住所；经常居所与住所不一致的，经常居所视为住所。

第二节　监护

第二十六条　父母对未成年人负有抚养、教育和保护的义务。

成年子女对父母负有赡养、扶助和保护的义务。

第二十七条　父母是未成年子女的监护人。

未成年人的父母已经死亡或者没有监护能力的，由下列有监护能力的人按顺序担任监护人：

（一）祖父母、外祖父母；

（二）兄、姐；

（三）其他愿意担任监护人的个人或者组织，但是须经未成年人住所地的居民委员会、村民委员会或者民政部门同意。

第二十八条　无民事行为能力或者限制民事行为能力的成年人，由下列有

监护能力的人按顺序担任监护人:

(一) 配偶;

(二) 父母、子女;

(三) 其他近亲属;

(四) 其他愿意担任监护人的个人或者组织,但是须经被监护人住所地的居民委员会、村民委员会或者民政部门同意。

第二十九条　被监护人的父母担任监护人的,可以通过遗嘱指定监护人。

第三十条　依法具有监护资格的人之间可以协议确定监护人。协议确定监护人应当尊重被监护人的真实意愿。

第三十一条　对监护人的确定有争议的,由被监护人住所地的居民委员会、村民委员会或者民政部门指定监护人,有关当事人对指定不服的,可以向人民法院申请指定监护人;有关当事人也可以直接向人民法院申请指定监护人。

居民委员会、村民委员会、民政部门或者人民法院应当尊重被监护人的真实意愿,按照最有利于被监护人的原则在依法具有监护资格的人中指定监护人。

依照本条第一款指定监护人前,被监护人的人身权利、财产权利以及其他合法权益处于无人保护状态的,由被监护人住所地的居民委员会、村民委员会、法律规定的有关组织或者民政部门担任临时监护人。

监护人被指定后,不得擅自变更;擅自变更的,不免除被指定的监护人的责任。

第三十二条　没有依法具有监护资格的人的,监护人由民政部门担任,也可以由具备履行监护职责条件的被监护人住所地的居民委员会、村民委员会担任。

第三十三条　具有完全民事行为能力的成年人,可以与其近亲属、其他愿意担任监护人的个人或者组织事先协商,以书面形式确定自己的监护人,在自己丧失或者部分丧失民事行为能力时,由该监护人履行监护职责。

第三十四条　监护人的职责是代理被监护人实施民事法律行为,保护被监护人的人身权利、财产权利以及其他合法权益等。

监护人依法履行监护职责产生的权利,受法律保护。

监护人不履行监护职责或者侵害被监护人合法权益的,应当承担法律责任。

因发生突发事件等紧急情况,监护人暂时无法履行监护职责,被监护人的生活处于无人照料状态的,被监护人住所地的居民委员会、村民委员会或者民政部门应当为被监护人安排必要的临时生活照料措施。

第三十五条　监护人应当按照最有利于被监护人的原则履行监护职责。监护人除为维护被监护人利益外,不得处分被监护人的财产。

未成年人的监护人履行监护职责,在作出与被监护人利益有关的决定时,应当根据被监护人的年龄和智力状况,尊重被监护人的真实意愿。

成年人的监护人履行监护职责,应当最大程度地尊重被监护人的真实意愿,保障并协助被监护人实施与其智力、精神健康状况相适应的民事法律行为。对被监护人有能力独立处理的事务,监护人不得干涉。

第三十六条　监护人有下列情形之一的,人民法院根据有关个人或者组织的申请,撤销其监护人资格,安排必要的临时监护措施,并按照最有利于被监护人的原则依法指定监护人:

（一）实施严重损害被监护人身心健康行为；

（二）怠于履行监护职责，或者无法履行监护职责并且拒绝将监护职责部分或者全部委托给他人，导致被监护人处于危困状态；

（三）实施严重侵害被监护人合法权益的其他行为。

本条规定的有关个人、组织包括：其他依法具有监护资格的人，居民委员会、村民委员会、学校、医疗机构、妇女联合会、残疾人联合会、未成年人保护组织、依法设立的老年人组织、民政部门等。

前款规定的个人和民政部门以外的组织未及时向人民法院申请撤销监护人资格的，民政部门应当向人民法院申请。

第三十七条　依法负担被监护人抚养费、赡养费、扶养费的父母、子女、配偶等，被人民法院撤销监护人资格后，应当继续履行负担的义务。

第三十八条　被监护人的父母或者子女被人民法院撤销监护人资格后，除对被监护人实施故意犯罪的外，确有悔改表现的，经其申请，人民法院可以在尊重被监护人真实意愿的前提下，视情况恢复其监护人资格，人民法院指定的监护人与被监护人的监护关系同时终止。

第三十九条　有下列情形之一的，监护关系终止：

（一）被监护人取得或者恢复完全民事行为能力；

（二）监护人丧失监护能力；

（三）被监护人或者监护人死亡；

（四）人民法院认定监护关系终止的其他情形。

监护关系终止后，被监护人仍然需要监护的，应当依法另行确定监护人。

第三节　宣告失踪和宣告死亡

第四十条　自然人下落不明满二年的，利害关系人可以向人民法院申请宣告该自然人为失踪人。

第四十一条　自然人下落不明的时间从其失去音讯之日起计算。战争期间下落不明的，下落不明的时间自战争结束之日或者有关机关确定的下落不明之日起计算。

第四十二条　失踪人的财产由其配偶、成年子女、父母或者其他愿意担任财产代管人的人代管。

代管有争议，没有前款规定的人，或者前款规定的人无代管能力的，由人民法院指定的人代管。

第四十三条　财产代管人应当妥善管理失踪人的财产，维护其财产权益。

失踪人所欠税款、债务和应付的其他费用，由财产代管人从失踪人的财产中支付。

财产代管人因故意或者重大过失造成失踪人财产损失的，应当承担赔偿责任。

第四十四条　财产代管人不履行代管职责、侵害失踪人财产权益或者丧失代管能力的，失踪人的利害关系人可以向人民法院申请变更财产代管人。

财产代管人有正当理由的，可以向人民法院申请变更财产代管人。

人民法院变更财产代管人的，变更后的财产代管人有权请求原财产代管人及时移交有关财产并报告财产代管情况。

第四十五条　失踪人重新出现，经本人或者利害关系人申请，人民法院应当撤销失踪宣告。

失踪人重新出现，有权请求财产代管人及时移交有关财产并报告财产代管情况。

第四十六条　自然人有下列情形之一的，利害关系人可以向人民法院申请宣告该自然人死亡：

（一）下落不明满四年；

（二）因意外事件，下落不明满二年。

因意外事件下落不明，经有关机关证明该自然人不可能生存的，申请宣告死亡不受二年时间的限制。

第四十七条　对同一自然人，有的利害关系人申请宣告死亡，有的利害关系人申请宣告失踪，符合本法规定的宣告死亡条件的，人民法院应当宣告死亡。

第四十八条　被宣告死亡的人，人民法院宣告死亡的判决作出之日视为其死亡日期；因意外事件下落不明宣告死亡的，意外事件发生之日视为其死亡的日期。

第四十九条　自然人被宣告死亡但是并未死亡的，不影响该自然人在被宣告死亡期间实施的民事法律行为的效力。

第五十条　被宣告死亡的人重新出现，经本人或者利害关系人申请，人民法院应当撤销死亡宣告。

第五十一条　被宣告死亡的人的婚姻关系，自死亡宣告之日起消除。死亡宣告被撤销的，婚姻关系自被撤销死亡宣告之日起自行恢复。但是，其配偶再婚或者向婚姻登记机关书面声明不愿意恢复的除外。

第五十二条　被宣告死亡的人在被宣告死亡期间，其子女被他人依法收养的，在死亡宣告被撤销后，不得以未经本人同意为由主张收养行为无效。

第五十三条　被撤销死亡宣告的人有权请求依照本法第六编取得其财产的民事主体返还财产；无法返还的，应当给予适当补偿。

利害关系人隐瞒真实情况，致使他人被宣告死亡而取得其财产的，除应当返还财产外，还应当对由此造成的损失承担赔偿责任。

第四节　个体工商户和农村承包经营户

第五十四条　自然人从事工商业经营，经依法登记，为个体工商户。个体工商户可以起字号。

第五十五条　农村集体经济组织的成员，依法取得农村土地承包经营权，从事家庭承包经营的，为农村承包经营户。

第五十六条　个体工商户的债务，个人经营的，以个人财产承担；家庭经营的，以家庭财产承担；无法区分的，以家庭财产承担。

农村承包经营户的债务，以从事农村土地承包经营的农户财产承担；事实上由农户部分成员经营的，以该部分成员的财产承担。

第三章　法人

第一节　一般规定

第五十七条　法人是具有民事权利能力和民事行为能力，依法独立享有民事权利和承担民事义务的组织。

第五十八条　法人应当依法成立。

法人应当有自己的名称、组织机构、住所、财产或者经费。法人成立的具体条件和程序，依照法律、行政法规的规定。

设立法人，法律、行政法规规定须经有关机关批准的，依照其规定。

第五十九条　法人的民事权利能力和民事行为能力，从法人成立时产生，到法人终止时消灭。

第六十条　法人以其全部财产独立承担民事责任。

第六十一条　依照法律或者法人章程规定，代表法人从事民事活动的负责人，为法人的法定代表人。

法定代表人以法人名义从事的民事活动，其法律后果由法人承受。

法人章程或者法人权力机构对法定代表人代表权的限制，不得对抗善意相对人。

第六十二条　法定代表人因执行职务造成他人损害的，由法人承担民事责任。

法人承担民事责任后，依照法律或者法人章程的规定，可以向有过错的法定代表人追偿。

第六十三条　法人以其主要办事机构所在地为住所。依法需要办理法人登记的，应当将主要办事机构所在地登记为住所。

第六十四条　法人存续期间登记事项发生变化的，应当向登记机关申请变更登记。

第六十五条　法人的实际情况与登记的事项不一致的，不得对抗善意相对人。

第六十六条　登记机关应当及时公示法人登记的有关信息。

第六十七条　法人合并的，其权利义务由合并后的法人享有和承担。

法人分立的，其权利和义务由分立后的法人享有连带债权，承担连带债务，但是债权人和债务人另有约定的除外。

第六十八条　有下列原因之一并依法完成清算、注销登记的，法人终止：

（一）法人解散；

（二）法人被宣告破产；

（三）法律规定的其他原因。

法人终止，法律、行政法规规定须经有关机关批准的，依照其规定。

第六十九条　有下列情形之一的，法人解散：

（一）法人章程规定的存续期间届满或者法人章程规定的其他解散事由出现；

（二）法人的权力机构决议解散；

（三）因法人合并或者分立需要解散；

（四）法人依法被吊销营业执照、登记证书，被责令关闭或者被撤销；

（五）法律规定的其他情形。

第七十条　法人解散的，除合并或者分立的情形外，清算义务人应当及时组成清算组进行清算。

法人的董事、理事等执行机构或者决策机构的成员为清算义务人。法律、行政法规另有规定的，依照其规定。

清算义务人未及时履行清算义务，造成损害的，应当承担民事责任；主管机关或者利害关系人可以申请人民法院指定有关人员组成清算组进行清算。

第七十一条　法人的清算程序和清算组职权，依照有关法律的规定；没有规定的，参照适用公司法律的有关规定。

第七十二条　清算期间法人存续，但是不得从事与清算无关的活动。

法人清算后的剩余财产，根据法人章程的规定或者法人权力机构的决议处理。法律另有规定的，依照其规定。

　　清算结束并完成法人注销登记时，法人终止；依法不需要办理法人登记的，清算结束时，法人终止。

第七十三条　法人被宣告破产的，依法进行破产清算并完成法人注销登记时，法人终止。

第七十四条　法人可以依法设立分支机构。法律、行政法规规定分支机构应当登记的，依照其规定。

　　分支机构以自己的名义从事民事活动，产生的民事责任由法人承担；也可以先以该分支机构管理的财产承担，不足以承担的，由法人承担。

第七十五条　设立人为设立法人从事的民事活动，其法律后果由法人承受；法人未成立的，其法律后果由设立人承受，设立人为二人以上的，享有连带债权，承担连带债务。

　　设立人为设立法人以自己的名义从事民事活动产生的民事责任，第三人有权选择请求法人或者设立人承担。

第二节　营利法人

第七十六条　以取得利润并分配给股东等出资人为目的成立的法人，为营利法人。

　　营利法人包括有限责任公司、股份有限公司和其他企业法人等。

第七十七条　营利法人经依法登记成立。

第七十八条　依法设立的营利法人，由登记机关发给营利法人营业执照。营业执照签发日期为营利法人的成立日期。

第七十九条　设立营利法人应当依法制定法人章程。

第八十条　营利法人应当设权力机构。

权力机构行使修改法人章程，选举或者更换执行机构、监督机构成员，以及法人章程规定的其他职权。

第八十一条　营利法人应当设执行机构。

执行机构行使召集权力机构会议，决定法人的经营计划和投资方案，决定法人内部管理机构的设置，以及法人章程规定的其他职权。

执行机构为董事会或者执行董事的，董事长、执行董事或者经理按照法人章程的规定担任法定代表人；未设董事会或者执行董事的，法人章程规定的主要负责人为其执行机构和法定代表人。

第八十二条　营利法人设监事会或者监事等监督机构的，监督机构依法行使检查法人财务，监督执行机构成员、高级管理人员执行法人职务的行为，以及法人章程规定的其他职权。

第八十三条　营利法人的出资人不得滥用出资人权利损害法人或者其他出资人的利益；滥用出资人权利造成法人或者其他出资人损失的，应当依法承担民事责任。

营利法人的出资人不得滥用法人独立地位和出资人有限责任损害法人债权人的利益；滥用法人独立地位和出资人有限责任，逃避债务，严重损害法人债权人的利益的，应当对法人债务承担连带责任。

第八十四条　营利法人的控股出资人、实际控制人、董事、监事、高级管理人员不得利用其关联关系损害法人的利益；利用关联关系造成法人损失的，应当承担赔偿责任。

第八十五条　营利法人的权力机构、执行机构作出决议的会议召集程序、表决方式违反法律、行政法规、法人章程，或者决议内容违反法人章程的，营利法人的出资人可以请求人民法院撤销该决议。但是，营利法人依据该决议与善意相对人形成的民事法律关系不受影响。

第八十六条　营利法人从事经营活动，应当遵守商业道德，维护交易安全，接受政府和社会的监督，承担社会责任。

第三节　非营利法人

第八十七条　为公益目的或者其他非营利目的成立，不向出资人、设立人或者会员分配所取得利润的法人，为非营利法人。

非营利法人包括事业单位、社会团体、基金会、社会服务机构等。

第八十八条　具备法人条件，为适应经济社会发展需要，提供公益服务设立的事业单位，经依法登记成立，取得事业单位法人资格；依法不需要办理法人登记的，从成立之日起，具有事业单位法人资格。

第八十九条　事业单位法人设理事会的，除法律另有规定外，理事会为其决策机构。事业单位法人的法定代表人依照法律、行政法规或者法人章程的规定产生。

第九十条　具备法人条件，基于会员共同意愿，为公益目的或者会员共同利益等非营利目的设立的社会团体，经依法登记成立，取得社会团体法人资格；依法不需要办理法人登记的，从成立之日起，具有社会团体法人资格。

第九十一条　设立社会团体法人应当依法制定法人章程。

社会团体法人应当设会员大会或者会员代表大会等权力机构。

社会团体法人应当设理事会等执行机构。理事长或者会长等负责人按照法人章程的规定担任法定代表人。

第九十二条 具备法人条件,为公益目的以捐助财产设立的基金会、社会服务机构等,经依法登记成立,取得捐助法人资格。

依法设立的宗教活动场所,具备法人条件的,可以申请法人登记,取得捐助法人资格。法律、行政法规对宗教活动场所有规定的,依照其规定。

第九十三条 设立捐助法人应当依法制定法人章程。

捐助法人应当设理事会、民主管理组织等决策机构,并设执行机构。理事长等负责人按照法人章程的规定担任法定代表人。

捐助法人应当设监事会等监督机构。

第九十四条 捐助人有权向捐助法人查询捐助财产的使用、管理情况,并提出意见和建议,捐助法人应当及时、如实答复。

捐助法人的决策机构、执行机构或者法定代表人作出决定的程序违反法律、行政法规、法人章程,或者决定内容违反法人章程的,捐助人等利害关系人或者主管机关可以请求人民法院撤销该决定。但是,捐助法人依据该决定与善意相对人形成的民事法律关系不受影响。

第九十五条 为公益目的成立的非法人终止时,不得向出资人、设立人或者会员分配剩余财产。剩余财产应当按照法人章程的规定或者权力机构的决议用于公益目的;无法按照法人章程或者权力机构的决议处理的,由主管机关主持转给宗旨相同或者相近的法人,并向社会公告。

第四节 特别法人

第九十六条 本节规定的机关法人、农村集体经济组织法人、城镇农村的合作经济组织法人、基层群众性自治组织法人,为特别法人。

第九十七条　有独立经费的机关和承担行政职能的法定机构从成立之日起，具有机关法人资格，可以从事为履行职能所需要的民事活动。

第九十八条　机关法人被撤销的，法人终止，其民事权利和义务由继任的机关法人享有和承担；没有继任的机关法人的，由作出撤销决定的机关法人享有和承担。

第九十九条　农村集体经济组织依法取得法人资格。

法律、行政法规对农村集体经济组织有规定的，依照其规定。

第一百条　城镇农村的合作经济组织依法取得法人资格。

法律、行政法规对城镇农村的合作经济组织有规定的，依照其规定。

第一百零一条　居民委员会、村民委员会具有基层群众性自治组织法人资格，可以从事为履行职能所需要的民事活动。

未设立农村集体经济组织的，村民委员会可以依法代行村集体经济组织的职能。

第四章　非法人组织

第一百零二条　非法人组织是不具有法人资格，但是能够依法以自己的名义从事民事活动的组织。

非法人组织包括个人独资企业、合伙企业、不具有法人资格的专业服务机构等。

第一百零三条　非法人组织应当依照法律的规定登记。

设立非法人组织，法律、行政法规规定须经有关机关批准的，依照其规定。

第一百零四条　非法人组织的财产不足以清偿债务的，其出资人或者设立人承担无限责任。法律另有规定的，依照其规定。

第一百零五条　非法人组织可以确定一人或者数人代表该组织从事民事活动。

第一百零六条　有下列情形之一的，非法人组织解散：

（一）章程规定的存续期间届满或者章程规定的其他解散事由出现；

（二）出资人或者设立人决定解散；

（三）法律规定的其他情形。

第一百零七条　非法人组织解散的，应当依法进行清算。

第一百零八条　非法人组织除适用本章规定外，参照适用本编第三章第一节的有关规定。

第五章　民事权利

第一百零九条　自然人的人身自由、人格尊严受法律保护。

第一百一十条　自然人享有生命权、身体权、健康权、姓名权、肖像权、名誉权、荣誉权、隐私权、婚姻自主权等权利。

法人、非法人组织享有名称权、名誉权和荣誉权。

第一百一十一条　自然人的个人信息受法律保护。任何组织和个人需要获取他人个人信息的，应当依法取得并确保信息安全，不得非法收集、使用、加工、传输他人个人信息，不得非法买卖、提供或者公开他人个人信息。

第一百一十二条　自然人因婚姻家庭关系等产生的人身权利受法律保护。

第一百一十三条　民事主体的财产权利受法律平等保护。

第一百一十四条　民事主体依法享有物权。

物权是权利人依法对特定的物享有直接支配和排他的权利，包括所有权、用益物权和担保物权。

第一百一十五条　物包括不动产和动产。法律规定权利作为物权客体的，依照其规定。

第一百一十六条　物权的种类和内容，由法律规定。

第一百一十七条　为了公共利益的需要，依照法律规定的权限和程序征收、征用不动产或者动产的，应当给予公平、合理的补偿。

第一百一十八条　民事主体依法享有债权。

债权是因合同、侵权行为、无因管理、不当得利以及法律的其他规定，权利人请求特定义务人为或者不为一定行为的权利。

第一百一十九条　依法成立的合同，对当事人具有法律约束力。

第一百二十条　民事权益受到侵害的，被侵权人有权请求侵权人承担侵权责任。

第一百二十一条　没有法定的或者约定的义务，为了避免他人利益受损失而进行管理的人，有权请求受益人偿还由此支出的必要费用。

第一百二十二条　因他人没有法律根据，取得不当利益，受损失的人有权请求其返还不当利益。

第一百二十三条　民事主体依法享有知识产权。

知识产权是权利人依法就下列客体享有的专有的权利：

（一）作品；

（二）发明、实用新型、外观设计；

（三）商标；

（四）地理标志；

（五）商业秘密；

（六）集成电路布图设计；

（七）植物新品种；

（八）法律规定的其他客体。

第一百二十四条　自然人依法享有继承权。

自然人合法的私有财产，可以依法继承。

第一百二十五条　民事主体依法享有股权和其他投资性权利。

第一百二十六条　民事主体享有法律规定的其他民事权利和利益。

第一百二十七条　法律对数据、网络虚拟财产的保护有规定的，依照其规定。

第一百二十八条　法律对未成年人、老年人、残疾人、妇女、消费者等的民事权利保护有特别规定的，依照其规定。

第一百二十九条　民事权利可以依据民事法律行为、事实行为、法律规定的事件或者法律规定的其他方式取得。

第一百三十条　民事主体按照自己的意愿依法行使民事权利，不受干涉。

第一百三十一条　民事主体行使民事权利时，应当履行法律规定的和当事人约定的义务。

第一百三十二条　民事主体不得滥用民事权利损害国家利益、社会公共利益或者他人合法权益。

第六章　民事法律行为

第一节　一般规定

第一百三十三条　民事法律行为是民事主体通过意思表示设立、变更、终止民事法律关系的行为。

第一百三十四条　民事法律行为可以基于双方或者多方的意思表示一致成立，也可以基于单方的意思表示成立。

法人、非法人组织依照法律或者章程规定的议事方式和表决程序作出决议的，该决议行为成立。

第一百三十五条　民事法律行为可以采用书面形式、口头形式或者其他形式；法律、行政法规规定或者当事人约定采用特定形式的，应当采用特定形式。

第一百三十六条　民事法律行为自成立时生效，但是法律另有规定或者当事人另有约定的除外。

行为人非依法律规定或者未经对方同意，不得擅自变更或者解除民事法律行为。

第二节　意思表示

第一百三十七条　以对话方式作出的意思表示，相对人知道其内容时生效。

以非对话方式作出的意思表示，到达相对人时生效。以非对话方式作出的采用数据电文形式的意思表示，相对人指定特定系统接受数据电文的，该数据电文进入该特定系统时生效；未指定特定系统的，相对人知道或者应当知道该数据电文进入其系统时生效。当事人对采用数据电文形式的意思表示的生效时间另有约定的，按照其约定。

第一百三十八条　无相对人的意思表示，表示完成时生效。法律另有规定的，依照其规定。

第一百三十九条　以公告方式作出的意思表示，公告发布时生效。

第一百四十条　行为人可以明示或者默示作出意思表示。

沉默只有在有法律规定、当事人约定或者符合当事人之间的交易习惯时，才可以视为意思表示。

第一百四十一条　行为人可以撤回意思表示。撤回意思表示的通知应当在意思表示到达相对人前或者与意思表示同时到达相对人。

第一百四十二条　有相对人的意思表示的解释，应当按照所使用的词句，结合相关条款、行为的性质和目的、习惯以及诚信原则，确定意思表示的含义。

无相对人的意思表示的解释，不能完全拘泥于所使用的词句，而应当结合相关条款、行为的性质和目的、习惯以及诚信原则，确定当事人的真实意思。

第三节　民事法律行为的效力

第一百四十三条　具备下列条件的民事法律行为有效：

（一）行为人具有相应的民事行为能力；

（二）意思表示真实；

（三）不违反法律、行政法规的强制性规定，不违背公序良俗。

第一百四十四条　无民事行为能力人实施的民事法律行为无效。

第一百四十五条 限制民事行为能力人实施的纯获利益的民事法律行为或者与其年龄、智力、精神健康状况相适应的民事法律行为有效；实施的其他民事法律行为经法定代理人同意或者追认后有效。

相对人可以催告法定代理人自收到通知之日起三十日内予以追认。法定代理人未作表示的，视为拒绝。民事法律行为被追认前，善意相对人有撤销的权利。撤销应当以通知的方式作出。

第一百四十六条 行为与相对人以虚假的意思表示实施的民事法律行为无效。

以虚假的意思表示隐藏的民事法律行为的效力，依照有关法律规定处理。

第一百四十七条 基于重大误解实施的民事法律行为，行为人有权请求人民法院或者仲裁机构予以撤销。

第一百四十八条 一方以欺诈手段，使对方在违背真实意思的情况下实施的民事法律行为，受欺诈方有权请求人民法院或者仲裁机构予以撤销。

第一百四十九条 第三人实施欺诈行为，使一方在违背真实意思的情况下实施的民事法律行为，对方知道或者应当知道该欺诈行为的，受欺诈方有权请求人民法院或者仲裁机构予以撤销。

第一百五十条 一方或者第三人以胁迫手段，使对方在违背真实意思的情况下实施的民事法律行为，受胁迫方有权请求人民法院或者仲裁机构予以撤销。

第一百五十一条 一方利用对方处于危困状态、缺乏判断能力等情形，致使民事法律行为成立时显失公平的，受损害方有权请求人民法院或者仲裁机构予以撤销。

第一百五十二条　有下列情形之一的，撤销权消灭：

（一）当事人自知道或者应当知道撤销事由之日起一年内、重大误解的当事人自知道或者应当知道撤销事由之日起九十日内没有行使撤销权；

（二）当事人受胁迫，自胁迫行为终止之日起一年内没有行使撤销权；

（三）当事人知道撤销事由后明确表示或者以自己的行为表明放弃撤销权。

当事人自民事法律行为发生之日起五年内没有行使撤销权的，撤销权消灭。

第一百五十三条　违反法律、行政法规的强制性规定的民事法律行为无效。但是，该强制性规定不导致该民事法律行为无效的除外。

违背公序良俗的民事法律行为无效。

第一百五十四条　行为人与相对人恶意串通，损害他人合法权益的民事法律行为无效。

第一百五十五条　无效的或者被撤销的民事法律行为自始没有法律约束力。

第一百五十六条　民事法律行为部分无效，不影响其他部分效力的，其他部分仍然有效。

第一百五十七条　民事法律行为无效、被撤销或者确定不发生效力后，行为人因该行为取得的财产，应当予以返还；不能返还或者没有必要返还的，应当折价补偿。有过错的一方应当赔偿对方由此所受到的损失；各方都有过错的，应当各自承担相应的责任。法律另有规定的，依照其规定。

第四节　民事法律行为的附条件和附期限

第一百五十八条　民事法律行为可以附条件，但是根据其性质不得附条件的除外。附生效条件的民事法律行为，自条件成就时生效。附解除条件的民事法律行为，自条件成就时失效。

第一百五十九条　附条件的民事法律行为，当事人为自己的利益不正当地阻止条件成就的，视为条件已经成就；不正当地促成条件成就的，视为条件不成就。

第一百六十条　民事法律行为可以附期限，但是根据其性质不得附期限的除外。附生效期限的民事法律行为，自期限届至时生效。附终止期限的民事法律行为，自期限届满时失效。

第七章　代理

第一节　一般规定

第一百六十一条　民事主体可以通过代理人实施民事法律行为。

按照法律规定、当事人约定或者民事法律行为的性质，应当由本人亲自实施的民事法律行为，不得代理。

第一百六十二条　代理人在代理权限内，以被代理人名义实施的民事法律行为，对被代理人发生效力。

第一百六十三条　代理包括委托代理和法定代理。

委托代理人按照被代理人的委托行使代理权。法定代理人依照法律的规定行使代理权。

第一百六十四条　代理人不履行或者不完全履行职责，造成被代理人损害的，应当承担民事责任。

代理人和相对人恶意串通，损害被代理人合法权益的，代理人和相对人应当承担连带责任。

第二节　委托代理

第一百六十五条　委托代理授权采用书面形式的，授权委托书应当载明代理人的姓名或者名称、代理事项、权限和期限，并由被代理人签名或者盖章。

第一百六十六条　数人为同一代理事项的代理人的，应当共同行使代理权，但是当事人另有约定的除外。

第一百六十七条　代理人知道或者应当知道代理事项违法仍然实施代理行为，或者被代理人知道或者应当知道代理人的代理行为违法未作反对表示的，被代理人和代理人应当承担连带责任。

第一百六十八条　代理人不得以被代理人的名义与自己实施民事法律行为，但是被代理人同意或者追认的除外。

代理人不得以被代理人的名义与自己同时代理的其他人实施民事法律行为，但是被代理的双方同意或者追认的除外。

第一百六十九条　代理人需要转委托第三人代理的，应当取得被代理人的同意或者追认。

转委托代理经被代理人同意或者追认的，被代理人可以就代理事务直接指示转委托的第三人，代理人仅就第三人的选任以及对第三人的指示承担责任。

转委托代理未经被代理人同意或者追认的，代理人应当对转委托的第三人的行为承担责任；但是，在紧急情况下代理人为了维护被代理人的利益需要转委托第三人代理的除外。

第一百七十条　执行法人或者非法人组织工作任务的人员，就其职权范围内的事项，以法人或者非法人组织的名义实施的民事法律行为，对法人或者非法人组织发生效力。

法人或者非法人组织对执行其工作任务的人员职权范围的限制，不得对抗善意相对人。

第一百七十一条　行为人没有代理权、超越代理权或者代理权终止后，仍然实施代理行为，未经被代理人追认的，对被代理人不发生效力。

相对人可以催告被代理人自收到通知之日起三十日内予以追认。被代理人未作表示的，视为拒绝追认。行为人实施的行为被追认前，善意相对人有撤销的权利。撤销应当以通知的方式作出。

行为人实施的行为未被追认的，善意相对人有权请求行为人履行债务或者就其受到的损害请求行为人赔偿。但是，赔偿的范围不得超过被代理人追认时相对人所能获得的利益。

相对人知道或者应当知道行为人无权代理的，相对人和行为人按照各自的过错承担责任。

第一百七十二条　行为人没有代理权、超越代理权或者代理权终止后，仍然实施代理行为，相对人有理由相信行为人有代理权的，代理行为有效。

第三节　代理终止

第一百七十三条　有下列情形之一的，委托代理终止：

（一）代理期间届满或者代理事务完成；

（二）被代理人取消委托或者代理人辞去委托；

（三）代理人丧失民事行为能力；

（四）代理人或者被代理人死亡；

（五）作为代理人或者被代理人的法人、非法人组织终止。

第一百七十四条　被代理人死亡后，有下列情形之一的，委托代理人实施的代理行为有效：

（一）代理人不知道并且不应当知道被代理人死亡；

（二）被代理人的继承人予以承认；

（三）授权中明确代理权在代理事务完成时终止；

（四）被代理人死亡前已经实施，为了被代理人的继承人的利益继续代理。

作为被代理人的法人、非法人组织终止的，参照适用前款规定。

第一百七十五条　有下列情形之一的，法定代理终止：

（一）被代理人取得或者恢复完全民事行为能力；

（二）代理人丧失民事行为能力；

（三）代理人或者被代理人死亡；

（四）法律规定的其他情形。

第八章　民事责任

第一百七十六条　民事主体依照法律规定或者按照当事人约定，履行民事义务，承担民事责任。

第一百七十七条　二人以上依法承担按份责任，能够确定责任大小的，各自承担相应的责任；难以确定责任大小的，平均承担责任。

第一百七十八条 二人以上依法承担连带责任的,权利人有权请求部分或者全部连带责任人承担责任。

连带责任人的责任份额根据各自责任大小确定;难以确定责任大小的,平均承担责任。实际承担责任超过自己责任份额的连带责任人,有权向其他连带责任人追偿。

连带责任,由法律规定或者当事人约定。

第一百七十九条 承担民事责任的方式主要有:

(一)停止侵害;

(二)排除妨碍;

(三)消除危险;

(四)返还财产;

(五)恢复原状;

(六)修理、重作、更换;

(七)继续履行;

(八)赔偿损失;

(九)支付违约金;

(十)消除影响、恢复名誉;

(十一)赔礼道歉。

法律规定惩罚性赔偿的,依照其规定。

本条规定的承担民事责任的方式,可以单独适用,也可以合并适用。

第一百八十条 因不可抗力不能履行民事义务的,不承担民事责任。法律另有规定的,依照其规定。

不可抗力是指不能预见、不能避免且不能克服的客观情况。

第一百八十一条　因正当防卫造成损害的,不承担民事责任。

正当防卫超过必要的限度,造成不应有的损害的,正当防卫人应当承担适当的民事责任。

第一百八十二条　因紧急避险造成损害的,由引起险情发生的人承担民事责任。

危险由自然原因引起的,紧急避险人不承担民事责任,可以给予适当补偿。

紧急避险采取措施不当或者超过必要的限度,造成不应有的损害的,紧急避险人应当承担适当的民事责任。

第一百八十三条　因保护他人民事权益使自己受到损害的,由侵权人承担民事责任,受益人可以给予适当补偿。没有侵权人、侵权人逃逸或者无力承担民事责任,受害人请求补偿的,受益人应当给予适当补偿。

第一百八十四条　因自愿实施紧急救助行为造成受助人损害的,救助人不承担民事责任。

第一百八十五条　侵害英雄烈士等的姓名、肖像、名誉、荣誉,损害社会公共利益的,应当承担民事责任。

第一百八十六条　因当事人一方的违约行为,损害对方人身权益、财产权益的,受损害方有权选择请求其承担违约责任或者侵权责任。

第一百八十七条　民事主体因同一行为应当承担民事责任、行政责任和刑事责任的,承担行政责任或者刑事责任不影响承担民事责任;民事主体的财产不足以支付的,优先用于承担民事责任。

第九章 诉讼时效

第一百八十八条　向人民法院请求保护民事权利的诉讼时效期间为三年。法律另有规定的，依照其规定。

诉讼时效期间自权利人知道或者应当知道权利受到损害以及义务人之日起计算。法律另有规定的，依照其规定。但是，自权利受到损害之日起超过二十年的，人民法院不予保护；有特殊情况的，人民法院可以根据权利人的申请决定延长。

第一百八十九条　当事人约定同一债务分期履行的，诉讼时效期间自最后一期履行期限届满之日起计算。

第一百九十条　无民事行为能力人或者限制民事行为能力人对其法定代理人的请求权的诉讼时效期间，自该法定代理终止之日起计算。

第一百九十一条　未成年人遭受性侵害的损害赔偿请求权的诉讼时效期间，自受害人年满十八周岁之日起计算。

第一百九十二条　诉讼时效期间届满的，义务人可以提出不履行义务的抗辩。

诉讼时效期间届满后，义务人同意履行的，不得以诉讼时效期间届满为由抗辩；义务人自愿履行的，不得请求返还。

第一百九十三条　人民法院不得主动适用诉讼时效的规定。

第一百九十四条　在诉讼时效期间的最后六个月内，因下列障碍，不能行使请求权的，诉讼时效中止：

（一）不可抗力；

（二）无民事行为能力人或者限制民事行为能力人没有法定代理人，

或者法定代理人死亡、丧失民事行为能力、丧失代理权；

（三）继承开始后未确定继承人或者遗产管理人；

（四）权利人被义务人或者其他人控制；

（五）其他导致权利人不能行使请求权的障碍。

自中止时效的原因消除之日起满六个月，诉讼时效期间届满。

第一百九十五条 有下列情形之一的，诉讼时效中断，从中断、有关程序终结时起，诉讼时效期间重新计算：

（一）权利人向义务人提出履行请求；

（二）义务人同意履行义务；

（三）权利人提起诉讼或者申请仲裁；

（四）与提起诉讼或者申请仲裁具有同等效力的其他情形。

第一百九十六条 下列请求权不适用诉讼时效的规定：

（一）请求停止侵害、排除妨碍、消除危险；

（二）不动产物权和登记的动产物权的权利人请求返还财产；

（三）请求支付抚养费、赡养费或者扶养费；

（四）依法不适用诉讼时效的其他请求权。

第一百九十七条 诉讼时效的期间、计算方法以及中止、中断的事由由法律规定，当事人约定无效。

当事人对诉讼时效利益的预先放弃无效。

第一百九十八条 法律对仲裁时效有规定的，依照其规定；没有规定的，适用诉讼时效的规定。

第一百九十九条 法律规定或者当事人约定的撤销权、解除权等权利的存续期间，除法律另有规定外，自权利人知道或者应当知道权利产生之日起计算，不适用有关诉讼时效中止、中断和延长的规定。存续期间届满，撤销权、解除权等权利消灭。

第十章　期间计算

第二百条　民法所称的期间，按照公历年、月、日、小时计算。

第二百零一条　按照年、月、日计算期间的，开始的当日不计入，自下一日开始计算。

按照小时计算期间的，自法律规定或者当事人约定的时间开始计算。

第二百零二条　按照年、月计算期间的，到期月的对应日为期间的最后一日；没有对应日的，月末日为期间的最后一日。

第二百零三条　期间的最后一日是法定休假日的，以法定休假日结束的次日为期间的最后一日。

期间的最后一日的截止时间为二十四时；有业务时间的，停止业务活动的时间为截止时间。

第二百零四条　期间的计算方法依照本法的规定，但是法律另有规定或者当事人另有约定的除外。